| 세미오시스 학술총서 11 |

소셜 미디어 속의 기호적 실천과 담론

이 저서는 2010년도 대한민국 교육부와 한국연구재단의
인문한국(HK)지원사업의 지원을 받아 수행된 연구임(NRF-2010-361-A00013).

| 세미오시스 학술총서 11 |

소셜 미디어 속의 기호적 실천과 담론

- 세미오시스 연구센터 -

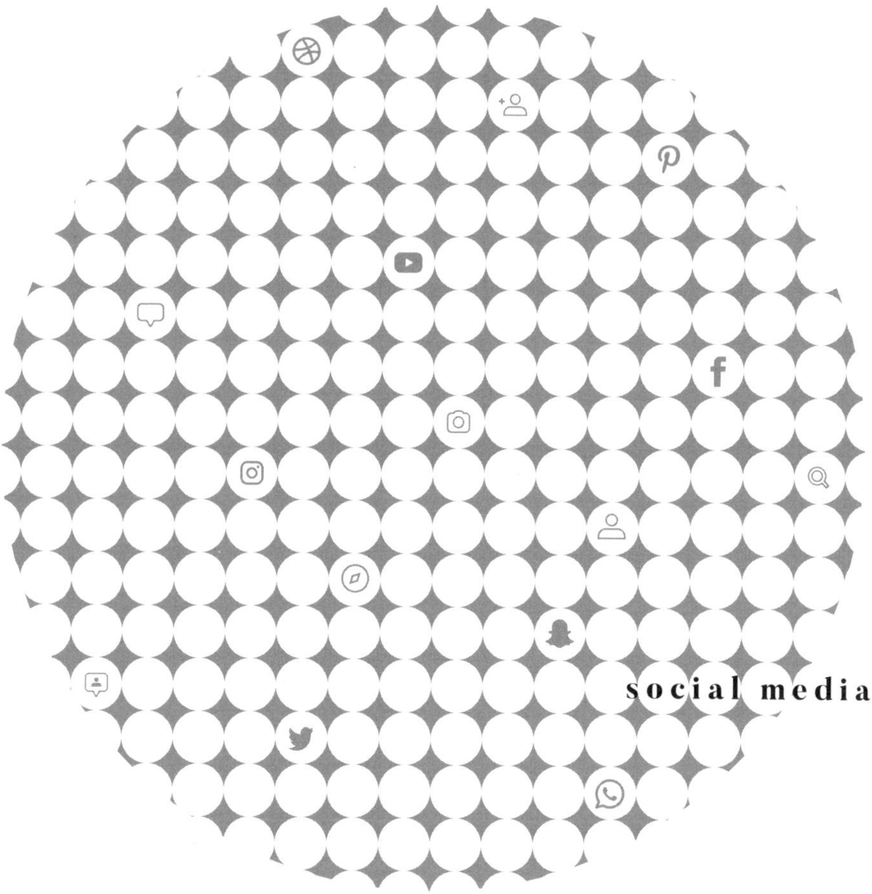

HU:iNE

목차

소셜 미디어 속의
기호적 실천과 담론

머리말

21세기 미디어 생태계의 변화는 흔히 '소셜 미디어'로 압축된다. 미디어 세미오시스에 대한 탐구는 이러한 환경 변화에도 마땅히 눈을 돌려야 할 것이다. 소셜 미디어는 다양한 인터넷 플랫폼이 중심이 되고 있는데, 온라인 커뮤니티의 게시판이나 토론방, 블로그, 미니블로그(<트위터> 등), 사회관계망 서비스(<페이스북> 등), 미디어 공유 사이트(<유튜브>, <인스타그램> 등), 인스턴트 메신저 서비스(<카카오톡>, <스카이프> 등)와 같은 것을 들 수 있을 것이다. 소셜 미디어는 말 그대로 '사회화 매체'라고 할 수 있다. 그래서 소셜 미디어는 단순히 개인과 개인 사이의 사적인 소통만을 위한 매체도 아니고, 신문, 방송과 같은 공적인 대중매체도 아니다. 소셜 미디어는 이러한 개인성과 공공성 사이에서, 정도의 차이는 있을 수 있겠지만, '집단 사회성'을 띨 수 있는 매체라고 할 수 있겠다.

이러한 소셜 미디어는 세미오시스의 두 주요 측면인 의미화와 소통에 새로운 동력을 부여해 주고 있다. 이로써 사회적 담론 형성이 과거에 볼 수 없는 새로운 차원으로 전개될 수 있도록 해 주고 있는 것이다. 소셜 미디어는 수평적 개방, 참여, 공유, 분산, 협력, 신뢰를 새로운 가치로 삼고 있는데, 이로써 권력의 수직적 억압, 위계, 독점, 집중, 경쟁, 욕망을 해체하고 전복시키는 담론의 도구가 되기에 충분하다.

세미오시스 인문학을 추구하는 <세미오시스 학술총서>의 열한 번째 책 『소셜 미디어 속의 기호적 실천과 담론』에서는 그러한 측면을 세미오시스의 관점에서 성찰해 본다. 소셜 미디어에 대한 학문적 논의는 대체로 실용적 목적을 크게 고려하는 정보과학, 커뮤니케이션학, 마케팅 관련 분야 등에서 집중적으로 이루어지고 있지만, 인문학적 성찰은 여전히 부족한 실정이다. 그래서 균형을 잡아 줄 시각이 기호학, 언어학, 문학, 철학, 인류학, 예술학 등 인문학에서 나오게 되기를 기대하면서 이 책을 내놓는다.

제1장 "매체기호학의 관점에서 본 소셜 미디어의 세미오시스"(조창연)는 우리의 일상적인 커뮤니케이션에 깊숙이 침투하여 영향을 미치고 있는 소셜 미디어의 작동방식을 기호학의 관점에서 파악하고 있다. 우리의 일상 커뮤니케이션은 상호 간에 의미전달하기와 의미생성하기라는 두 축을 근간으로 한다. 따라서 소셜 미디어가 커뮤니케이션 과정에서 어떻게 의미를 생성하고 생성된 의미를 전달하는지를 밝히는 작업은 소셜 미디어가 우리의 일상 커뮤니케이션에서 어떤 역할을 하고 영향을 미치는지를 포착하는 작업으로 볼 수 있다. 그러나 소셜 미디어는 기존의 다른 미디어들과는 다른 방식을 기반으로 작용한다. 네트워크와 사회적 지능이 그것이다. 이것은 소셜 미디어가 사회적 신경망을 기반으로 작용하고 있음을 시사한다. 연구 결과는 소셜 미디어가 실시간적이고 총체적으로 감성적 교환을 가능하게 하여 내적 연대감과 공동체의 잠재성을 활성화할 뿐만 아니라 촉진하고 있음을 보여준다.

제2장 "서사문학에 나타난 대인 커뮤니케이션의 변화와 정체성 발현 양상"(고슬기)은 대인 커뮤니케이션의 발달 과정에 따라 송신자-수신자 간의 정체성이 발현되고 감추어지는 양상을 국내외 서사 작품을 토대로 연구한 글이다. 여기서 국내 서사 작품은 글의 주제와 밀

접한 관계가 있는 청소년을 대상으로 작품들을 선별 사용했다. 이 글에서 저자는 커뮤니케이션 미디어의 발전에 따라 점점 정체성을 감출 수 있는 방향으로 나아가고 그런 익명성으로 인해 속임수, 악성 댓글 등의 부작용이 만발하는 현재의 커뮤니케이션 방식을 비판적 시각으로 조명한다.

제3장 "모바일 시대 경험으로서의 언어, 이모티콘"(안미경)에서는 오늘날 트위터, 페이스북, 카카오톡 등과 같은 인터넷 환경의 문자 중심의 대화에서 중요한 역할을 담당하고 있는 이모티콘의 형성과정을 살펴보고, 동양과 서양의 문화와 상징이 어떻게 그 이모티콘의 형성과정에 영향을 주었는지를 잘 보여주고 있다. 또한 실제 대화 참여자들의 표정의 교환이 아닌 이모티콘을 통한 감정 표현을 문화적인 보편성과 문화적인 상대성 측면에서 논의 한 부분도 흥미롭게 전개된다. 끝으로 언어습득과 경험이라는 측면에서 이모티콘과 기존 음성 언어를 비교함으로써 경험으로서의 언어 이모티콘은 그 언어 사용자의 빈번한 사용으로 이모티콘의 의미와 형태가 숙달되었을 때에만, 다시 말해 이모티콘이 제2의 언어로 그 언어 사용자들에게 받아들여졌을 때에야 비로소 그 이모티콘이 나타내고자 하는 메시지나 감정의 소통이 원활히 이루어진다는 사실을 보여주고 있다.

제4장 "이모티콘의 기호적 특성과 의사소통 기능: 카카오톡 문자 대화를 중심으로"(이도영)는 문자 대화에서 비언어적 요소의 빈자리를 메꾸기 위해 만들어진 이모티콘의 기호적·의사소통적 역할의 확장과 변화에 초점을 맞추면서 언어학의 관점에서 이모티콘의 기호적 특성 및 유형과 의사소통적 기능을 살펴보려 하고 있다. 이론적 토대는 퍼스(Peirce)의 기호 이론과 바츨라빅의 의사소통이론이다. 이모티콘의

유형 분류는 카카오톡 모바일 메신저에 있는 이모티콘과 실제 카카오톡 대화 분석을 통해 비언어적 요소의 보완물로서의 이모티콘의 기호적 특성과 변화를 찾아내는 방식으로 이루어진다. 또한 이것이 실제로 의사소통에 어떻게 적용되고 작동하는지를 이모티콘의 의사소통적 기능으로 풀어내고 있다.

제5장 "소셜 미디어 시대, 바이럴 광고: 유튜브 동영상 광고를 중심으로"(윤재연)는 소셜 미디어 중 최근 가장 영향력 있는 매체로 부상한 동영상 플랫폼인 유튜브에서 확인되는 바이럴 광고를 대상으로 하여, 그 특성을 구명하려는 연구이다. 바이럴 광고의 특성은 일반적인 지상파 TV 광고와 차별되는 특성을 중심으로 논의되었으며, 그 차별적 특성은 광고의 형식, 내용, 구성, 소구 방식을 중심으로 구체적으로 확인하게 될 것이다. 소셜 미디어의 발전은 사람들의 행동 양식이나 소비 방식의 변화에 많은 변화를 가져왔고, 이러한 변화는 광고에도 큰 변화를 가져왔다. 따라서 소셜 미디어를 통해 노출되는 바이럴 광고가 기존의 일방향적 광고들과 어떤 차이점이 있는지 살피는 것은 광고의 연구라는 학문적 차원에서뿐만 아니라 광고를 공부하는 학생들, 더 나아가 광고에 관심이 있는 사람이라면 누구에게라도 매우 흥미로운 관심의 대상이 될 것이다. 또 이는 바이럴 광고 특성에 대한 실증적 연구라는 점에서 기존 연구의 한계를 보완할 수 있을 것이다.

제6장 "소셜 미디어와 색의 미디어화: 화장품 산업을 중심으로"(고경난)는 페이스북 브랜딩과 마케팅에서 비언어적 기호 색(色)이 브랜드 정체성 표현과 잠재적 소비자층과의 의사소통 참여구조 형성의 주된 매개체로 사용되는 양상을 살펴본다. 한 거대 한국 화장품 기업이 소유하는 네 개 브랜드 회사의 페이스북 페이지가 어떻게 관리되

고 차별화되는지 비교하고, 페이지의 기호학적 구성 중 브랜딩에 해당하는 사례를 텍스트 분석 방법론을 통해 논의한다. 이 사례들을 통해 본 기업의 페이스북 사용은 브랜딩과 마케팅이 잠재적 소비자층에게 특정 대상적 의미를 전달하는 것을 넘어 브랜드에 대한 보다 정확한 해석과 더 나아가 소비 경험 기회를 알리는 데 초점을 둔다. 소셜 미디어 콘텐츠를 구성하는 다양한 언어·비언어 기호학적 요소의 배치와 상호 간 관계 맺기, 특정 메시지의 주기적 노출, 특정 기호학적 양식의 지속적 사용 등은 한 편으로는 브랜드 생산자·관리자의 의미 생산 과정이기도 하지만 상호관계적 측면에서는 일반 사용자 또는 관객의 참여자로의 전환을 지향하는 작업이다. 복잡하고 다층적 세미오시스가 가능한 소셜 미디어 공간에서 색은 이 두 가지 과정이 보다 즉각적이고 원활히 시각적 차원에서 활성화되도록 돕는 중심적 기호 양식으로 기능한다는 것이다.

제7장 "#foodporn, 혹은 현대 식자(食者)의 초상"(서종석)은 인스타그램이나 페이스북 등의 소셜 네트워킹 서비스(SNS)에서 관찰되는 음식 이미지에 대한 논의이다. 음식 이미지는 푸드 포르노(Food Porno)라 불리는 다양한 정영상이나 동영상 중의 하나로, 레비-스트로스의 '생각하기 좋은 것'을 넘어서 '보기 좋은 것'을 마주하게 된 현대 식자(食者, eater)의 욕망과 결부된다. 이 글은 이 시대를 탐식의 시대라고 규정하고 온라인에 마련된 특정한 공간에 자신의 음식 사진을 올리는 집단화된 식자를 개인과 공동체의 수준에서 정의한다. SNS라는 온라인 플랫폼은 현대의 식자에겐 새로운 의사소통의 방식이자 관계화의 기제로 작동된다. 먹기 전 음식을 이미지의 형태로 포착하고 후에 다른 사람들과 공유하는 일까지 현대 식자에겐 먹는 과정의 일부가 된다. 이 글은 자신이 취하는 음식을 이미지화하고 현시하는

행위를 통해서, 개인이 어떻게 디지털 식정체성(食正體性)을 형성하는지, 또 이를 통해 새로운 먹기 공동체 구축에 이르게 되는지 보여주고자 한다. 아울러, 가상세계라는 공간을 일종의 거대한 식탁으로 규정하고, 과거 음식의 역사 속에서 관찰되던 음식의 상징적 의미들이 기술의 발전과 함께 이 공간 속에서 어떻게 새로운 모습으로 거듭나고 있는지도 살펴본다.

I

매체기호학의 관점에서 본 소셜 미디어의 세미오시스

조창연

1

매체기호학의 관점에서 본 소셜 미디어의 세미오시스

조창연

1. 서론

우리 삶은 전방위적으로 매체를 사용하여 왔고 아날로그와 디지털 매체를 거쳐서 마침내는 소셜 미디어의 사용에 이르게 된다. 소셜 미디어는 네트워크적 특성을 가진 미디어가 사회적 영역과 밀착하여 사회성을 획득하면서 등장한 미디어인데 정보통신 기술의 발전에 힘입어서 지속적으로 진화적 발전을 거듭하고 있다. 그 과정에서 우리의 삶은 점차 미디어, 나아가서 소셜 미디어에 의존적이 되고 있다. 이에 따라서 소셜 미디어에 대한 관심은 그 어느 때보다도 증가하고 있고, 이에 대한 연구의 필요성도 커지고 있다.

본래 미디어는 메시지를 전달하는 도구이다. 메시지를 전달하기 위하여 사람들은 돌, 양피지, 종이, 전기, 전파 등과 같은 매체를 사용했다. 그런데 이런 미디어에 실는 메시지는 기호로 구성된다. 이런 의미에서 미디어의 문제는 동시에 기호학의 문제가 된다. 이때문에 메시지를 이해하려면 매체에 기호로 담겨진 메시지의 매체 기호학적인 함의를 파악하는 것이 필요하다. 같은 맥락에서 사회적 네트워크 미디어로서 소셜 미디어를 이해하려면 소셜 미디어의 매체적 특성과 메시지의 기호적 특성을 아우르는 매체 기호학적인 관점에서 보는 것이 요청된다. 즉 매체로서 소셜 미디어와 기호로서 소셜 미디어가 어떻게 의미를 생성하며 생성된 메시지를 어떻게 전달하는지 살펴보아야 한다. 이 글은 이런 인식을 바탕으로 소셜 미디어를 매체 기호학적인 관점에서 분석한다. 매체 기호학적 고찰은 여러 관점에서 접근할 수 있지만,[1] 여기서는 기호학적 패러다임의 가장 핵심이 되는 기호생성, 기호의 의미작용, 그리고 기호의 소통작용에 초점을 두고 소셜 미디어의 인터랙티브한 멀티미디어적인 측면을 고찰하게 된다.

이러한 목적을 달성하기 위하여 본 논의는 다음의 사항들을 중점적으로 검토한다. 먼저 매체기호학의 이론적 토대가 되는 매체와 기호의 관계를 분석한다(본문 2장). 이에 따르면 기호는 매체의 기호화 과정을 통해 생성되고 변형되는 것이며 매체는 특정한 유형의 기호가 반복적으로 소통될 수 있게 하는 시스템이다. 즉 매체는 기호의 생산, 유포 및 수용을 위한 수단이며, 이 틀에서 만들어진 기호화 과정이 동일하게 유지되도록 특정한 제한을 가하는 시스템인 것이다. 따라서 매체는 기호의 존재적 근거가 되는 것이다. 따라서 매체의 특성은 기호의 특성에 영향을 미친다. 이와 관련하여 디지털 기호와 아날로그 기호의 특징을 살펴보고 기호의 물질성과의 관계를 살펴본다. 아

1) 매체 분석에 적용되는 기호학파의 다양한 관점들, 예를 들면 소쉬르, 옐름슬레우, 바르트, 에코, 그레마스, 퍼스, 모리스, 할리데이(사회 기호학), 스탬퍼(조직 기호학), 에버렛-데스메트(서사 기호학) 등에 따라서 여러 방향의 매체 기호학적인 고찰이 있게 된다. 관점들은 다양하지만 이들 접근법의 공통된 분모는 매체를 언어적 텍스트뿐만 아니라 비언어적이고 시각적인 텍스트도 포함하여 문화·사회적인 큰 틀에서 고려하고 나아가서 멀티미디어적인 측면에서 고찰해야 한다는 것이다(Bentele & Hess-Lüttich eds. 1985).

날로그 기호는 매체의 물질성에 상당히 의존적인 반면에 디지털 기호는 아날로그 기호에 비해서 물질성에서 상당히 자유로움을 알 수 있다. 이런 논의를 바탕으로 본문 3장은 소셜 미디어의 개념과 참여, 공개, 대화, 커뮤니티, 그리고 연결로 요약된 각각의 소셜 미디어의 특성을 다루고, 이런 특성들이 융합된 네트워크화된 디지털 미디어로서의 소셜 미디어가 어떤 미디어적 특징을 갖는지를 살펴본다. 그리고 이를 바탕으로 소셜 미디어의 기호학적 특성을 분석한다. 본문 4장에서는 소셜 미디어의 매체 기호학적인 탐색적 접근이 시도된다. 먼저 그간 수행되었던 연구 경향을 살펴본다. 이에 의하면 다양한 연구 관점이 있지만 큰 틀은 퍼스와 소쉬르 계열의 기호학이고 그 외에 문화 기호학이나 서사학 혹은 조직이나 사회 기호학의 접근법들도 적용되고 있다. 이런 선행 연구들은 소셜 미디어의 의미생성을 구조적 관점이나 개인적인 관점에서 파악하고 의미전달(커뮤니케이션)에 미치는 영향을 분석하고 있는 점에서 상당한 의의가 있다. 그러나 소셜 미디어의 매체적 특성인 네트워크성을 토대로 한 매체 기호학적 관점은 충분히 고려되지 못하고 있다. 이런 점을 고려하여 이 논의는 소셜 미디어의 네트워크성에 기반한 기호학적 접근을 시도한다. 마지막으로 5장은 총체적인 논의의 핵심 내용과 그 의미 및 한계에 대한 것을 언급한다.

2. 소셜 미디어와 기호

2.1. 매체기호학의 관점

인간의 몸이 물질적 기반이 없으면 지각하기 어렵고 결과적으로 사고와 움직임이 생성될 수 없듯이 기호도 마찬가지다. 기호가 지각의 대상이 되려면 기호의 물질적 기반이 필요한 것이다. 여기서 기호의 물질적 기반이 되는 것은 매체다. 매체라는 용어는 본래 중간이나 사이를 뜻하는 라틴어 메디우스(medius)에서 유래되는데 인간의 오감적 소통을 가능하게 하는 것에서부터 인공적인 장치를 통하여 메시지와 의미를 전달하는 기술공학적인 관점에 이르기까지 광범위하게 사용된다. 그러나 기호학적인 관점에서 보면 매체(미디어)는 의미를 기록하고 전달하기 위한 물리적인 수단들이 되는 기호체계와 연관하여 볼 수 있다. 즉 매체는 어떤 특정한 물리적인 형태로 의미를 재생산하고 관련시키며 전달하는데 사용되는 일종의 기표적 역할을 하며(Danesi 2002) 리얼리티의 구성에 깊이 관여하고 있는 것이다(Sebeok 1990). 이런 의미에서 기호는 의미가 물질화된 것 혹은 의미를 지닌 물질로 볼 수도 있는 것이다. 그럼에도 매체와 기호의 이러한 관계는 전통적인 기호학의 이론에서는 등한시된 감이 있다. 메시지를 담은 매체가 메시지의 의미에 미치는 영향이나 기호 형성에서 매체가 미치는 영향이 충분히 고려되지 않은 것이다. 예를 들면 종이라는 매체에 쓰인 메시지의 의미는 매체의 특성과 무관하게 전달될 수 있다고 생각하고 기호의 구성 요소인 기표에 미치는 매체의 물리적 특성을 주목하지 않았다. 다시 말하면 매체 기호학적 함의가 기존의 기호학에서 이론적으로 충분히 고려되지 못한 것이다.

소쉬르의 경우를 보면 그는 기표와 기의를 모두 비물질적이며 정신적인 형태로 보고 있다. 왜냐하면 그는 언어기호를 물리적인 실체가 아닌 형식적 기능의 관점에서 파악하고 물질적인 요소인 소리를 언어가 사용하는 보조적인 수단으로 보기 때문이다. 이런 생각을 바탕으로 소쉬르는 언어기호의 기표는 매체의 특성에서 기인되는 것이 아니라 어떤 소리를 다른 소리와 구별해주는 차이의 산물이라고 생각한 것이다(Saussure 1931/2006). 퍼스도 기본적으로 소쉬르와 유사한 입장을 보인다. 그에 의하면 어떤 책에 '사람'이란 말을 수백 번 쓰고 이 책을 수 만 부 인쇄하면 '사람'이란 말은 수백만 개의 인쇄로 나타나지만, 이것은 단지 하나의 단어가 구체화 된 것이라고 생각한다. 다시 말해서 구체화된 것은 단지 사람이란 하나의 단어일 뿐 이를 인쇄한 많은 글씨를 담고 있는 매체에서 '사람' 글자들은 모두 동일한 상징의 복제일 뿐이라는 것이다. 이것은 퍼스가 단어를 물리적 사물, 즉 매체와 무관한 것으로 이해하고 있음을 시사한다. 그러나 퍼스는 기호와 지시대상체가 동일한 것이 아니고 이 둘은 여러 면에서 차이가 있다고 봄으로써 소쉬르와는 약간의 견해차를 보이고 있다. 퍼스는 기호의 물질적 특성을 지시 대상과 관계없이 기호 자신이 갖는 특성이라고 보는 것이다(Peirce 1931-58). 이런 사실은 기존의 기호학이 기표보다는 기호의 의미에 해당하는 기의에 이론적 중점을 두고 있음을 보여 준다.

그러나 기호의 물리적인 형태 혹은 구조는 의미생성의 과정에 적지 않은 영향을 미치는 것이다. 기호의 물리적인 형태는 그 자체가 일종의 내포적 함의를 갖는 것이다. 어떤 의미에서 기호는 외부세계의 산물이면서 동시에 구체적이고 물질적인 특성도 갖고 있다. 이것은 기호의 물리적 기표가 정신적 기의의 성격을 결정할 수도 있는 것을 시사한다. 이런 의미에서 기호로서 언어의 고유성 자체는 물리적인 차원에 상당히 의존하며, 단어의 물질성은 다른 언어로 번역하거나 대체

할 수 없는 고유의 영역으로 볼 수 있는 것이다(Derrida, 김성도 역 2010). 따라서 기호는 기본적으로 매체의 특성에 의존하며 매체에 고정된다고도 볼 수 있다(Bolter 1991). 기호는 그 자체가 물체가 아니라 기표라는 물리적 차원을 가짐으로써 물리적 특성을 획득하며 그 자체의 구조 원리를 지닌 물질적인 매체에 의해서 전달되며(Hodge & Tripp 1986), 기호의 물질적 표현은 항상 의미를 지닌다. 이것은 독립적으로 작동하고 변화하는 기호학적 요소로 기표의 물리적 형식이나 수준의 변화에 영향을 미쳐서 기의의 생성에 영향을 미치게 된다.

나아가서 이런 미디어의 물리적 특성은 기호뿐만 아니라 기호생성의 토대가 되는 의식에도 지대한 영향을 끼친다. 미디어 사용은 인간의 의식에도 영향을 미치고 그 결과 문화적 변화를 초래할 뿐만 아니라(Innis 1995; MacLuhan 1964/1997), 또한 우리의 의식 자체를 변화시키기도 하는 것이다. 미디어의 사용이 우리의 뇌구조를 바꿈으로써 의식의 변화를 초래하는 것이다(Small & Vogan 2010). 인터넷 기반의 디지털 미디어를 장기적으로 사용하면 인간의 의식이나 사고과정이 아날로그 미디어와는 다른 방식으로 변화된다는 것이다. 의식이 기호생성에 깊이 관여하고 있는 점을 감안하면 미디어에 의한 의식의 변화는 기호생성에도 적지 않은 영향을 미칠 것이 예견된다. 이런 점들은 매체의 물리적 특성이 기호와 밀접한 관계에 있음을 단적으로 보여준다.

2.2. 기호와 물질성

미디어는 그 물질적 속성상 크게 아날로그 미디어와 디지털 미디어로 구분된다. 아날로그 미디어에 기반한 기호는 아날로그 기호가 되고 디지털인 경우는 디지털 기호가 된다. 이처럼 매체의 특성은 기호의 특성을 좌우한다. 아날로그 미디어의 물질적 속성에 기반한 기호는 아날로그 매체 특성상 연속이고 점진적으로 변화하는 것이 가능하고 이를 기반으로 분절이 가능하기 때문에 다양하고 미묘한 차이를 표현할 수 있다. 그 결과 감각이나 감정과 같은 복잡한 의미도 기호적인 형태로 담을 수 있는 것이다. 아날로그 기호의 기표는 상징적 기표와 달리 동기화되어 있고 이 동기화된 기표(motivated signifier)는 뚜렷한 경계가 없이 뒤섞여 있다. 이런 관계 속에서 기표는 유사성 또는 자연적인 관계를 기반으로 기의와 결합된다. 따라서 아날로그 기호는 지표와 마찬가지로 물질성에 의존적이며 하나의 매체에 정박되어 그 매체적 특성에 종속된다. 아날로그 기호의 기표 체계는 안정된 구조를 유지하지만, 분절이나 범주화에 의존하지 않기 때문에 사전이나 구문론적으로 분류하기 어렵다. 따라서 아날로그 기호의 의미는 분절이 아니라 통섭적으로 파악되는 것이다. 이런 까닭에 기호 의미는 풍부하지만 구문적 정밀성과 의미의 정확성은 감소된다(Wilden 1987). 즉 아날로그 기호는 매체의 물질적 특성에 의존함으로써 연속적이고 점진적인 표현이 가능하고 이를 기반으로 분절이 가능하기 때

표 1. 기호의 물질성이 기호 특성에 미치는 영향

기호 유형 / 기호의 특성	디지털 기호	아날로그 기호
물질성	자유롭다	의존적이다
기표	비물질적 가상 기표	물질적 실제 기표
기의	분절적	통섭적
기호 생성	기표의 영향이 큼	기의의 연향이 큼
재현수단	범주, 패턴	모방, 지칭, 상사

문에 다양하고 미묘한 차이를 표현할 수 있지만 그 지표 체계는 분절이나 범주화되지 않기 때문에 의미는 통섭적으로 파악되는 것이다.

이에 반해 디지털 미디어에 기반한 디지털 기호는 아날로그 기호와는 달리 물질성에서 자유롭다(김성도 2003). 디지털 미디어는 비트(bit)를 기본 단위로 하는 디지털 코드로 작동되는 전자 미디어인데, 비트는 손쉽게 혼합될 수 있기 때문에 뒤섞여서 함께 사용될 수도 있고 또한 독립적으로 사용되는 것도 가능하다(Negroponte 1995). 디지털 기호는 이러한 디지털 매체의 특성을 기반으로 하기 때문에 추상적인 구조와 형식적인 관계를 토대로 만들어지며 이질적인 수량화 형태로 변형도 가능하게 된다. 이런 매체 물리적 특성을 기반으로 숫자의 형상으로 바뀌어 생성되는 디지털 기호의 기호 층은 기계언어의 층과 인간언어의 층으로 구분된다. 그 결과 기호와 그 의미를 생성하는 프로세스가 분리되어 기호 생성과 의미 생성의 총체적인 과정을 파악하는 것이 어렵게 된다. 그러나 디지털 미디어에서는 다양한 층위의 코드변환이 가능하여 다양한 매체 유형들로 구성된 기표들의 상호작용이 가능하다. 이것이 가능한 것은 기호가 특정한 물질성을 지닌 기표와 영속적으로 저장되는 것이 아니기 때문에 디지털 미디어에 저장되는 기호요소들이 분리된 정체성을 유지할 수 있고 그 결과 프로그램의 통제 하에 다양한 시퀀스들의 조합이 가능하기 때문이다. 이런 기호요소들은 여러 표본(sample)으로 쪼개져서 언제라도 재창조가 가능한데, 이는 기호를 구성하는 단위가 최소단위로 해체되고 분절되어 자유롭게 재조합됨으로써 기호의 가변성을 증대시키기 때문이다.

이처럼 디지털 기호는 탈물질성에 크게 영향을 받기 때문에 기표의 매체 물리적인 성격은 배제되어 기표의 실재성이 증발된다. 따라서 디지털 미디어는 기호를 담고 있지만 직접적으로 지각되지 않는 형태를 띤다. 또한 디지털 미디어는 영속적인 흔적을 기록하기 보다는 숫자들의 토큰(token)[2] 형태로 표현된다. 따라서 디지털 매체의 기표는 여러 다양성을 대표하는 단위로 표현되며, 패턴과 임의성에 바탕을 두고 시차적 상호작용을 한다. 그 결과 기표의 물질적 본질은 사라지고 기표는 점멸하는 가상적 기표의 형태가 된다(Hayles 2003). 따라서 디지털 기호의 생성은 아날로그 기호와 다르게 기의보다는 기표의 변화에 의해 더 많은 영향을 받는다. 또한 동일한 기의가 서로 다른 다양한 형식의 기표에 의해서 표출되어서 궁극적으로 기의 변화가 초래된다.

논의를 정리하면 다음과 같다(표 1 참조). 기호의 물리적인 형태 혹은 구조는 기표와 밀접하게 연관되어 기호생성과 의미생성에 큰 영향을 미친다. 뿐만 아니라 기표 그 자체가 내포적 의미를 가짐으로써 기호의 물질적 표현은 항상 의미를 갖는다. 기표의 이러한 물리적 속성 때문에 기호는 외부세계의 산물이면서 동시에 구체적이고 물질적인 특성을 갖게 된다(Hodge & Tripp 1986). 이런 의미에서 기호는 기본적으로 매체의 특성에 의존적이며[3](Bolter 1991), 어떤 면에서 매체에 의해 고정되는 것이다.

2) 기호는 의미론적으로 타입(type)과 토컨(token)으로 구분된다. 기호학자 퍼스에 의하면 실제기호와 구체적인 하나의 기호 담수체가 구체적이고 특수한 관계를 가지면 기호는 토컨(token)적이 된다. 반면에 기호가 다양한 방식으로 실현될 수 있는 어떤 코드의 요소를 갖지만 다른 기호가 되지 않고 보편적인 특성을 가지면 타입(type)이 된다(Nöth 2000).

3) 여기서 의존적이란 것은 기호 그 자체는 물체가 아니며 기표라는 물리적 차원을 갖는다는 것을 뜻한다.

3. 소셜 미디어의 매체 기호학적 관점

3.1. 소셜 미디어란 무엇인가?

소셜 미디어[4]는 사회적 관계 개념이 인터넷 미디어에 의한 공간에서 구현된 것이다. 즉 사람들의 의견이나 생각, 혹은 경험이나 관점 등을 서로 공유하기 위하여 사용되는 일종의 온라인 툴과 플랫폼인 것이다. 이 공간에서 각 개인은 기존의 커뮤니티와 다르게 하나의 핵심 구성요소로 역할을 하며 자신의 정체성을 바탕으로 다른 사람들과 수평적 관계를 확대하기도 한다. 이 같은 소셜 미디어는 기본적으로 사람을 중심으로 한 관계에 기반하며 사용자 간의 인터페이스와 커뮤니케이션을 가능하게 한다. 소셜 미디어는 유형에 따라서 그 속성이 다른데, 일반적으로 블로그, 소셜 네트워크, 메시지 보드, 팟캐스트, 위키스, 비디오 블로그 등으로 구분된다.

소셜 미디어의 공통적인 특성은 대화, 공유, 현존, 관계, 명성, 그룹, 그리고 정체성 등 7가지로 구분되기도 하는데,[5] 그 특성상 크게 참여, 공개, 대화, 커뮤니티, 그리고 연결로 정리할 수도 있다(FKII 조사연

---

4) 소셜 미디어(social media)라는 용어는 가이드와이어(Guidewire Group)의 창시자이면서 테그놀로지와 관련된 상품을 분석하는 책임자인 크리스 쉬플리(Chris Shipley)가 2004년에 소셜 미디어의 활용과 특성에 대한 컨퍼런스에서 처음 제시한 것이다. 여기서 그는 블로그, 위키, 네트워크와 관련된 테크놀로지가 결합해서 새로운 형태의 참여 미디어로서 소셜 미디어가 등장할 것을 강조한다. 티나 샤르키(Tina Sharkey) 역시 커뮤니티 중심의 인터넷 콘텐츠 양식을 소셜 미디어라는 용어로 사용하기도 한다(설진아 2009).

5) 대화는 인터랙티브한 커뮤니케이션의 속성을, 공유는 콘텐츠와 정보 공유를, 현존은 내 상태와 현황을 알리기 위한 속성을, 관계는 깊이와 친밀도 관리를, 명성은 이름을 대외적으로 알리고 셀프 브랜딩을 하는 속성을 나타낸다. 그리고 그룹은 커뮤니티 속성과 정체성은 자신의 주체성을 확고히 하는 속성을 가리킨다(Smith 2007).

구팀(2006.12). 소셜 미디어는 소셜 미디어에 관심 있는 모든 사람들의 기여와 피드백을 촉진하는 역할을 한다(참여). 이로 인하여 미디어와 오디언스에 대한 기존의 개념은 불투명하게 된다. 그러나 대부분의 소셜 미디어는 피드백과 참여가 열려 있으며 투표, 피드백, 코멘트, 정보 공유 등을 촉진함으로써 콘텐츠 접근과 사용이 자유롭다(공개). 전통적인 미디어가 익명의 광범위한 수용자를 타깃으로 하는 브로드캐스트(Broadcast)이고 콘텐츠가 일방적으로 오디언스에게 유통되는 반면, 소셜 미디어는 쌍방향적 특성을 갖고(대화), 빠르게 커뮤니티를 구성하면서 공통의 관심사에 대해 이야기하는 것을 가능하게 한다(커뮤니티). 또한 대부분의 소셜 미디어는 다양한 미디어의 조합이나 링크에 의한 연결을 통해서 확장되고 팽창한다(연결)(그림 1 참조).

이처럼 소셜 미디어는 메시지나 정보의 전달이 네트워크(Network) 방식으로 이루어지고 이 과정에서 메시지가 사회성을 갖는 특징이 있다. 소셜 미디어의 또 다른 중요한 특징은 이용자들이 자신의 개인 웹페이지를 구축한 다음에 친구들과 연결하거나 콘텐츠를 공유하여 상

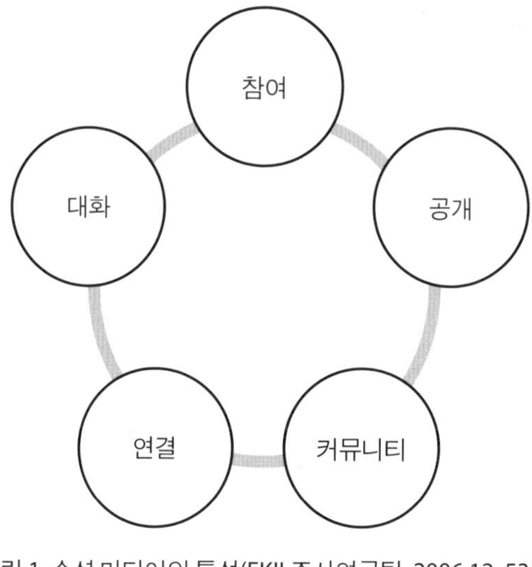

그림 1. 소셜 미디어의 특성(FKII 조사연구팀, 2006.12, 53쪽)

호작용할 수 있고, 이용자들과 네트워크를 통한 공유라는 측면을 강조함으로써 외부 사이트와 연동되어 다양한 형태의 콘텐츠를 올리고 공유할 수 있는 가능성 등을 제공하는 점이다. 이런 점들이 사용의 편의성을 증대하고 네트워크 구축을 유도하는 것이다. 뿐만 아니라 소셜 미디어의 네트워크 기능이 집단의식과 집단지성의 형성을 가능하게 한다는 점도 중요한 특징이다.

3.2. '디지네트워크' 미디어로서 소셜 미디어

소셜 미디어를 구성하는 핵심적인 요소는 네트워크와 디지털의 속성이다. 이 가운데 디지털적 속성은 소셜 미디어의 질과 관계되고 네트워크는 양과 관계된다고 볼 수 있다. 따라서 소셜 미디어를 이해하려면 이 두 요소의 속성과 이들 간의 관계를 이해할 필요가 있다. 먼저 소셜 미디어의 디지털적 특성이 어떻게 소셜 네트워크의 질을 결정하는지 살펴보자. 디지털 미디어는 비트(bit)를 기반으로 하는데 그것은 메시지 혹은 정보의 DNA를 구성하는 가장 작은 원자적인 단위다. 따라서 소셜 미디어를 포함한 모든 미디어가 이것을 기반으로 재구성될 수 있는 것이다. 즉 메시지를 구성하는 기호의 구성을 비트의 최소 단위로 해체하고 분절하여 자유롭게 재조합함으로써 기호학적으로 가변성을 증대할 수 있는 것이다. 메시지를 구성하는 기호는 디지털 미디어에서는 영속적으로 특정한 물질 속에 저장되지 않고 여기에 저장되는 기호요소들은 분리되어 연속적으로 다양한 조합들로 구성된다. 따라서 기호는 다양한 미디어들의 코드 변환에 따라서 다양한 유형의 매체들의 접점에서 상호작용 할 수 있게 된다. 이를 통하여 기호요소들은 언제든 새로운 기호 형태로 재창조가 가능하다.

이런 디지털 미디어의 특성을 기반으로 디지털 기호가 생성된다. 디지털 기호에서는 생성, 재생, 그리고 분배의 분리된 과정들이 융합되며 문자, 음성, 텍스트, 영상으로 분산되었던 매체들을 통합하여 일종의 초(超)기호가 생성된다. 따라서 디지털 기호는 통합적 혹은 융합적으로 특징된다. 또한 디지털 기호는 서로 단절되는 값에 근거한 표상에 근거하기 때문에 그것이 이미지건 음성이건 형상물이건 이산적인 표본들의 집합체로서 표상된다. 디지털 미디어는 다양한 유형의 메시지를 추상적인 구조와 형식적인 관계를 바탕으로 동일한 유형으로 저장하며 전달함으로써 멀티미디어의 가능성을 발현한다. 소셜 미디어는 다양한 수용자가 여러 유형의 미디어를 갖고 접속함으로써 이루어진다는 점에서 이미 멀티미디어적인 것이다. 따라서 소셜 미디어는 디지털을 기반으로 하는 일종의 멀티미디어적 특성을 갖는다. 멀티미디어는 하나의 미디어로 다른 미디어로 유동적인 전환이 가능하고 같은 메시지를 여러 형식으로 나타낼 수 있고 여러 사람의 감각에 맞게 호소할 수 있는 특징을 갖는다. 이런 특성이 네트워크와 연결되면서 소셜 미디어의 태동이 가능하게 된 것이다. 이 특성을 여기서는 잠정적으로 '디지네트워크'(diginetwork)라고 부르기로 한다. 이 특성은 메시지의 질적인 융합뿐만 아니라 양적인 팽창도 함축하고 있다. 앞서 언급한 소셜 미디어의 특성과 관련하여 논의를 이어보자.

소셜 미디어는 관심 있는 모든 사람의 다양한 형태의 의견들을 디지털을 이용하여 각 견해들의 질적인 특징을 유지하면서도 동일한 하나의 융합적인 형태로 전환한다. 결국 다양한 참여자의 메시지는 내부의 질적 차원은 다양하지만 외부의 양적 차원에서는 동일한 형태의 메시지 형태로 바뀌게 된다. 메시지의 질적인 압축은 어렵지만 양적인 압축(예를 들면 패키지 형태)은 상대적으로 쉽기 때문에 하나의 네트워크를 통하여 다양한 참여자들의 메시지들이 전달될 수 있는 것이다. 이를 통하여 빠르게 커뮤니티를 구성하면서 공통의 관심사에 대해 이야기할 수 있고 다양한 미디어의 조합이나 링크에 의한 연결을 통해서 확장되고 팽창될 수 있는 것이다. 소셜 미디어의 특징인 참여, 공개, 대화, 커뮤니티, 그리고 연결은 이 같은 소셜 미디어의 디지네트워크적 특성에서 비롯되는 것이다. 소셜 미디어의 이런 특성들은 참여자들이 실시간적으로 온라인상에서 다른 사람들과 커뮤니케이션 할 수 있게 하고 이를 통하여 생성된 콘텐츠 기반 사이트들에 연관시켜 궁극적으로 사람들을 사회적(social)이게 하는 것이다.

3.3. 소셜 미디어의 기호학적 특성

소셜 미디어는 특성상 개인 미디어이면서 동시에 사회적 미디어다. 그러기에 소셜 미디어는 개인적 작용을 넘어서 매스컴처럼 사회적인 작용을 한다. 소셜 미디어의 이러한 이중적 특성은 소셜 미디어가 미디어이기도 하고 플랫폼으로도 작용하기 때문에 가능한 것이다. 이를 통해서 사회적 행위로서 의미가 생성되고 전파된다. 따라서 소셜 미디어는 기호학, 특히 사회 기호학의 대상이 된다. 즉 소셜 미디어의 사회적 차원에서의 의미작용과 해석 과정이 기호학의 대상이 되는 것이다. 소셜 미디어를 통한 참여자들의 사회적 행위들과 그로 인한 의미 생성 및 해석 과정은 기호학적 분석 대상이 된다. 분석 대상을 명확히 하기 위하여 소셜 미디어의 사회적 의미생성 과정들을 살펴보자. 여기서 개방화된 온라인 툴과 미디어 플랫폼은 무엇보다도 중요하다. 이를 통하여 사람들은 자신의 생각과 의견, 경험, 관점 등을 서로 공유하고 참여하여 집단지능(Collective Knowledge)을 형성하며 이로부터 정제된 메시지를 전달하기 때문이다. 또 한 가지 주목해야 할 것은 소셜 미디어가 일종의 유기체(사회적 유기체)처럼 기능하는 점이다. 따라서 기존 미디어의 소비·생산의 일반적인 메커니즘이 통용되지 않으며 강력한 인터페이스로 사람들의 참여를 촉진하며 메시지의 생성과 공유를 가능하게 한다. 사실 대부분의 미디어들은 아날로그든 디지털 미디어든 간에 정도의 차이는 있지만 소셜 미디어의 이 같은 매체 특성은 기존의 미디어들과 차별화되는 방식으로 사회적 메시지를 생성하는데 관여하는 것이다. 소셜 미디어에 의해서 생성된 사회적 의미 차원은 일반적으로 참여, 공개, 대화, 커뮤니티, 그리고 연결의 공통된 특성을 갖는데, 이것은 미디어가 메시지(MacLuhan 1964/2002)라는 매체 기호학적인 특징을 단적으로 나타낸다.

기호학적 관점에서 보면 소셜 미디어의 물리적 특성은 기표로 작용하며 연결, 참여, 그리고 공개(개방)라는 차원은 기의의 지평을 형성한다. 이 지평은 기호학적으로 통사(문장)론(syntactics)과 의미론(semantics), 그리고 화용론(pragmatics)의 모리스기호학적 관점(Morris 1938; 1946)에서 이해될 수 있다. 통사론에서 유의해야 할 것은 통사론은 기표로서 기호를 대상으로 가능한 기표들의 조합들을 연구 대상으로 한다는 점이다(Trabant 1996/2001). 즉 가능한 기호의 조합에 대한 연구이지 기의와 기표가 결합된 기호에 대한 것이 아닌 것이다. 이 점은 소셜 미디어의 참여자들에 의해서 투입된 기호로서 메시지들이 아직 사회적 의미가 획득되지 않은 일종의 기표적 상태라는 점에서 기호학적 연구에 시사하는 점이 크다. 의미론에서는 기표와 지시 부류(Designat)와 관계, 즉 지시 의미론적 관계나 기표와 지시(Denotat)의 의미론적 관계가 연구 된다. 여기서 데노타트(지시)는 실재 대상의 지시와 관계되고 데지그나트(지시부류)는 개념적 대상, 즉 기호가 사용할 수 있는 대상들이나 대상체들의 유형들과의 관계를 뜻한다. 소셜 미디어의 의미생성의 핵심 기제는 네트워크의 기능인데 자체 생성한 개념적 의미뿐만 아니라 네트워크 외부에서 수용되는 지시적 의미도 동시에 처리된다는 점에서 모리스의 의미론은 이론적으로 시사하는 바가 크다. 마지막으로 기호와 기호 해석자와의 관계를 연구하는 것이 화용론이다. 화용론을 통해서 소셜 미디어의 참여자와 생성된 의미를 사용하는 관계가 밝혀지게 된다. 이 같은 기호학적 관점을 고려하여 소셜 미디어의 참여, 공개, 대화, 커뮤니티, 그리고 연결이라는 공통된 특징을 살펴보자.

'연결'은 대부분의 소셜 미디어들이 하나의 공간에서 링크되어 다른 미디어들과 결합하면서 상호관계를 구축할 때 나타난다. 이 관계는 기호학적으로 보면 '인접'과 '유사'의 두 시각에서 유추해 볼 수 있다. 인접의 경우에 연결은 다른 부분들을 지시함(denote)으로써 지표적 역할을 하며 부분들은 인과적으로 관련된 다른 부분들을 지시한다. 이것은 일종의 대용(anaphora)[6]으로 볼 수 있는데 하이퍼텍스트의 의미생성의 기반이 된다. 유사의 경우에 연결은 도상적 특성을 띠는데 이것은 하이퍼텍스트에 내재하는 언어, 시각, 혹은 음악적 코드들의 서로 다른 코드로 구성된 여러 기호들을 의미론적으로 연결하는 역할을 한다. 이런 연결의 특성은 통사론 차원과 연관하여 생각해 볼 수 있다. 참여는 의미의 화용론의 차원과 관련된다. 즉 특정 주제에 관심을 갖는 사람들이 자발적으로 지식과 의견을 나누고 피드백을 공유하도록 촉진하는 역할을 한다. 개방은 소셜 미디어를 사용하는 사람들이 이를 매개로 실시간적으로 의미를 공유하면서 시·공간적으로 상호간에 공공연하게 열려 있는 것이다. 이런 의미에서 개방은 의미론의 차원과 연관된다.

소셜 미디어의 이러한 지표적 특성들은 기호가 지속적으로 '사회적 의미'를 생성하고 발달시키는 토대가 되는데 이들의 결합 정도에 따

6) 문장에서 앞에 나온 단어를 가리키거나 그것을 대신하기 위해 다른 단어를 쓰는 것을 의미한다. 예를 들면 I agree and so does John.에서 agree를 대신해서 does를 쓰는 것이다(https://kin.naver.com/qna/)

라서 기호의 사회적 의미 정도가 달라진다. 이로부터 생성된 소셜 기호는 기표의 사회 물리적인 특성이 사회성을 강하게 반영하여 형성된 기호로 사회적 관심과 이념의 형성, 그리고 사회적 변화를 선택하는 데 영향을 끼치고 사람들의 사회적 관계 형성에 영향을 미치게 된다.

4. 소셜 미디어에 대한 매체 기호학적 접근법

4.1. 선행연구 검토

소셜 미디어에 대한 기존의 기호학적 연구는 다양한 관점에서 시도되고 있다. 앞서 소셜 미디어의 기호학적 특성(본문 3.3)에서 소셜 미디어의 기호학적 접근 가능성을 모리스의 기호학적 관점에서 설명한 바 있지만 큰 틀은 퍼스와 소쉬르 계열의 기호학적 방법이 주류를 이룬다. 그 외에 문화 기호학이나 서사학 혹은 조직 기호학의 접근법들도 적용되고 있다. 다음 각각의 선행 연구에서 어떤 기호학적 접근법이 사용되었고 그 특징은 무엇인지 살펴보기로 한다.

소셜 미디어를 이용한 권보연(2011)의 브랜드 로고 구축은 의미작용과 커뮤니케이션을 기호학적으로 분석한다. 연구자는 브랜드 로고를 퍼스의 도상, 지표, 상징을 토대로 4가지의 구성 요소로 구분하고 야곱슨 이론을 기반으로 하여 로고분석을 위한 스콜(SCoL)[7] 체계를 구축하여 기호학적 커뮤니케이션 기능을 분석한다. 또한 소셜 미디어의 소통방식과 집단지성 생성과정을 설명하기 위하여 퍼스 기호학의 '세미오시스(Semiosis)'를 적용하기도 한다(정윤정·정경운 2017). 이

7) SCoL은 Analysis frame of Signification and Communication for the brand logo의 약자이다(권보연 2011).

들은 소셜 미디어(네트워크)의 소통방식과 집단지성의 생성과정을 알아보기 위해 트위터(Twitter)를 분석한다. 그 결과 세미오시스처럼 트위터 상에서도 하나의 의견(기호)이 다양한 의미들로 확장되고 새로운 기호들의 생성으로 확장되는 것이 확인된다. 즉 다양한 의견을 가진 클러스터(Cluster)들이 네트워크상에서 상충하면서 온라인상의 네트워크가 오프라인과 연계되어 실제의 사회적 움직임이 촉발된 것이다. 또 다른 연구로 야콥슨의 기호학 모델을 이용하여 소셜 미디어의 매체 구조적 특징이 기호 생성, 의미생성, 그리고 의미전달에 미치는 영향을 탐색한 바 있다(조창연 2011). 이 연구는 기호 자체는 물체가 아니지만 기표라는 물리적인 차원을 갖고 따라서 기표의 물리적 형식이나 수준의 변화는 기의 생성에 영향을 미치게 된다는 전제를 바탕으로 소셜 미디어의 의미생성과 의미전달을 분석한다. 그 결과 기호의미는 기표들 간의 통합적(syntagmatic)차이와 계열적(paragidmatic) 차이에서 생성되며 이들 축의 차이 관계에서 의미작용이 나타나며, 커뮤니케이션, 즉 의미전달은 복합적으로 결합된 기호의 집합체를 기반으로 하고 있음이 밝혀진다. 또한 조창연(2014)은 퍼스 기호학을 기반으로 소셜 미디어의 세미오시스를 분석한다. 이에 의하면 기호가 의미를 생성하고 이를 재생산하면서 의미를 전달하려면 추상적이든 구체적이든 그것을 구현하는 매개물, 즉 미디어가 필요한데 소셜 미디어가 이 역할을 하는 것이다. 소셜 미디어의 개인적 차원의 의미생성은 매개적 기능에 기반하고 사회적 차원의 의미생성은 재매개적 기능에 토대를 둔다. 전자는 해석체, 후자는 집단 지성이 의미생성의 토대가 되며 이런 이중적인 의미생성과정을 기반으로 소셜 미디어의 의미전달이 수행되는 것이다.

오넬(O'Neil 2005)도 뉴미디어의 인터랙션을 분석하는데 소셜 미디어의 분석에도 많은 시사점을 준다. 이 작업을 위하여 그는 퍼스의 도상, 지표, 상징의 기호와 소쉬르의 의미생성 체계인 통합체와 계열체, 그리고 에코의 코드이론을 기반으로 통합 기호학 모형을 구축한다. 이 모형은 뉴미디어와의 상호작용이 해석을 통하여 의미를 어떻게 생성하는지를 밝히고 있다. 이를 기반으로 기존의 미디어와 기호학 이론의 관계가 재평가되고 인간과 기계의 인터페이스에 대한 여러 접근법들이 비판적 시각에서 재구성된다. 구드윈(Gudwin 2002)은 퍼스와 소쉬르의 기호학을 기반으로 소셜 미디어 네트워크와 인공지능 등의 기술적인 결과들의 융합을 시도한다. 여기서 그는 기호학적 분석 대신에 기호학적 융합(semiotic synthesis)을 제안한다. 그는 기호학의 기본 단위인 기호소(Semion)를 주목하면서 네트워크 내에서 이 기호소들의 융합에 대한 인터랙티브와 이것을 이용한 인공적 마인드 구성을 모색한다. 최근 웹과 같은 소셜 미디어의 발달은 사용자의 참여와 협업을 통해서 소셜 태깅의 가능성이 증대되고 있는데 소셜 태깅이 어떻게 온라인 커뮤니케이션에 대응하며 태그가 지시하는 대상은 무엇이며, 해석자는 누구이며 왜 그들은 여기에 참여하는가 등의 문제들은 해명되지 못했다. 이와 관련하여 후앙·추앙(Huang & Chuang 2008)은 인간과 기계 사이의 태깅을 기반으로 하는 해석의 새로운 문제점들을 분석한다. 여기서 연구자들은 태킹(Tagging)이 유저와 컴퓨터의 사회적 관계 속에서 어떻게 의미를 생성하는가의 문제를 퍼스 기호학을 기반으로 접근한다. 여기서 태그(tag)는 웹상의 문서들을 정리하는 분류 방식을 나타내는데, 디지털 매체의 정보를 나타내므로 해석체로 간주된다. 컴퓨터, 디지털 파일, 그리고 소셜 미디어는 대상체, 그리고 소셜 미디어에 실린 콘텐츠 속의 사람이나 음성은 사용자인 인간을 대표하는 기호(표상체)로 원용되어 태그의 사회적 현상과 기호로서 태그의 역할이 분석된다(강미옥 2011). 이들의 연구에 의하면 소셜 태깅 현상은 퍼스의 10개의 사유적 기호범주를 통하여 이해될 수 있다는 것이다. 즉 소셜 태깅은 일종의 기호로 간주될 수 있고 그 해석은 체계적으로 분석된다. 여기서 퍼스 기호학은 태깅의 역동성과 결정성을 분석하는데 이용되며 그 결과 획득된 범주 도식은 정보 체계와 웹 어플 개발 등의 소셜 미디어의 개발에 적용이 가능하게 된다.

문화 기호학적 접근 사례로 백승국·이주희·이혜지(2012)와 김수환(2012)을 들 수 있다. 백승국 외(2012)는 소셜 미디어 중심의 새로운 콘텐츠 생태계를 만들고 있는 소셜 네트워크 게임 장르의 특징을 기호학적으로 탐색한다. 이를 위하여 소셜 네트워크 게임의 핵심 요소인 소셜 미디어의 상호 작용(Interaction)에 초점을 두고 유저들의 상호작용을 분석한다. 이 게임에서 게임 공간의 시청각 요소를 표현하는 것은 상상적 기표가 되며, 게이머의 체험에 의해서 기의가 부여된다. 이들의 조합으로 만들어지는 물리적 실체로서 게임 콘텐츠는 기호가 되는 것이다. 게임 콘텐츠는 게임 전개에 따른 행위를 산출하는 개체로 기호학적으로 지각적 특성과 행동적 특성으로 구성된다. 기표와 기의가 합쳐서 기호가 되듯이 지각적 특성과 행동적 특성이 결합해서 하나의 시뮬레이션 오브제를 형성하는데 이것은 게임성을 계발하고 나아가서 이를 통해서 사회성과 정체성 획득에 영향을 미친다. 김수환(2012)은 소셜 미디어를 근대 문화 이후 망실된 구술적 이야기를 되살린 매체로 보고 그 특징을 현실의 공유와 전파로 규정한다. 그에 의하면 공유와 전파는 감정적 공감대를 형성하고 '우리'를 만든다. 여기서 감정은 심리적 단위이지만 사회적이고 문화적인 단위로 기능하면서 (차가운) 친밀성을 형성하고 참여 감각을 유도한다는 것이다. 이처럼 소셜 미디어는 우리의 감정을 매개하는 수단으로 인간적 감정의 구조와 형식에 변화를 초래한다는 것이다. 서사학적인 접근으로는 김남시(2011)와 이윤희(2011)의 연구를 들 수 있다. 김남시(2011)는 벤야민의 이야기(Erzählung) 이론을 토대로 소셜 미디어의 새로운 소통 방식을 탐색한다. 그는 벤야민에 기대어 이야기를 구술적 전통에 뿌리를 둔 문화적 장르만이 아니라 특정한 사회, 문화적 조건이 매체 환경과 결부되어 있는 넓은 의미의 소통 방식으로 보고 소셜 미디어에 의해서 생성되는 이야기에 적용한다. 이에 의하면 소셜 미디어 트위터의 '이야기'는 삶의 모습을 실시간적으로 시각화해주고 여기에서 가시화되는 삶의 모습들을 전달함으로써 인간 감정을 확장하고 내적 연대감을 유발한다. 이로부터 공동체적 잠재성이 활성화되어 소셜 미디어의 핵심적인 가치인 공적·시민적 가치가 앙양된다는 것이다. 이윤희(2011)에 의하면 소셜 미디어인 유튜브나 블로그는 일종의 기호이고 여기에 실린 메시지의 의미는 소셜 미디어를 통하여 전달된다. 이 과정에서 매체가 메시지를 대신해 의미를 전달하고 이에 따라서 매체의 현실적인 맥락 상황이 의미를 전달하게 된다는 것이다. 따라서 의미전달, 즉 커뮤니케이션은 선형적이 아니라 복잡한 인지적 비선형 모델, 즉 사회적 모델로 수행된다는 것이다. 따라서 이런 사회적 소통을 위한 인지적 도구가 필요한데 그것이 메타 의식으로서 내러티브 인지다. 이를 기반으로 연구자는 뉴미디어에 의해서 재현된 텍스트의 해석을 시도한다. 이 작업을 위해서 연구자는 퍼스 기호학의 해석체의 이론을 내러티브 해석 과정에 적용하고 소셜 미디어인 유튜브와 블로그를 분석한다. 그 외 조직 기호학(Organizational Semiotics)[8]과 소셜 기호학(social semiotics)[9]의 접근법이 있다. 조직

8) 조직 기호학은 퍼스와 모리스의 기호학을 기반으로 로날드 스탬퍼(Ronald Stamper 1973; 2001)가 구축한 응용 기호학이다. 이 기호학 체계는 기호 사다리, 사회적 규범, 정보 영역, 현실주의, 사회적 어포던스(affordance), 존재론적 의존성의 핵심적인 구성 개념들로 이루어지는데, 정보로서 기호가 조직화된 활동과 관련하여 최적의 효율성을 갖고 활용될 수 있는 방법을 중점적으로 다룬다.

9) 소셜 기호학은 의미의 사회적 차원을 연구하며 모든 유형의 멀티미디어가 만드는 사회적 현상의 의미생성 수행을 연구한다. 의미를 생성하는 다양

기호학적 접근법은 사회를 일종의 조직으로 보고 이를 기호학적으로 분석한다. 이에 의하면 사람들은 기호 공유에 의해서 소셜 미디어에서 의미를 전달하고 이 기호들의 의미가 사회적으로 구성되며 인터랙션을 통해서 공유된다는 것이다. 따라서 기호를 이해하고 이것이 의미 전달에 어떤 영향을 미치는지를 이해하기 위해서 조직화된 (사회적)행동에서의 기호 사용을 파악할 필요가 있다는 것이다. 이를 통하여 소셜 미디어의 사회적 차원이 이해되고 모델링되는 것이 가능해진다(Reis et al. 2011). 미르샤라프 외(Mirsarraf et al. 2017)는 사회적 관계와 의미전달(커뮤니케이션)의 영역에서 기호와 기호 활용의 총체적인 측면을 기호학적으로 다루는 소셜 기호학을 기반으로 소셜 미디어의 생산적인 연구에 유추적으로 적용한다. 이들은 소셜 미디어 인스타그램을 분석하면서 그것을 멀티 모달 콘텐츠를 생성하고 전파시키는 매체로 파악한다. 이 연구는 소셜 미디어가 다중적인 기호 생산과 전파를 위한 성공적인 플랫폼으로 활용되고 있음을 밝히고 있다.

한 체계, 즉 스피치, 쓰기, 이미지 등은 기호학적 양상으로 간주된다. 이 양상은 다양한 멀티모달(mutimodal)적 조화를 이루며, 사람들이 의미를 어떻게 해석하고 디자인하는지, 그리고 기호학적 체계가 사회적 관심과 이데올로기를 형성하는가는 소셜 기호학의 중요한 테마가 된다(Hodge & Kress 1988; Kress & van Leeuwen 2001).

표 2. 소셜 미디어에 대한 기호학적 선행 연구경향[10)]

<table>
<tr><th colspan="2">기호학</th><th>연구자</th><th>접근 방법</th></tr>
<tr><td colspan="2" rowspan="4">퍼스</td><td>정윤정·정윤경(2017)</td><td>소셜 미디어의 소통방식과 집단지성 생성과정을 설명하기 위하여 퍼스 기호학의 세미오시스를 적용</td></tr>
<tr><td>조창연(2014)</td><td>소셜 미디어의 의미생성 차원을 개인적 차원과 사회적 차원으로 구분하고 퍼스 기호학의 해석체 작용을 기반으로 탐색한다.</td></tr>
<tr><td>Gudwin(2002)</td><td>퍼스 기호학을 기반으로 기호학적 융합을 통하여 지능적 소셜 미디어의 가능성을 모색</td></tr>
<tr><td>Hung & Chung(2008)</td><td>소셜 미디어로서 태깅의 의미작용과 의미전달을 퍼스 기호학을 토대로 접근</td></tr>
<tr><td rowspan="2">퍼스</td><td>소쉬르, 에코</td><td>O'Neil(2005)</td><td>퍼스의 도상, 지표, 상징의 기호와 소쉬르의 의미생성 체계인 통합체와 계열체, 그리고 에코의 코드이론을 기반으로 통합 기호학 모형을 구축</td></tr>
<tr><td>야곱슨</td><td>권보연(2011)</td><td>브랜드 로고 기호의 4가지의 구성 요소를 퍼스의 도상, 지표, 상징과 대비시키고 의미작용을 야곱슨 이론을 기반으로 하면서 커뮤니케이션 기능에 대한 해석을 모색</td></tr>
<tr><td colspan="2">야곱슨</td><td>조창연(2011)</td><td>야곱슨의 기호학 모델을 이용하여 소셜 미디어의 매체 구조적 특징이 기호 생성, 의미생성, 그리고 의미전달에 미치는 영향 탐색</td></tr>
<tr><td colspan="2" rowspan="2">문화 기호학</td><td>백승국·이주희·이혜지 (2012)</td><td>소셜 미디어 중심의 새로운 콘텐츠 생태계를 만드는 소셜 네트워크 게임 장르의 특징을 문화기호학적으로 탐색</td></tr>
<tr><td>김수환(2012)</td><td>소셜 미디어를 근대 문화 이후 망실된 구술적 이야기를 되살린 매체로 보고 현실 전파와 공유의 토대인 감정을 문화기호학적으로 탐색</td></tr>
<tr><td colspan="2" rowspan="2">서사학</td><td>김남시(2011)</td><td>이야기를 특정한 사회, 문화적 조건이 매체 환경과 결부되어 있는 넓은 의미의 소통 방식으로 보고 소셜 미디어에 의해서 생성되는 이야기를 분석</td></tr>
<tr><td>이윤희(2011)</td><td>소셜 미디어의 메시지 전달은 복잡한 인지적 비선형 모델, 즉 사회적 모델로 수행된다고 보고 사회적 소통을 메타 의식의 인지적 도구인 내러티브 인지로 파악</td></tr>
<tr><td colspan="2">소셜 기호학</td><td>Mirsarraf et al. (2017)</td><td>소셜 미디어(인스타그램)의 의미생성과 그 전달에 대한 사회적 차원의 연구</td></tr>
<tr><td colspan="2">조직 기호학</td><td>Reis et al. (2011)</td><td>조직화된 (사회적)행동의 기호 사용을 파악하여 의미전달과 의미생성을 이해.</td></tr>
</table>

10) 표 2는 저자가 문헌에 기초하여 작성.

이런 선행 연구들을 개관하면(표 2 참조) 소셜 미디어에 의한 의미 생성이나 의미전달이 다양한 기호학적인 관점에서 연구되고 있음을 알 수 있다. 퍼스 기호학의 경우에는 주로 기호 범주와 유형이 적용되고, 소쉬르의 경우에는 언어 기호이론과 계열체와 통합체로 구성된 의미생성 구조적 관점이 이용되고 있다. 로만 야곱슨의 기호학의 경우는 의미생성과 의미전달을 언어기호의 기능을 중심으로 통합한 여섯 가지 모델이 이용되고 있다. 그 외 문화 기호학, 소셜 기호학, 조직 기호학을 이용한 연구들도 문화나 사회, 그리고 조직을 기호작용이라는 큰 틀에서 접근한다는 점에서 소쉬르나 퍼스 기호학적 접근에 있다고 보인다. 이것은 이야기의 기술과 구조를 연구하는 학문인 서사학도 마찬가지라고 보인다. 이야기의 기본 단위가 기호이고 이를 기반으로 내러티브가 형성되기 때문이다. 그러나 소셜 미디어는 미디어 자체의 특성인 디지털과 네트워크적 성격에 의해서 규정 되고 이것은 아날로그 미디어와는 다른 방식으로 의미생성과 의미전달을 수행한다. 기존의 선행 연구들은 이런 소셜 미디어의 특성을 충분히 고려하지 못한 듯이 보인다. 기호적 특성뿐만 아니라 소셜 미디어의 매체적 특성도 함께 고려해야 하기에 매체 기호학적인 접근이 필요한 것이다.

4.2. 매체 기호학적 접근

소셜 미디어의 핵심적인 특징은 디지털과 네트워크다. 따라서 이런 매체 특성을 기반으로 하는 기호학적 접근은 어떤 방식으로 기호와 의미를 생성하고 그것이 어떤 방식으로 의미를 전달하는지를 파악하는 것이 매체 기호학적 접근이다. 다음에서 소셜 미디어의 매체 기호학의 기호와 의미의 생성, 그리고 전달의 프로세스를 살펴보자.

4.2.1. 소셜 미디어의 기호생성

소셜 미디어의 기호생성을 이해하려면 기호생성에 대한 일반 이론에 대한 이해가 전제된다. 기호생성에 대한 이론들 중에서 가장 오래된 이론이 재현(Representation)이론이다. 이 이론의 중요한 핵심 테제는 기호가 대상 혹은 지시체를 모방한다는 것이다. 재현 이론에서 하나의 형상은 어떤 원상(Vorbild)을 재현하는 일종의 기호로 볼 수 있는데 이것은 형상과 원상간의 유사성에 기초한다. 이런 의미에서 재현적인 것과 기호적인 것은 의미론 상으로 동일하게 된다. 여기서 기호는 매체를 통하여 대상의 특성과 모방 혹은 유사의 관계에 있고 이 관계에 의하여 기호는 대상이 본래 갖는 것과 유사한 의미를 획득한다. 즉 기호는 매체를 기반으로 모방이나 재현에 의해서 지시체를 반영하고 이들이 유사 관계[11]를 가짐으로써 의미를 갖는다. 이런 재현론 혹은 반영론의 핵심은 기호가 매체를 통하여 지시체의 속성을 모방 혹은 모사함으로써 의미를 획득하고 지시체를 대신하여 재현하는 기호적 속성을 갖는다는 데 있다. 이와는 대조적인 다른 관점이 도구적인 관점[12]이다. 동일한 대상이라도 그것을 사용하는 의도[13]와 방식에 따라서 대상의 의미가 결정되고 그로부터 기호 의미가 형성된다는 것이다. 이 관점은 넓은 의미에서 화용론적 관점으로 볼 수 있다. 기

11) 지시체가 존재론적으로 외부적 지시체와 유사 관계를 가지면 외적 재현이 되며, 그 지시체가 외적 존재와 무관하게, 예를 들면 상상이나 생각에 의해서 존재하는 것과 유사 관계가 되면 내적 재현이 된다.

12) 이에 대한 것은 켈러(Keller 1995/2000)를 참조.

13) 블랙(M. Black)은 표상이론이 전제하는 유사성 개념이 존재하는 대상들만의 표상을 허용한다는 점을 비판하고 이를 보완하기 위하여 유사성 대신 '의도'(intention)의 개념을 제안한다. 즉 표상의 개념은 한갓 물리적으로 구성된 그 자체로서는 해명될 수 없고 수반되고 의미하거나 지시하고 재현하는 등의 인간의 정신활동의 특징적인 상대와 관계되이야 한다는 것이다(Black 1975, Chap. VII 참조).

호 생성을 바라보는 이런 두 관점은 전자는 객관적으로, 후자는 주관적으로 정리될 수 있다.

소셜 미디어의 기호 생성은 방금 설명한 기호 생성의 방법들과는 여러 면에서 다르다. 특정한 하나의 대상 혹은 지시체가 있는 것도 아니고 어떤 특정한 사용자의 사용 의도에 좌우되지 않는다. 수많은 불특정 다수로 구성되는 대상들이 네트워크로 연결되면서 이를 기반으로 하여 기호가 생성되는 것이다. 따라서 네트워크 메카니즘의 특성을 이해하고 이를 기반으로 기호 생성의 문제를 생각해 볼 필요가 있다.

사회는 소셜 미디어 네트워크를 기반으로 하는 하나의 유기체로서 이를 통제하는 '사회적 뇌'(social brain)에 의해서 기능한다고 상정될 수 있다. 이 경우에 인공 신경망에 대한 기호학적 접근은 소셜 미디어에 의한 기호 생성에 많은 시사점을 줄 수 있다.[14] 즉 사회를 소셜 미디어에 의해서 형성된 하나의 공간으로 보면 지시체로서 사회적 환경은 수많은 참여자(노드)와 이들 간의 연결에 의해서 구성된 거대한 복수 지시체들의 망을 기반으로 한 기호적 공간으로 볼 수 있다(그림 2 참조). 따라서 소셜 미디어의 경우에는 재현이나 도구적 관점보다는 비재현적 관점이 더 설득력이 있다고 보인다.

비재현적 관점으로 연결주의 접근법을 생각해 볼 수 있다. 연결주의 정보 처리의 체계는 대단히 많은 단순한 처리 요소들이 서로 간에 연결된 간단한 정보 교환에 기반하는데, 이 결과가 집단적 지성을 창발하고 지능적 행동 차원을 생성한다. 비재현적 관점에서 소셜 미디어 망의 노드들은 참여자를 맵핑한 것으로 볼 수 있고 이것들은 매우 단순화된 처리 요소로 기능한다. 이것들은 매우 단순한 조작, 예를 들면 주어진 값을 합한다든가 위상에 대한 합을 비교하던지 혹은 출력 신

14) 이에 대한 기호학적 접근을 위한 시사점은 조창연(2010)을 참조.

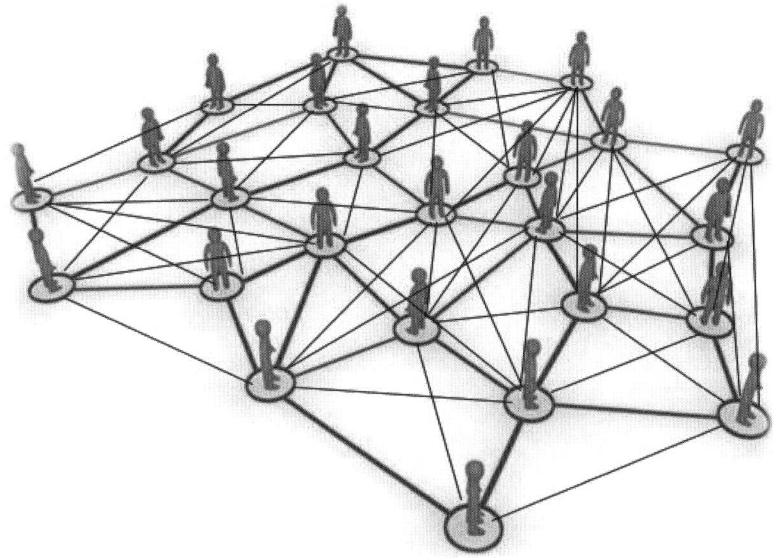

그림 2. 소셜 미디어의 네트워크적 특성
(출처: https://justwonstalk.tistory.com/135를 수정)

호를 만든다. 여기서 (소셜)기호의 의미는 어느 정도까지는 연결 요소의 성질에 의해 결정되지만, 그 핵심은 연결 구조에 좌우되며, 개개의 연결들의 가중치가 기호 의미의 생성에 중요한 역할을 한다(Strube 1996 참조).

이러한 연결주의적 접근법은 뚜렷이 구분되는 기호의 단계를 전제로 하지 않는다. 재현이론이 궁극적으로 의미론의 단계나 재현의 물리적 바탕을 토대로 하고 이들을 연결하기 위하여 기호를 도입하는 것과 대비된다. 여기서 기호는 의미의 담지자인 동시에 물리적 존재이다. 이 존재가 분명히 규정되고, 완전히 구분되는 표상 가능한 대상들의 전체집합이면 의미부여는 분명하다. 그러나 이 지시적 관계의 제약이 제거되면 기호는 형태만 남고 그 의미는 불투명해진다. 그러나 비재현적 연결 방식에서 기호 의미는 특정한 정보처리 단위에 의해서

부여되지 않는다. 기호의미는 소셜 미디어의 네트워크 체계의 전체적 작동 유형의 함수와 그 패턴과 관계된다. 이런 점들을 고려하면 소셜 미디어에 의한 기호적 공간은 소셜 미디어로 구성된 소셜 네트워크상에 나타난 일종의 패턴과 패턴이 갖는 힘의 역학적 가중치의 합으로 구성되는 것으로 볼 수 있다. 즉 소셜 미디어 망에서 노드의 역할을 하는 사회적 참여자들이 사회적 환경에서 투입되는 일련의 자극들을 처리하는 과정에서 나타난 집단 의미 지성과 패턴을 기반으로 하는 기호적 공간에서 '소셜기호'가 생성된다고 볼 수 있다.

4.2.2. 소셜 미디어의 의미생성

소셜 미디어의 의미생성 프로세스를 이해하려면 먼저 네트워크 프로세스의 일반적인 특성을 다시 한 번 생각해 볼 필요가 있다. 일반적으로 네트워크는 노드(node)와 링크(link)로 구성된다(오창석, 2018). 노드는 네트워크상에서 접점들을 가리키며 이들 접점, 즉 노드들의 연결된 관계가 링크가 된다. 이처럼 네트워크는 노드들이 연결된 관계(link)를 모두 포함하는 것이다. 네트워크는 접속 형태에 따라서 일대일로 대응하든가 주종(主從)관계로 구성되든가 양자 모두를 포함하는 형태로 구성된다. 네트워크의 속성은 크게 다음 4가지로 특징된다.[15] 연결은 네트워크의 수단과 목적으로 하나의 네트워크에 국한되지 않고 다른 종류의 네트워크들과의 결합이나 다른 종류의 노드들의 결합으로 나타난다. 이런 점에서 네트워크는 고정된 시작점이나 종착점이 없다. 네트워크 상의 노드와 링크는 참여를 통해서 구성되기 때문에 사람들이 움직이는 대로 여러 종류의 네트워크가 쉽게 연결되고 영향력을 확대할 수 있다. 이처럼 네트워크는 열려있기 때문에

15) https://organicmedialab.com/2013/09/02/4-characteristics-of-network/

접목과 확장이 쉽다. 또한 네트워크는 사회적이기 때문에 사용자 관계를 중시하며 사회관계에 영향을 미치고 이를 재구성하는 주체적 역할을 한다. 마지막으로 네트워크는 유기적이기 때문에 생명체의 규칙을 따른다. 즉 네트워크의 구성요소인 노드 하나하나는 생명력을 지닌 세포, 유기체와 흡사한 역할을 수행하며 여러 기능적 작용으로 형태 변이를 계속하며 진화한다. 이 같은 네트워크의 특성을 소셜 미디어와 연관하여 생각하면 사회는 소셜 미디어로 연결된 거대한 유기적 네트워크로 간주될 수 있다. 이 안에서 사회 구성원들은 소셜 미디어를 기반으로 연결된 소셜 네트워크의 노드로서 역할을 한다고 볼 수 있고 이들 간의 연결 관계는 링크로 간주될 수 있다. 이 소셜 네트워크의 기능과 작용은 인공 신경망의 사례를 통하여 유추될 수 있다(그림 3 참조).

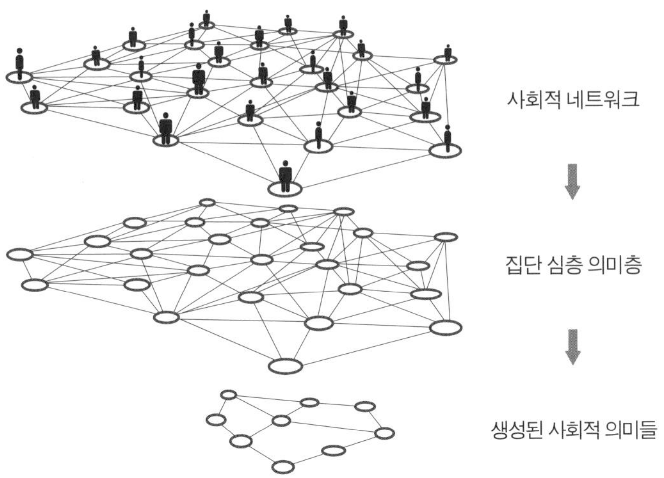

그림 3. 소셜 네트워크의 인공 신경망의 관점[16]

16) 그림 3은 저자가 직접 작성.

인공 신경망은 네트워크로 구성되는데 망을 구성하는 노드들이 서로 접속하고 결합하여 차층 연결성과 협력성을 갖는 안정적인 거대한 조직을 이룬다. 기본적인 인공 신경망은 입력층, 은익층, 그리고 출력층을 구성된 세 겹의 층으로 구성된다. 소셜 미디어 기반의 네트워크에서 입력층은 사회 표피층에 해당되며, 외부에서 정보가 투입되고 이를 수용하는 층으로 소셜 네트워크의 구성원들로부터 정보와 메시지가 수용되는 층이다. 은익층은 일종의 사회적 집단 의미 심층(CSI: collective semantic system)으로 입력층으로부터 수용된 정보를 처리하는 네트워크 내적 알고리즘이 내재되어 있는 곳이다. 이 층은 소셜 미디어의 의미작용을 관할하는 곳으로 의미론적 레퍼토리의 집합체로 이들의 조합과 융합으로 집단 의미체를 형성하고 이를 기반으로 의미론적 집단의식을 형성한다(Mirsarraf et al. 2017 참조). 의미의 토대로서 이 집단의식이 기표와 결합하여 (소셜)기호를 생성하게 된다. 소셜 네트워크의 알고리즘은 인공 신경망이 여러 차례의 자율학습 과정을 통하여 스스로 자극에 대응하는 알고리즘을 망 내부에 창발하듯이 마찬가지로 사회적 자극에 반응하면서 스스로 학습하여 대응하는 유사 알고리즘을 생성하는 것으로 보인다. 문화적 레퍼토리는 이에 대한 대표적인 사례다. 이 과정을 거쳐서 최종적으로 생성된 의미를 내보내는 곳이 출력층이다. 여기서는 소셜 미디어 기반의 커뮤니케이션의 수행이 실제로 이루어지는 층이다. 이것은 소셜 미디어가 사회적 환경으로부터의 여러 자극(사건들)을 수용하고 이것을 내부적 자체 알고리즘을 통하여 처리하고 이를 통하여 의미를 생성하여 소셜 커뮤니케이션의 수행을 가능하게 하고 있음을 보여준다.

4.2.3. 소셜 미디어의 의미전달

소셜 미디어의 매체 특성은 기존의 아날로그 미디어뿐만 아니라 다른 디지털 미디어와도 차별화된다. 그 특성들 중 가장 대표적인 것이 네트워크성이다. 이러한 미디어의 특성은 의미생성 방식은 의미전달의 커뮤니케이션 방식에도 영향을 미친다. 소셜 미디어는 인터넷에 흩어져있는 거의 모든 종류의 정보와 서비스를 개인 사용자가 좀 더 개인적으로 연결하는 일종의 새로운 커뮤니케이션 허브(hub)로 작용한다. 이것은 소셜 미디어가 기존의 미디어와 달리 의미전달, 즉 커뮤니케이션을 의미생성의 통합적인 과정을 기반으로 수행하기 때문에 가능한 것이다. 따라서 소셜 미디어의 의미작용의 기제를 이해하면 이를 통하여 의미소통, 즉 커뮤니케이션의 프로세스를 파악할 수 있는 것이다. 다음에서 소셜 미디어의 의미전달의 특성을 살펴보자.

먼저 언급할 것은 소셜 미디어의 디지털적 특성에서 비롯되는 융합적인 특성이다. 소셜 미디어의 의미전달은 구술성으로 특징되는 아날로그와 문자성으로 특징되는 디지털적 성격을 융합하고 있는 디지·로그적인 성격을 나타낸다. 소셜 미디어 기반의 커뮤니케이션은 일상의 구술적 내용을 문장으로 표현한 짧은 단문이 주로 쓰이는데, 이것은 소셜 미디어가 문자성과 구술성을 혼합하는 의미전달 양식이란 점을 시사한다. 여기서는 쓰기에 의한 커뮤니케이션과 말하기에 의한 커뮤니케이션이 혼재한다. 소셜 미디어 기반의 커뮤니케이션에서 '글쓰기'는 디지털 텍스트를 통하여 이루어지며, 단순하게 '쓰여진 글' 이상의 의미를 갖는다. 말에 의한 표현인 쓰기에는 구술성이 잠재하기 때문이다(Lotman 1977). 구술성과 문자성이 적절히 결합되었을 때 의미전달은 가장 효과적이 되고(Ong 1982/2009 참조), 이런 의미에서 소셜 미디어는 효과적인 의미전달 방식인 것이다. 문자성에 의해 박제된 기존 텍스트를 기호적 구술성으로 회생시켜 사회적으로 재현시키는 역할을 하기 때문이다. 고도의 디지털 문화로 향할수록 다른 한편에서는 아날로그적 감성을 드러내는 시각성을 추구하는 균형적 힘이 커뮤니케이션에서 필요한데 소셜 미디어는 이러한 사회적 욕구를 실현하는 역할도 한다. 이처럼 소셜 미디어에서는 구술성과 문자성, 이성과 감성의 이원적 대립을 극복하는 의미전달, 즉 커뮤니케이션이 가능하다.

뿐만 아니라 소셜 미디어의 네트워크성은 재귀적 커뮤니케이션을 가능하게 한다. 여기서 재귀성은 사이버네틱스의 피드백을 기반으로 하는 개념으로 내용과 상대방, 그리고 상황에 따라서 그 때마다 자신의 모습을 변화시키고 조정하는 것을 의미한다. 즉 개인이 스스로 메시지를 생산하고 피드백에 따라서 스스로 이를 조정하는 커뮤니케이션이 가능한 것이다. 나아가서 소셜 미디어가 단순한 미디어로서의 역할을 넘어서 플랫폼으로 진화하면서 이에 따라 커뮤니케이션, 즉 의미전달은 미디어 기반에서 플랫폼을 기반으로 전환된다. 여기서 플랫폼화는 읽는 사람, 보는 사람, 그리고 사용하는 사람에 따라 정보나 메시지가 시시각각 변하는 것을 의미한다. 이것은 소셜 미디어의 디지털적 속성과 네트워크성에 기반하여 그때그때 사람과 사물의 관계를 제어하고 하이퍼텍스라는 미디어 활동에 의해서 메시지가 계속 변화하면서 결과적으로 나타난 현상이다. 여기서 소셜 미디어는 자율적으로 그때마다 생성되는 관계성의 장이고 나아가서 무한한 기억의 저장고이며 이용자의 행동을 미리 결정하는 프로그램이면서 항상 어느 곳에서나 사람과 사물을 불러낼 수 있는 플랫폼이 된다. 따라서 커뮤니케이션은 메시지로부터 자유로우며 이용자의 행위에 따라서 변화한다.

5. 맺는 말

지금까지 논의의 핵심적인 내용을 정리하면 다음과 같다. 기존의 기호학에서는 메시지의 의미가 매체의 특성에 크게 영향을 받지 않는다고 여겨서 매체의 물리적 특성이 기호의 생성에 미치는 영향을 주목하지 않았다. 그러나 기호의 물리적인 형태 혹은 구조는 기호 의미의 생성 과정에 적지 않은 영향을 미치는 것이다. 기호의 물리적인 형태는 그 자체가 일종의 내포적 의미를 갖는 것이다. 어떤 의미에서 기호는 외부세계의 산물이면서 동시에 구체적이고 물질적인 특성도 갖는다. 매체는 특정한 물리적인 형태로 의미를 재생산하고 전달하며 일종의 기표적 역할을 통하여 리얼리티의 구성에 깊이 관여하는 것이다. 이런 의미에서 의미가 물질화된 것 혹은 의미를 지닌 물질이 기호인 것이다. 그러나 기호는 그 자체가 물체가 아니라 기표라는 물리적 차원을 가짐으로써 물리적 특성을 획득하며 그 자체의 구조 원리를 지닌 물질적인 매체에 의해서 전달되며 기호의 물질적 표현이 항상 의미를 갖는다.

이처럼 매체의 특성은 기호의 특성을 좌우한다. 아날로그 미디어에 기반한 아날로그 기호는 기표와 마찬가지로 물질성에 의존적이며 하나의 매체에 정박되어 그 매체적 특성에 종속된다. 따라서 아날로그 기호의 지표 체계는 안정된 구조를 유지하지만, 분절이나 범주화에 의존하지 않기 때문에 사전이나 구문론적으로 분류하기 어렵다. 따라서 아날로그 기호의 의미는 분절이 아니라 통섭적으로 파악된다. 반면에 디지털 미디어에 기반한 디지털 기호는 아날로그 기호와는 달리 물질성에서 자유롭다. 이런 특성을 기반으로 하기 때문에 디지털 기호는 추상적인 구조와 형식적인 관계를 토대로 이질적인 수량화 형태로의 변형도 가능하다. 이로써 기호를 구성하는 단위가 최소단위로 해체되고 분절되어 자유롭게 재조합됨으로써 기호의 가변성이 증대된다. 이처럼 디지털 기호는 탈물질성에 크게 영향을 받기 때문에 기표의 매체 물리적인 성격은 배제되어 기표의 실재성은 증발한다. 따라서 디지털 미디어는 기호를 담고 있지만 직접적으로 지각되지 않는 형태를 띤다. 그 결과 기표의 물질적 본질은 사라지고 기표는 점멸하는 가상적 기표의 형태가 된다.

소셜 미디어는 사회적 관계 개념이 인터넷 미디어에 의한 공간에서 구현된 것으로 핵심적인 요소는 네트워크와 디지털이다. 이런 소셜 미디어의 특성은 '디지네트워크'적인 특성으로 볼 수 있는데 메시지의 질적인 융합뿐만 아니라 양적인 팽창도 함축한다. 이러한 이중적 특성은 소셜 미디어가 미디어이기도 하고 플랫폼으로도 작용하기 때문에 가능한 것이다. 그리고 이를 통해서 사람들은 사회적 행위로서 의미를 생성하고 전파하기 때문에 기호학, 특히 사회 기호학의 대상이 된다. 여기서 소셜 미디어의 사회적 차원에서의 의미작용과 해석 과정이 기호학의 대상이 되는 것이다.

소셜 미디어에 대한 기존의 기호학적 연구 경향을 살펴보면, 퍼스와 소쉬르 계열의 기호학적 방법을 기반으로 소셜 기호학, 문화 기호학, 조직 기호학, 그리고 서사학 등의 접근법들이 있다. 이런 선행 연구들은 소셜 미디어의 의미생성이나 의미전달에 대한 연구에 초점이 맞춰져 있다. 퍼스 기호학의 경우에는 주로 기호 범주와 유형, 소쉬르의 경우는 언어 기호이론과 계열체와 통합체로 구성된 의미생성 구조적 관점, 로만 야콥슨의 기호학의 경우는 의미생성과 의미전달을 언어기호의 기능을 중심으로 통합한 여섯 가지 모델이 이용되고 있다. 그 외 문화 기호학, 소셜 기호학, 조직 기호학을 이용한 연구들도 문화나 사회, 그리고 조직을 기호작용이라는 큰 틀에서 접근하고 있는데 그 이론적 토대는 소쉬르나 퍼스 기호학에 있다고 보인다. 이것은 서사학도 마찬가지다. 이야기의 기본 단위가 기호이고 이를 기반으로 내러티브가 형성되기 때문이다. 그러나 기존의 선행 연구들은 소셜 미디어의 특성인 디지털과 네트워크적인 성격을 충분히 고려하지 못한 듯이 보인다.

소셜 미디어의 디지네트워크적인 특성을 고려하면 기호생성은 전통적인 기호 생성의 방법들과 다르다. 특정한 하나의 대상 혹은 지시체가 있는 것도 아니고 어떤 특정한 사용자의 사용 의도에 좌우되지도 않는다. 수많은 불특정 다수로 구성되는 대상들이 네트워크로 연결되면서 이를 기반으로 하여 (소셜)기호가 생성되는 것이다. (소셜)기호는 소셜 미디어에 의해서 형성된 공간(사회) 속에서 수많은 참여자(노드)들과 이들 간의 연결에 의해서 구성된 거대한 복수 지시체들의 망을 기반으로 생성된다. 소셜 미디어에 의한 의미생성은 사회 표피층에서 투입되는 정보를 수용하고 처리하는 일종의 사회적 집단 의미 심층에서 처리되는데 사회 표피층으로부터 수용된 정보를 처리하는 네트워크의 내적 집단 알고리즘이 내재되어 있는 곳이다. 이 층은 소셜 미디어에 의한 의미생성을 관할하는 곳으로 의미론적 레퍼토리의 집합체로 이들의 조합과 융합으로 집단 의미체를 형성하고 이를 기반으로 의미론적 집단의식이 형성된다. 소셜 미디어의 의미전달은 기존의 미디어와 달리 의미생성의 통합적인 과정과 밀접하게 연관되어 있다. 이것은 문자성과 구술성, 그리고 합리와 감정이 혼합된 의미전달, 즉 커뮤니케이션을 가능하게 한다. 뿐만 아니라 재귀적 커뮤니케이션도 가능하다. 여기서 재귀성은 내용과 상대방, 그리고 상황에 따라서 그때마다 자신의 모습을 변화시키고 조정하는 것을 의미한다. 즉 개인이 스스로 메시지를 생산하고 피드백에 따라서 스스로 이를 조정하는 커뮤니케이션이 가능하다. 의미전달, 즉 커뮤니케이션은 미디어 기반에서 플랫폼을 기반으로 수행된다.

소셜 미디어에 대한 이 같은 매체 기호학적 연구가 주는 의의는 다음의 세 가지의 측면에서 생각해 볼 수 있다. 긍정적인 측면은 소셜 미디어를 통한 기호 생산과 소비가 기존의 전통적인 미디어들에 비하여 사람들의 삶을 훨씬 더 실시간적이고 총체적으로 나타내며 감정적인 측면을 강하게 드러내고 경험을 교환할 수 있게 되어, 내적 연대감을 결집하고 새로운 사회적 행동을 촉발하여 공동체의 잠재성을 활성화할 수 있는 가능성을 보여준 점이다. 그러나 긍정적인 면은 항상 부정적인 면을 동반하는 법이다. 소셜 미디어 네트워크의 자기생성의 법칙에 따라서 생성되는 의미들은 전통 기호학의 방법으로 설명하기도 통제하기도 어렵다. 소셜 네트워크상에서 생성되는 의미는 노드들과 잠재적 집단의 의미층의 창발적 상호작용에 의해서 만들어지기 때문이다. 그 결과 의미가 링크 가치로 전락하여 하이퍼 공동체의 구상은 자칫 특수 이해 집단과 테크노 집단의 이해만을 반영하는 것으로 전락될 수 있는 우려스러운 부정적인 측면도 함축적으로 시사한 점이다. 마지막 의의는 소셜 미디어에 대한 기존의 전통 기호학적인 논의에 매체적 특성을 고려한 매체 기호학적인 관점에서 소셜 미디어의 세미오시스를 탐색하려 시도했다는 점이다. 그러나 이 논의를 보다 더 정교하게 진행하기 위해서는 소셜 미디어 기반의 소셜 네트워크와 인공 신경망의 기능과 작용을 비교하고 이들 간의 연관성을 촘촘하게 규명하는 좀 더 정치한 이론적인 논의가 필요할 것이다.

참고문헌

강미옥. 2011. “소셜 스토리텔링과 SNS.” 『기호학 연구』 31: 38-67.

김남시. 2011. “트위터와 새로운 문자 소통 가능성: 발터 벤야민의 이야기(Erzählung) 개념을 중심으로.” 『기호학 연구』 30: 9-36.

김미경·김유정·김정기·김해원·민병현 외. 2012. 『소셜 미디어 연구』. 서울: 커뮤니케이션북스.

김성도. 2003. 『디지털 언어와 인문학의 변형: 기호학, 인식론, 고고학』. 부산: 경성대학교출판부.

김수환. 2012. “매개된 감정: 소셜 미디어와 우리 시대의 감정구조.” 『기호학 연구』 31: 9-35.

권보연. 2011. “브랜드 로고 기호의 의미작용과 커뮤니케이션 분석 체계의 제안과 활용: 소셜 미디어 브랜드 로고를 중심으로.” 『한국콘텐츠 학회 논문지』 11 (6): 76-89.

백승국·이주희·이혜지. 2012. “소셜 미디어 SNG의문화 기호학적 고찰.” 『기호학 연구』 31: 69-92.

오창석. 2018. 『딥러닝을 위한 인공 신경망』. 서울: 내하.

설진아. 2009. “소셜 미디어(Social Media)의 진화 양상과 사회적 영향.” 특별 세션 Social Communication Media의 의의와 영향, 2009년 한국언론 정보학회 가을철 정기학술대회집.

정윤정·정경운 2017. “트위터의 집단지성 생성과정에 관한 연구: ‘국정농단 사태’에 대한 퍼스 기호학적 적용.” 『인문사회』 8 (2): 345-364.

조창연. 2010. “뉴로 기호학 패러다임.” 『기호학 연구』 27: 421-450.

조창연. 2011. “뉴미디어의 기호학: SNS의 사례를 중심으로.” 『기호학 연구』 30: 125-154.

조창연. 2014. "소셜 미디어의 매체 기호학적 함의." 『기호학 연구』 39: 421-450.

에프케이이투(FKII)조사연구팀. 2006.12. "소셜 미디어(Social Media)란 무엇인가?" 『정보산업지』, IT Issue Report, 한국 정보산업연합회.

이윤희. 2011. "뉴미디어 공간 형식의 의미와 내러티브 인지." 『기호학 연구』 30: 99-124.

Black, M. 1975. *Caveats and Critiques,* Cornell U. P.

Bentele, G., and Ernst W. B. Hess-Lüttich. eds. 1985. *Zeichengebrauch in den Massenmedien.* Tübingen: Niemyer.

Bolter, Jay D. 2003. "전자시대의 활자와 재매개화." 『하이퍼 시대의 인문학』, 김성도, 92-107. 서울: 생각의 나무.

Bolter, J. D., and R. Grusin 2000. *Remediation: Understanding New Media,* 『재매개: 뉴미디어의 계보학』. 이재현 옮김. 서울: 커뮤니케이션북스, 2006.

Danesi, M. 2002. *Understanding Media Semiotics.* Oxford Univ. Press.

Derrida, J. 1967. *De La Grammatologie,* 『그라마톨로지』. 서울: 민음사.

Hayles, K. 2003. "과학의 진화와 인간의 몸." 『하이퍼 시대의 인문학』, 김성도, 108-132. 서울: 생각의 나무.

Hodge, R., and G. Kress. 1988. *Social Semiotics.* Cambridge: Polity

Hodge, R., and D. Tripp 1986. *Children and Television: A semiotic Approach. Cambridge*: Polity Press.

Innis, H. A. 1995. *The Bias of Communication,* Toronto: Univ. of

Toronto.

Keller, R. 1995. *Zeichentheorie*, 『기호와 해석』, 이기숙 옮김, 고양: 인간사랑, 2000.

Kress, G. and van Leeuwen. 2001. *Multimodal Discourse: The Modes and Media of Contemporary Communication.* Arnold: London.

Gudwin, R. R. 2002. "Semiotic Synthesis and Semiotic Networks., S.E.E.D. *Journal of Semiotic, Evolution, Energy, and Development* 21 (2): 55-83.

Huang, Andrea W.-Ch., and Tyang-R. Chuang 2009. "Social Tagging, Online Communication, and Peircean Semiotics: A Conceptual Framework." *Journal of Information Science Archive* 25 (3): 1-18.

Lotman, J. 1977. *The Structure of the Artistic Text*, (trans. Engl.) Ronald Vroon, Ann Arbor, Mich: Michigan Univ.

MacLuhan, M. 1964. *Understanding Media: The Extension of Man*, 『미디어의 이해』, 박정규 옮김, 서울: 커뮤니케이션북스, 1997.

Manovich, L. 2001. *The Language of New Media*, 『뉴미디어의 언어』, 서정신 옮김, 서울: 생각의 나무, 2004.

Mirsarraf, M., H. Shairi, and A. Ahmadpanah. 2017. "Social Semiotic Aspects of Instagram Social Network." 978-1-5090-5795-5/17/$31.00©2017 IEEE.

Morris, Charles W. 1938. *Foundations of the Theory of Sign.* Chicago: Univ. Press.

Morris, Charles W. 1946. *Sign, Language, and Behavior.* New

York: Prentice Hall.

Negroponte, N. 1995. *being digital*, 『디지털이다』, 백인욱 옮김, 서울: 커뮤니케이션북스, 1995.

Nöth, W. 2000. *Handbuch der Semiotik.* 2., vollstg. neu bearb. und erweit. Auflage, J.B. Metzler.

O'Neil, Shaleph J. 2005. "Exploring a Semiotics of New Media." Thesis of Napier University, UK

Ong, Walter J. 1982. *Orality and Literacy*, 『구술문화와 문자문화: 언어를 다루는 기술』, 이기우·임명진 옮김, 서울: 문예출판사, 2009.

Peirce, Charles S. 1931-58. *Collected Papers of Charles Sanders Peirce* (8 vol.), eds. C. Hartshore, P. Weiss, and A. Burks. Cambridge: Harvard Univ. Press.

Reis. Júlio C. dos, R. Bonacin, and M. C. C. Baranauskas. 2011. "A Semiotic-Based Approach for Search in Social Network Services." *Inter. Journal of Web Portals* 27 (3): 27-40.

Small, G., and G. Vogan. 2010. *iBrain*, 『아이브레인: 디지털 테크놀로지 시대에 진화하는 현대인의 뇌』, 조창연 옮김, 서울: 지와 사랑, 2010.

Smith, G. 2007. "Social Software Building Blocks." http://nform.ca/publications/ social-software-building-block.

Saussure, F. de 1931. *Cours de Linguistique Générale*, (trans. dt.) Peter von Polenz (1967), Grundfragen der Allgemeinen Sprachwissenschaft, 최승언 역(2006), 『일반언어학 강의』, 민음사.

Sebeok, Th. A. 1990. "Indexicality." *American Journal of Semiotics*

4 (4): 7-28.

Stamper, R. K. 2001. "Organisational Semiotics: Informatics Without the Computer?" In *Information, Organisation and Technology: Studies in Organisational Semiotics,* edted by K. Liu, R. J; Clarke, P. Bøgh Andersen, and R. K. Stamper, 115-171. Boston, MA: Kluwer Academic Publishers.

Stamper, R. K. 1973. *Information in Business and Administrative Systems*. New York: Wiley.

Strube, G. 1996. *Wörterbuch der Kognitionswissenschaft,* Stuttgart: Klett-Cotta.

Trabant, J. 1996. *Elemente der Semiotik*, 『기호학의 전통과 경향』, 안정오 옮김, 고양: 인간사랑, 2001.

Wilden, A. 1987. *The Rules are no Game: The Strategy of Communiation.* London: Routledge & Kegan Paul.

https://guidewiregroup.com

https://justwonstalk.tistory.com/135

https://organicmedialab.com/2013/09/02/4-characteristics-of-network/

https://kin.naver.com/qna/detail.nhn?d1id=11&dirId=110803&docId

II

서사문학에 나타난 대인 커뮤니케이션의 변화와 정체성 발현 양상

고슬기

2

서사문학에 나타난 대인 커뮤니케이션의 변화와 정체성 발현 양상

고슬기

1. 서론: 커뮤니케이션의 방식의 변화

언어는 인간을 규정하는 중요한 요소이다. 인류의 조상인 호모사피엔스는 약 10만 년에서 15만 년 전 등장하였고 인간의 언어도 함께 진화했다. 이들은 발화를 지원하는 두뇌와 발성 기관을 가졌고, 여러 어휘와 복잡한 문법의 언어로 의사소통을 수행할 수 있었다(Janson 2012/2015, 이동후 2018에서 재인용).

최초의 문자가 기원전 3000년 경 메소포타미아 지역에 나타나기 전까지 인류의 언어는 구술에 의존할 수밖에 없었다. 그리고 문자 체계를 갖춘 언어는 사실상 얼마 되지 않기 때문에 대부분 언어는 문자가 발생된 이후에도 구술에 의존하는 언어라고 볼 수 있다(Ong 1981, 이동후 2018에서 재인용).

인간이 정확히 언제부터 언어를 사용했는가에 대해서 정확히 알아내는 것은 불가능하다. 몇 가지 설득력 있는 가설들이 있을 뿐이다. 대표적인 언어의 기원에 대한 가설은 감탄사에서 언어가 발전해 나왔다는 가설, 자연의 여러 소리를 모방하면서 인간의 언어로 발전되었다는 가설이다. 이런 주요 가설들을 제쳐 두더라도 일단 인간이 직립보행을 시작하면서 양 손이 자유를 얻게 되어 입의 운반하는 기능은 점차 사라지게 되고 아울러 머리를 세울 수 있는 직립보행의 자세 덕분에 뇌의 용량이 커지게 되어 지능을 갖게 되고 또 그것에 따라 구강구조가 다양한 소리를 낼 수 있는 구조로 바뀌면서 언어를 사용할 수 있는 토대가 마련되기 시작했다고 생각할 수 있겠다.

음성언어를 사용한 구두 커뮤니케이션은 인간이 말을 하기 시작함과 동시에 시작되었을 것이다. 음성언어의 목적이 소통이었기 때문이다. 구두 커뮤니케이션의 특징은 화자와 청자가 동시에 같은 공간에 존재하는 면 대 면 상황에서 이루어진다는 데 있다. 즉 '공간 구속력'을 지닌다. 또 구두 메시지는 표현하는 순간 사라지며, 함께 존재한 사람이 기억할 뿐이다. 이로써 '시간 구속력'을 지닌다(오미영 2013, 90).

이후 문자가 생겼는데 문자의 발명은 커다란 사건이었다. 문자의 발명을 선사시대의 끝과 역사시대의 시작을 구분하는 기준점으로 삼을 정도다. 문자는 전화나 인터넷보다 훨씬 앞선 최초의 미디어였다. 문자 덕분에 인간은 다양한 분야에 대한 지식을 글로 기록해 남길 수 있었다(실비 보시에 2014, 114).

15세기에 인쇄술이 발명되어 문자를 사용하는 문서가 대중화되면서 주로 소규모의 개인 간, 혹은 한 명의 화자와 많지 않은 다수의 청자 사이에 벌어졌던 커뮤니케이션은 새로운 국면을 맞는다. 한 사람이 쓴 글이 수많은 인쇄본들이 되고 그 전까지는 상상도 못했던 수많은 사람이 읽을 수 있는 가능성을 지니게 된다. 또한 문학이라는 이름으로 탄생한 다양한 장르의 글들은 활자화되고 또 묶여서 책으로 나오게 된다. 그리고 그 책들 중 살아남은 일부는 시공간을 초월해 불멸성을 획득하게 된다. 작가는 죽지만 그의 글은 후대에서도 계속 살아있는 것이다.

한편 구두 커뮤니케이션은 이런 모든 변화 속에서도 꾸준히 그 생명력을 발휘해 왔다. 문자와 책이 아무리 발전해도 사람들은 여전히 음성언어로 대화하는 것을 멈추지 않았던 것이다. 사람의 발성기관에서 나오는 소리를 기반으로 한 음성언어는 전신과 전화라는 새로운 미디어를 만나 획기적인 변환점을 맞이한다. 그전까지는 '공간 구속력'으로 인해 음성으로 대화를 하려면 발화자와 청자들은 목소리가 도달하는 범위, 즉 근처에 있어야 했다. 하지만 전화의 발명으로 거리의 제한이 없어지게 되고 한쪽에서 메시지를 전달하면 한참 후에나 그 답장을 받을 수 있었던 편지와는 완전히 다르게 동 시간에 상호 간 소통이 가능해진다. 편지와 전화는 그 후 오랫동안 인간 간의 상호 커뮤니케이션을 책임지고 있었다.

한편 1970년대 말부터 대중화되기 시작한 컴퓨터는 1990년대에 들어서 점점 소형화, 저가격화되고 그 기능도 급격히 발전하여 일상생활의 필수품이 되었다. 특히 컴퓨터의 발전에 따라 비슷한 시기부터 보급된 인터넷은 우리나라에서 급격히 발전하여 지금은 인터넷 보급률과 속도 면에서 세계에서 가장 앞서가는 국가가 되었다.

인터넷은 대인 간 커뮤니케이션에도 많은 변화를 가져왔다. 문자로 소통하던 방식인 편지는 전자우편으로 바뀌어서 실시간으로 메시지를 주고받을 수 있게 되었고 음성 소통 방식인 전화는 그대로 살아남았지만 좀 더 기술적으로 발전해 집 안에만 머물러 있던 유선전화가 무선전화화되면서 집 밖으로도 나가게 된다. 1973년 모토로라라는 미국회사에서 일하던 마틴 쿠퍼 Martin Cooper가 최초로 만든 이동전화, 즉 휴대폰은 1990년 디지털화 되었고 2000년대에 3G 시대가 열리면서 대중화되었다. 현재에는 2010년에 시작된 4G 시대의 LTE를 사용하고 있고(서지원 2013, 40-43) 5세대 스마트폰이 나오고 있다. 이동전화는 이렇게 장소에 제약을 받지 않는 형태로 변했고 개인화된다.

그리고 이후 계속해서 대인 커뮤니케이션 방식은 변하고 있다. 현재는 인터넷과 이동전화의 기능이 합쳐져 스마트폰이라는 결과물로 압축된 시대라고 정의할 수 있다. 스마트폰은 대인 커뮤니케이션의 집약체로 음성언어 방식을 취하는 이동전화 기능과 문자언어 방식을 취하는 메신저 기능을 갖추고 있다. 특히 편지부터 이어온 메시지는 채팅이라는 형태로 바뀐 지 오래되었다. 이 채팅이라는 양식은 문자를 사용한다는 점에서 형식적으로는 편지에 가깝지만 내용적으로는 짧은 문장을 주고받는다는 점에서 전화의 기능과 유사하다. 또 스마트폰의 채팅창에서는 일반적인 대화처럼 다자간 소통이 가능하다. 그리고 간접적으로나마 감정 등을 전할 수 있는 이모티콘 등을 첨가하여 사용할 수 있다. 이렇게 현재의 채팅은 문자언어로 소통할 때 부족한 감정의 전달까지도 시도하고 있다.

한편 인터넷의 보급으로 종이로 된 신문은 인터넷 기사로 대체되었다. 종이 신문의 기사는 커뮤니케이션 방향이 일방적이었다. 신문 기자들은 송신만을 담당했고 구독자들은 수신만을 하였다. 콘텐츠의 일종인 기사 내용은 작성자에서 독자로 한 방향으로만 흘러갔다. 하지만 현재 인터넷 기사에는 댓글을 달 수 있는 기능이 있다. 독자들이 댓글을 작성하면서 한 방향 커뮤니케이션이었던 신문과 TV로 대표되는 매스미디어는 완벽하진 않지만 쌍방향으로 변하고 있다. 특히 독자들 간의 댓글과 그 댓글에 달리는 대댓글들은 단발적이지만 문자를 사용한 개인 간의 소통이라는 점에서 채팅의 성격과 비슷하다. 또 각종 SNS(Social Network Service)에 올라오는 게시글에도 댓글이 달리며 댓글로 대화를 하기도 한다. 또 대부분 SNS에서는 채팅창이 있어서 채팅앱에서와 똑같은 방식으로 채팅이 가능하다.

본고에서는 기술의 발전과 더불어 미디어가 발전함에 따라 대인 커뮤니케이션 방식이 어떻게 변했고 또 소통 시 벌어지는 개인의 내·외적 정체성의 발현 양식과 문제점들을 국내외 서사 작품들과 실제 사례를 통해 알아보고 또 진단해 볼 것이다.

2. 미디어의 발전에 따른 대인 커뮤니케이션의 변화와 송·수신자들 간 정체성 인지 양상

2.1. 정체성

정체성을 의미하는 영어 단어 아이덴티티(identity)는 동일성으로 해석되기도 한다. 즉 정체성은 한 개인의 어떤 요소와의 '동일성'이다. 누군가의 이름을 부르면 그 이름과 동일한, 즉 그 이름을 부여받은 특정한 개인이 반응하게 되고 동일성이 인정되어 정체성이 확인되는 것이다.

정체성을 규정하는 요소는 크게 두 가지로 나누어 볼 수 있다. 먼저 인간의 외형에 기반을 두고 있는 요소이다. 인간은 다른 인간과 함께 생활하는 '사회적 동물'인데 사회활동 시 육체에서 유일하게 드러나 있고 눈, 코, 입 등의 크기나 배치, 혹은 피부색이나 머리스타일, 그리고 수염과 안경 혹은 악세사리류의 유무와 모양에 따라 다양한 형태가 나올 수 있는 얼굴은 한 사람의 정체성을 규정하는 대표적인 외적 요소이다. 얼굴은 어쩌면 이름보다도 더 확실한 정체성 규정 요소라고 할 수 있다. 왜냐면 이름이 같은 사람은 많아도 얼굴이 같은 사람은 거의 없기 때문이다.

또 다른 외적 요소는 성별이다. 대부분 사람은 성별에 따른 명확한 특징을 가지고 있기 때문에 남성 혹은 여성의 정체성이 획득된다. 나이도 역시 외적요소인데 성별과 마찬가지로 표면상으로도 대충 나이대가 짐작되기 때문이다. 같은 이유로 인종도 역시 외적 요소에 포함된다. 목소리 같은 음성적 요소와 필체는 외형적으로 드러나지 않지만 발현되는 경우 역시 정체성을 규정하는 외적인 요소라고 할 수 있는데 특히 성별에 따라 목소리는 뚜렷한 차이가 있기 때문에 오히려 성별을 규정할 때 더 정확한 기준점이 될 수 있다.

그 밖에도 정체성을 규정한다고 할 수는 없지만 정체성에 영향을 주는 요소는 의복이다. 의복이 없었던 원시시대에는 한 개인의 정체성이 외적으로 파악되기 힘들었을 것이다. 하지만 의복이 다양화되면서 의복과 스타일은 한 사람을 규정하는 중요한 요소가 되었다.

이런 외적 요소들과 함께 인간 정체성을 규정하는 내적 요소들이 있다. 가장 대표적인 것이 이름이다. 이름은 개인마다 태어나면서 고유하게 부여받아 대부분 사람을 평생 규정하는 요소이다. 이름이 여러 번 바뀌거나 여러 이름을 갖고 있는 경우 개인의 정체성, 즉 동일성은 규정되기 힘들다. 그 밖의 내적요소들은 학력, 출신, 국적, 성격, 직업, 기혼 여부 등이다.

2.2. 음성언어

인간이 말을 할 줄 알게 된 시점에서부터 현재까지 음성언어를 통한 소통은 변함없이 이어지고 있다. 2인 혹은 몇몇 사람들 사이에 일어나는 음성을 통한 커뮤니케이션의 경우 기본적으로 발화자의 음성언어 속의 내용이 전달된다. 하지만 청자가 발화자로부터 받는 것은 내용 이외에도 여러 가지 인상들이다. 발화자의 목소리, 말투, 표정, 제스처 등 많은 요소들이 전달되고 또 수신된다. 이에 따라 음성언어 소통자들 간에는 명확한 정체성이 드러난다. 외적인 요소인 외모와 목소리뿐만 아니라 내적인 요소들 중 학력, 출신 등이 드러난다. 하지만 어둠이나 다른 장벽으로 상대방을 시각적으로 인지하지 못할 경우, 목소리를 제외한 외적인 요소들, 즉 외모와 얼굴이 파악이 안 되는 경우, 소통자들 간에 상대방의 정체성 파악을 정확하게 못할 수 있다. 1615년 출간된 『돈키호테』 2부에서 산초가 구덩이에 빠졌을 때 살려달라고 외치고 마침 거기를 지나가던 돈키호테가 그것을 듣고도 자신과 긴 시간을 함께 편력했던 종자를 못 알아보는 장면이 나오는데 이는 외모를 보지 못하는 경우에 정체성 파악에 차질이 생겨서 일어날 수 있는 일이다. 결국 돈키호테는 산초의 목소리가 아닌 산초의 나귀 울음소리에 그가 산초임을 알게 된다.

> (돈키호테는) 말을 탄 채 가까이 다가가서 그 깊은 구덩이 속을 들여다보았다. 그런데 가만히 들여다보고 있노라니까 그 안에서 누군가가 외치는 소리가 들리는 게 아닌가? 귀를 기울이니 다음과 같은 소리가 똑똑히 들려 왔다.
> "거 위에 계신 양반이 누구신지는 모르겠소만, 혹시 그리스도교도가 내 말을 듣고 있는 게 아니오?" [...] "어서 구해 주구려."
> 돈키호테는 그 목소리의 주인공이 아무래도 산초 판사의 목소리 같아 어안이 벙벙했다. 그래서 자기도 목청껏 소리를 높여 물었다.
> "그 아래 있는 사람은 누구요? 누가 그렇게 징징거리고 있소?"
> 그러자 다음과 같이 대답하는 소리가 들렸다.
> [...] "산초 판사라고 하오."
> 돈키호테는 이 소리를 듣자 그 놀라움이 배가되면서 또한 공포심도 불어났다. 혹시 산초 판사가 죽어서, 그 영혼이 연옥에 들어가 있는 게 아닌가 하는 생각이 들었던 것이다. 그런 생각이 들자 돈키호테는 다음과 같이 크게 외쳤다.
> "[...] 도대체 그대가 사람인가 영혼인가를 밝히시오."[...]
> "제게 지금 말을 걸고 있는 분은 나의 주인 돈키호테 데 라 만차님임에 틀림없는

> 것 같은데요. 목소리를 들어 보니 절대로 다른 분이 아니오."
>
> "그렇소, 내가 바로 돈키호테요.[...] 그대가 누구인지 똑똑히 밝혀 말하시오."
>
> "[...] 이 몸이야말로 나리의 종자 산초 판사임에 틀림없습니다. [...]나와 같이 있는 이 얼룩빼기(나귀)가 나를 거짓말쟁이로 안 만들 것이외다."
>
> 그런데 이때, 온 구덩이가 울릴 정도로 얼룩빼기가 우렁차게 한 번 멋지게 울었다. 그러자 돈키호테는 자기도 모르게 이렇게 말했다.
>
> "오, 훌륭한 증거로다. 이보다 더 좋은 증거가 어디 있으랴!" (세르반테스, 216-217)

그리고 비슷한 시기에 나온 티르소 데 몰리나(Tirso de Molina)가 쓴 『세비야의 난봉꾼과 석상의 초대』라는 극작품에도 어둠 속에서 정체성을 파악하지 못하는 상황이 여러 번 등장한다. 바람둥이의 전형이 되어버린 돈 후안(Don Juan)은 귀족 여성들을 농락할 때 여성들의 약혼자 행세를 하는데 여성들은 어둠 때문에 돈 후안이 자신의 약혼자라고 착각하여 몸을 허락한다. 특히 전기가 발명되기 이전 사회에서는 밤의 어두움이 인간의 삶에 더 깊게 드리웠을 것이고 시각이 방해받음에 따라 상대방의 정체성을 잘못 파악하는 일이 많았을 것이다. 어둠 속에서 정체성을 구분하는데 작용하는 유일한 요소인 목소리는 어느 정도 변조가 가능하므로 속임수를 쓰기가 수월하고 이런 면들이 많은 문학작품에 소재로 쓰였다.

2.3. 문자(편지)

문자를 사용하는 커뮤니케이션 수단인 편지는 그 역사가 문자의 역사와 일치한다. 신약성서에 쓰인 사도들의 글도 일종의 편지글이다. 편지는 여러 사람을 대상으로 쓰이는 경우도 있지만 기본적으로 두 사람 사이에서 주고받는 글이다. 일기도 역시 그 역사가 오래되었지만 소통을 목적으로 하지 않기 때문에 커뮤니케이션의 한 종류라고 할 수 없다. 편지로 커뮤니케이션이 이루어지는 경우 외부적인 정체성 요소들은 드러나지 않는다. 편지를 쓴 사람의 외모, 목소리, 나이, 성별 등이 편지글에는 드러나지 않는다는 것이다. 하지만 내부적인 요소는 대부분 드러나는데 편지에는 기본적으로 이름과 서명이 들어가기 때문이다. 즉 편지에서는 내용과 필체로 송신자의 정체성을 알 수 있는 것이다. 외모가 드러나지 않는 특징 때문에 편지의 송신자는 오히려 솔직하게 자신의 의도를 표출 할 수 있다. 사랑하는 사람에게 보내는 연애편지의 역사는 그래서 편지의 역사와 일치하며 컴퓨터가 생기기 이전에는 사랑을 고백하는 가장 극적이고 효과적인 수단이었다. 그런 이유로 연애편지는 많은 문학작품의 소재로 쓰였다. 이토록 수많은 연애편지에는 특히 사랑에 관한 시(詩)들이 포함되기도 하는데 짧은 글로 큰 감정을 일으키는 장르가 시이기 때문이다. 그래서 시로 이루어진 문필가의 편지는 후세로 이어져 불멸성을 획득하기도 한다.

2.4. 전신, 전화

19세기에 전기과학과 전기산업이 급격히 발전한 것과 동시에 원거리에 있는 사람과 소통하는 방식이 생겨났다. 이는 인간의 소통에 대한 오래된 열망에서 연구된 것이고 곧 결실을 맺는다. 1836년 새뮤얼 모스(Samuel Morse) 등이 모스부호를 만들고 전신 시스템을 구축한다. 하지만 전신은 곧 전화의 발명으로 자리를 내주게 된다. 1876년 알렉산더 그레이엄 벨(Alexander Graham Bell)은 안정화 된 전화[1]를 만

1) 그레이엄 벨보다 21년 앞서 최초의 전화기를 만든 사람은 안토니오 메우치(Antonio Meucci)로 자금난 때문에 정식특허를 내지 못했다고 한다.

드는 데 성공하고 전화라는 기계는 이후 대중화되어 텔레커뮤니케이션의 대표적인 기계로 자리매김한다. 전화도 기본적으로 두 사람 간의 소통 수단이다. 전화의 경우 음성언어로 소통하는 방식이긴 하지만 상대방을 볼 수 없기 때문에 어둠 속에서 대화하는 경우와 유사하다. 즉 송, 수신자의 정체성은 목소리로만 확인된다. 하지만 각각의 전화기는 고유한 번호가 있어서 '어둠 속의 대화'보다는 정체성 확인이 더 용의하다. 그럼에도 불구하고 개별화된 휴대폰이 나오기 이전의 전화는 집이나, 직장, 혹은 공공장소에 설치된 전화였기 때문에 정체성 파악을 위해 상대방의 정체를 묻는 일이 일반적이었다. 정체성과 관련된 '여보세요'와 같은 문장은 주로 전화상에서만 쓰이는 표현이다.

전화를 통한 소통에서도 정체성 파악의 혼란 때문에 많은 속임수가 발생되어 왔다. 최근에도 발생하는 '보이스 피싱(voice phishing)'도 이런 상황을 이용한 속임수이다. 또 송신인의 전화번호를 알 수 없었던 다이얼식 전화기 시대에 유행하던 장난전화도 역시 목소리 밖에 드러나지 않는 불완전한 정체성을 악용한 사례들로 볼 수 있다.

주요 정체성 요소인 외모와 이름이 드러나지 않는 경우 정체성이 드러나지 않는다는 생각 때문에 부끄러움이라는 감정이 약화되어 평소에 하지 못했던 일을 대담하게 하는 경우가 있는데 위에 언급된 전화사기 범죄, 장난전화와 함께 폰섹스 같은 것도 그 중 하나이다. 정체성이 드러나지 않을수록 사회에서 허용되지 않는, 동물적 본능과 파괴본능을 동반한 표현을 거리낌 없이 하게 되는데 이는 이후에 살펴 볼 인터넷의 익명성을 통한 악성 댓글 등의 현상의 근본 원인이기도 하다.

2.5. 이메일

이메일(e-mail)은 편지의 디지털 버전으로 전자 우편(electronic mail)을 줄여서 지칭하는 말이다. 편지와의 가장 큰 차이점은 발신자가 편지를 완성하고 전송 버튼을 클릭하면 바로 수신자에게 전달된다는 것이다. 이는 인터넷이 있는 세계 어느 곳에서도 발신과 수신이 가능하다는 점에서 진정한 통신의 글로벌 시대를 연 통신 방식이다. 즉각적으로 원거리 통신을 가능하게 한 이메일 커뮤니케이션상 발신자와 수신자는 기본적으로 편지의 발신자와 수신자의 성격과 유사하다. 개인의 정체성은 이름 혹은 이름을 대신한 아이디로 정해지고 동일함이 증명되어 확인된다. 특히 이메일의 아이디는 특정한 개인만 접속할 수 있어서 확고한 입지를 갖는다. 이름을 대신한 아이디의 성격은 전화번호와 유사한데 전화번호도 역시 이름을 대신하기 때문이다. 또 자신의 진짜 이름이 아니므로 이미 그 아이디나 전화번호를 모를 경우 발신자의 정체성 파악은 부분적이다. 게다가 손으로 쓴 편지처럼 필체도 드러나지 않기 때문에 정체성 파악은 더 어렵다. 정체성이 파악 안 된 가운데 소통을 할 경우 전화에서처럼 정체성을 숨기면서 상대방을 속일 가능성이 생긴다. 이메일에서도 아이디를 제외하고는 정체성이 파악되지 않기 때문에 외모, 성별, 나이 등 외형적 요소와 이름 등의 내부적 요소들은 가짜로 꾸며낼 수 있는 것이다.

이메일 커뮤니케이션을 주요 소재로 한 1998년 작 영화 <유브 갓 메일 You've Got Mail>에서는 모르는 남녀가 이메일로 소통을 하며 사랑에 빠진다. 1997년 작 한국영화 <접속>도 모르는 남녀 간 채팅이 주요 소재이다. 처음으로 이메일이 등장하던 시기에 모르는 사람과의 대화는 신기하고 매력적이었을 것이다. 그리고 아직까지 디지털 시대에 젖어들지 않은 시기의 대화는 고전적인 음성언어의 대화 내용과 다르지 않았을 것이다. 그것 때문인지 두 영화상 남녀는 꼭 필요한 경우를 제외하고는 자신들의 정체성을 감추지 않는다.

서로 주고받은 이메일 메시지가 작품 전체를 이루는 2006년 출판된 오스트리아 출신 다니엘 글라타우어(Daniel Glattauer)소설 『새벽 세 시 바람이 부나요?』는 컴퓨터를 매개로 한 커뮤니케이션(Computer-Mediated Communication)의 다양한 측면을 보여준다. 이 작품의 초반부에서 에미 로트너라는 여성은 잡지구독 취소 메일을 잘못된 메일주소로 보낸다. 그 메일을 받은 레오 라이케라는 남성이 "잘못 보냈다"고 알려주고 여성은 미안하다는 답장을 보내는데 9개월 후 에미가 또 실수로 레오의 주소가 포함된 성탄절 안부 단체 메일을 보내서 다시 두 사람의 대화가 이어진다.

일상에서도 철자 하나를 잘못 써서 이메일을 다른 곳으로 보내는 경우가 발생될 수 있다. 이런 경우 발신자와 수신자는 서로의 정체성을 전혀 모르게 된다. 이메일 주소는 이때 전화번호처럼 한 개인의 정체성을 대신하는 기호이다. 전화의 경우 잘못 걸렸을 때 음성언어로 오류를 전하고 소통은 단절된다. 그리고 정체성을 규정할 아무런 특징이 없는 잘못된 전화번호는 송신자의 뇌리에서 잊혀진다. 하지만 이메일의 경우 메일 주소를 자신이 문자나 숫자를 사용해 만들기 때문에 정체성의 일부가 드러나기도 하고 또 잘못된 메일주소라고 해도 컴퓨터상에 저장이 된다. 이 오스트리아산 베스트셀러 소설에서도 레오 라이케의 메일주소가 우연히 에미의 메일 리스트에 저장이 되고 수많은 수신자 중 하나가 된다. 즉 우연한 계기로 아무 연관 없는 타인이 지인의 지위를 차지하게 되는 것이다.

그리고 이 소설에서도 앞서 언급된 영화작품들처럼 서로의 이름을 밝힘으로써 이름과 성별, 국적 등의 정체성을 규정하는 내적 요소 일부는 서로 파악한 채 상호 커뮤니케이션을 하게 된다. 메일이 계속되는 동안 에미는 레오의 이메일에 관한 비범한 지식을 알아보고 그가 독어독문학과 교수일지 모른다는 생각에 그의 이름을 구글링한다. 하지만 그에 대한 정보를 알아내지 못했고 그런 내용을 메일에 그대로 명시해서 레오에게 전송한다. 레오는 에미의 그런 노력을 마음에 들어 하지만 '교수'라는 정체성으로 자신을 파악한 것은 별로 마음에 들어 하지 않는다.

> 제가 로트너씨에게 '교수'일 수도 있다는 사실이 그다지 마음에 들지는 않습니다. 저를 노땅으로 여기신다는 거 아닙니까? 뻣뻣하고, 좀스럽고, 아는 체하기 좋아하는. 뭐 그렇다고 제가 그 반대라는 걸 증명하려 발버둥치지는 않겠습니다(글라타우어 2008, 20).

메일이 계속되고 에미는 레오에게 자신의 나이를 추측해보라는 메일을 보낸다. 이에 레오는 문체, 직업, 이름 등 정체성을 구성하는 몇 가지 내적 요소를 단서로 그녀의 외형적인 면들 즉 나이, 외모, 말투, 스타일 등을 추측한다.

> 당신은 서른 살처럼 글을 씁니다. 하지만 실제 나이는 마흔 즈음이겠죠. 마흔 둘이라고 합시다. [...] 서른 살 먹은 여자는 『라이크』 같은 잡지를 정기구독하지 않습니다. 『라이크』 정기구독자의 평균나이는 쉰 정도지요. 하지만 그보다는 젊습니다. 홈페이지 다루는 걸 직업으로 삼고 있으니까요. 따라서 서른일 수도 있고 심하면 그보다 아래일 수도 있습니다. 그렇지만 서른 살 먹은 여자는 '즐거운 성탄절과 복된 새해'를 빌어주기 위해 고객들에게 단체메일을 보내지 않습니다. [...] 제가 아는 에마가 세 사람 있는데, 세 사람 모두 마흔이 넘었습니다. 서른 살 먹은 사람은 에마라는 이름을 쓰지 않습니다. 스물 아래로나 내려가야 에마라는 이름이 다시 나옵니다. 하지만 당신은 스물 아래가 아닙니다. 만약 스물도 안 되었다

면 '쿨하다' '깬다' '짱이다', 뭐 이런 말들을 썼겠지요. [...] 이제 최종 결론을 내리겠습니다. 에미 로트너, 당신은 글은 서른 살처럼 쓰지만 실제 나이는 마흔 둘입니다. 맞죠? 신발 치수는 36, 키는 작고 귀염성 있고 활달한 성격이며, 머리는 검은색이고 짧습니다. 그리고 말이 빠른 편이고요. 맞죠?(같은 책, 23-25)

직접 얼굴을 대면하고 하는 대화와는 달리 글로 소통하는 편지나 메일은 이처럼 상대방을 만난 적이 없는 경우 정체성을 파악하기 힘들다. 레오의 메시지는 한동안 답장을 받지 못하는데 이에 에미가 기분이 상했다고 생각하고 사과한다. 이메일 소통의 경우 이렇게 피드백(feedback)이 원인도 모른 채 사라져 소통이 끊길 경우 상대방의 의도와 기분을 파악할 수 없는데 그런 것도 음성언어로의 대화와 비교해 볼 때 이메일 대화 시 생기는 한계이다.

이후 에미는 레오의 추측에서 틀린 점을 지적하는데 메일의 시작 부분에서 실제로 만난 적이 없는 사람과 이메일로 소통할 경우 상대방에 대해 어떤 생각이 드는지 나온다.

어제의 당신 메일을 읽고 또 음미했어요. 당신에게 경의를 표하고 싶어요. 전혀 모르는 사람, 한 번도 본 적이 없는 사람, 필시 앞으로도 볼 일이 없을 사람, 아무것도 기대할 게 없는 사람에게 그렇게 관심을 기울이실 수 있다는 게 참 흥미로웠어요. 언젠가 그 사람으로부터 똑같은 관심을 받게 될지 아닌지조차 알 수 없는 상황인데 말이에요(같은 책, 26).

인터넷 밖의 세상에서 친교를 맺고 관계를 갖는 사람과 달리 인터넷 안에서 알게 된 사람은 에미의 글에서도 알 수 있듯이 불완전한 정체성을 갖고 있기 때문에 언제라도 사라질 수 있는 희미한 실체를 지닌 존재이다.

레오는 이후 3일간 답장을 안 하는데 이번에는 에미가 '궁금하다', '허전하다'라는 문장으로 자신의 감정을 표현한다. 이 역시 상대방이 의도와 기분을 파악하지 못해서 생기는 감정이다. 하지만 둘은 계속해서 이메일로 소통을 하고 자신의 가장 사적인 내면까지도 이야기하는 사이가 된다. 레오는 이메일 대화상대일 뿐인 에미의 외모는 궁금하지 않다고 하나 에미는 모든 남자들은 생김새를 모르는 여자랑 얘기할 경우 그 여자가 어떻게 생겼는지 알고 싶어 한다고 하며 외모를 알아야 얘기를 계속할지 말지를 결정한다고 한다(같은 책, 30). 또 이메일로 사귄 친구하고는 만나지 않는 것이 현명한 처사라고 하며 상대방의 외모를 자신이 원하는 대로 만들어내기 때문에 온라인 대화가 매력적이라고 한다(같은 책, 32).

> 당신을 더 가까이, 이메일 교환 이상으로 더 가까이 사귈 생각은 없습니다. 당신이 어떻게 생겼는지 알고 싶지도 않고요. 나는 당신이 내게 쓰는 글로 당신에 대한 나만의 그림을 그리고 있습니다. 나만의 에미 로트너를 만드는 거지요(같은 책, 52-53).

에미도 역시 레오와 만나는 것은 안 된다고 하지만 그래도 이미 친근해진 레오의 외모는 알고 싶다고 말한다. 그리고 레오는 사람이 많은 카페에 특정한 시간에 있으면서 상대방을 찾아보자고 제안한다. 이메일 소통 시 알 수 없는 외부 정체성을 알고 싶어 하는 감정은 두 남녀가 점점 호감을 느끼고 더 가까운 사이로 나아가기를 바라는 보이지 않는 의지가 드러난 것이라고 볼 수 있겠다. 하지만 에미는 외모를 알게 되면 환상이 깨지게 되고 또 지금까지 이어온 대화가 끊어질 수도 있을 것이라는 우려를 표한다. 그리고 에미는 실제의 접촉이 없는 이런 호감의 단계를 연애의 1단계로 보고 연애 감정이 되살아난다고 말하기도 한다.

그들은 약속대로 한 복잡한 카페에 정해진 시간에 간다. 그리고 서로 상대방이 그날의 누구였는지를 추측한다. 하지만 통로 없이 그냥 호감만 커져가는 상황에 에미는 레오에게 너무 매여 있게 된다고 하며 연락을 끝내자고 한다(같은 책, 111).

몇 번의 연락두절 위기 속에 레오는 여자 친구와 헤어진 후 어느 날 술에 취해 에미에게 만나자고 한다. 하지만 둘은 또 '만나는 것이 옳은 것인가?', '만나서 무엇을 할 것인가?'에 대해 논쟁하다가 시간을 흘려보낸다. 그리고 에미는 레오가 보낸 예전 메일에서 그가 '이메일이 우리 언어생활에 미치는 영향과 감정 전달수단으로서의 이메일'에 관한 연구를 하고 있다는 구절을 발견하고 자신을 연구 대상으로 삼고 대화를 시작했다고 믿는다. 그리고 그 진위를 따진다(같은 책, 167). 하지만 레오는 이미 그 연구에서 손을 뗐다고 말하는데 그 이유는 학문적인 객관성이 결여되고 자꾸 '사적인 것'으로 흘러가 버려서 그랬다고 말한다. 이에 두 사람의 관계는 사적인 영역에서 계속된다(같은 책, 180). 유부녀인 에미는 자신의 친구 미아(Mia)를 레오에게 소개시켜주기도 하는데 이에 미아는 레오와 에미의 실제 모습을 알고 있는 사람이 된다. 그리고 레오와 에미는 미아의 말을 통해 상대방의 외적 정체성을 간접적으로 파악한다. 레오는 에미로부터 미아의 전화번호를 받고 미아에게 전화를 한다. 그리고 미아는 전화로 에미에게 레오와의 통화내용을 전달하고 또 에미는 레오에게 미아와의 통화내용을 이메일로 쓴다. 여기서 레오의 외적 정체성 중 하나인 목소리와 말투가 간접적으로 에미에게 전달된다.

> 너의 이메일 남자친구가 나한테 전화를 걸어왔어. 너무 놀라서 바로 전화를 끊고 싶었어. 그런데 그 남자 썩 괜찮더라! 정중하고, 다감하고, 조금 수줍음을 타는 것

> 같기도 하고, 애교스럽기도 하고 [...] 그리고 목소리가 얼마나 좋은지 몰라! 말투도 멋지고!(같은 책, 201-202)

사적인 영역에서 가장 친근한 레오의 외적 정체성 요소를 처음으로 전화 통화를 경험한 미아에게 전달받는 에미의 모습은 컴퓨터를 매개로 한 이메일 커뮤니케이션의 불완전한 상호간 정체성 파악을 명백히 보여주고 있다.

둘의 이메일 대화가 계속되고 레오는 출구 없는 이메일 소통을 끝내기 위해서라도 직접 만나야 한다고 말한다. 서로 간의 환상이 깨지더라도 답답한 관계를 정리하고 싶었던 것이다.

> 당신(에미)과 나(레오), 우리의 경우는 달라요. 우린 골라인에서 출발하는 셈이에요. 따라서 나아갈 방향은 하나밖에 없죠. 되돌아가는 것. [...] 당신이 내가 아는 에미보다 못하다면 실망스러울 거에요. 그런데 당신은 내가 아는 에미보다 못할 겁니다! 내가 당신이 아는 레오보다 못하다면 당신도 우울하겠지요. 그리고 나 역시 당신이 아는 레오보다 못할 겁니다! 우린 만나면 미몽에서 깨어나 헤어질 테고, 일 년 동안 주린 배를 움켜쥐고 애타게 기다리면서 몇 달씩 지지고 볶았으나 막상 먹어보니 입에 맞지 않는 기름진 식사를 하고 났을 때처럼 속이 거북 하겠지요. 그다음엔 어떻게 될까요? 끝나는 겁니다. 끝. 우리의 첫 만남은 곧 마지막 만남이 되겠지요(같은 책, 278-279).

외적 정체성이 개입 안 된 감정의 교환은 점점 커져 갈 수밖에 없고 완벽할 수밖에 없어서 결국에는 후퇴할 수 없이 막다른 골목에 다다르게 된다는 것을 보여준다. 출구 없이 꽉 막힌 감정의 팽창으로 견딜 수 없게 된 레오는 원래대로 돌아가기 위해서는 '정상적인 남녀 교제 방식'인 실제의 만남을 통한 후퇴밖에는 없다고 말하고 있다. 외적 정체성이 결여된 상태의 만남은 완벽해 보이지만 또 불완전한 양면성을 가지고 있는 것 같다.

컴퓨터를 통한 커뮤니케이션의 늪에 빠진 아내를 괴롭게 지켜보던 남편의 편지가 레오에게 도착하는데 남편도 역시 출구 없는 관계의 종지부를 찍기 위해 아내를 만나달라고 레오에게 부탁한다. 자신은 아내 자신의 환상이 만들어낸 완벽하고 우월한 존재인 레오와 맞설 수 없기 때문에 직접 만남을 통해 환상을 깨 달라고 하는 것이다(같은 책, 311-312). 그것은 에미의 남편 베른하르트 로트너에게는 결혼 생활 중 최악의 상황이라고 여겨진다.

> 그보다 훨씬 나쁜 게 찾아왔습니다. 라이케씨. 바로 당신, 조용한 '외부세계' 말입니다. 이메일을 매개로 한 환상의 사랑, 끊임없이 고조되는 감정, 눈덩이처럼 불어나는 그리움, 가라앉을 줄 모르는 열정, 이 모든 것이 현실에서의 만남이라는 하나의 진짜 목표, 지고의 목표를 향하고 있지만, 목표 실현은 번번이 미뤄지고 만남은 결코 이루어지지 않을 것입니다. 실제 만남은 종착지도 없고 만료 기한도 없이 오로지 머릿속에서만 완벽하게 누를 수 있는 세속적인 행복을 깨뜨릴 테니까요. 저로서는 그걸 막을 힘이 없습니다(같은 책, 315).

베른하르트는 아예 아내와 만나서 하룻밤을 보내 달라고 애원한다. 그리고 만남을 끝으로 마침표를 찍기를 바란다.

> 라이케씨, 제발 에마를 만나십시오! [...]에마를 만나 그녀와 하룻밤을 보내십시오. 그녀와 섹스를 하십시오! 라이케씨가 그것을 원하리라는 걸 저는 압니다. 제가 그걸 '허락'하겠습니다(같은 책, 317).
>
> 한 번, 딱 한 번만! 그것을 그동안 글로써 쌓아올린 열정의 종착지로 삼아주십시오. 그것으로 마침표를 찍으십시오. 그것이 두 사람의 메일 교류의 절정이 되게 해

주십시오. 그러고는 메일을 중지해주십시오. 제 아내를 제게 돌려주십시오! 그녀를 놓아주십시오. 그녀가 도로 땅에 발을 딛게 해주십시오(같은 책, 318).

레오는 이후 보스턴으로 떠나면서 에마에게 작별을 고하는데 컴퓨터를 통한 커뮤니케이션으로 사랑을 하지는 않을 것이라고 단언한다.

이제 내 얘기를 좀 할게요. [...] 나는 메일함에서만 나에게 시간을 낼 수 있는 여자랑 평생을 함께할 생각은 없어요. [...] 아주 전통적인 방식으로 여자를 사귀고 싶은 욕구가 다시 살아났어요. 먼저 여자를 보고, 그다음엔 목소리를 듣고, 그 다음엔 체취를 맡고, 그다음엔 아마도 키스를 하겠죠. 그리고 언젠가는 그 여자에게 이메일을 쓰기도 할 거에요. 우리가 밟아온 그 반대의 길은 더할 수 없이 흥미진진했지만 목적지가 없어요(같은 책, 330-331).

위에 언급한 인용문단에서는 온라인 커뮤니케이션의 한계와 문제점이 드러나고 있는데 레오는 내적인 정체성 요소만을 파악할 수 있는 컴퓨터를 통한 커뮤니케이션이 흥미로웠지만 목적지가 없다고 말하고 외적인 요소, 즉 시각, 청각, 후각, 촉각으로 느낄 수 있는 외적 정체성을 먼저 파악하고 이후에 이메일 등을 곁들이는 연애를 하고 싶다고 말하는 것이다.

이처럼 작품 『새벽 세 시 바람이 부나요?』는 특히 사랑의 감정이 정체성을 총체적으로 파악할 수 없는 불완전한 컴퓨터를 통한 커뮤니케이션 방식으로 시작될 때 어떤 식으로 벽에 부딪히는가를 세밀하게 보여주고 있다.

김애란의 소설 『두근두근 내 인생』에서도 작품 중반 이후 이메일을 통한 커뮤니케이션이 등장한다. 조로증(早老症)에 걸린 열일곱 살 남자아이 아름이는 「이웃에게 희망을」이라는 방송에 출연한다. 방송이

나간 후 아름이는 방송국 사이트의 게시글을 읽으면서 그동안 해 왔던 온라인 채팅과는 다른 느낌을 받는다. 채팅은 서로 간의 정체성이 가려져 있지만 게시판의 글들은 글쓴이의 정체성은 가려져 있지만 자신의 정체성은 방송을 통해 알려졌다는 것이다. 이후 아름이는 이서하라고 하는 동갑내기 소녀의 메일을 받는다. 그녀는 자신도 아프다고 하며 방송을 본 소감을 이야기한다. 또래 소녀의 편지를 받는 경험이 처음인 아름이는 사랑의 떨리는 감정을 처음으로 느낀다. 그리고 썼다 지웠다 하며 고민하다가 답장을 완성해 보낸다. 그리고 둘의 이메일은 계속 이어지고 불치의 병에 걸린 두 사람은 공감대가 형성되며 아름이의 떨리는 감정도 계속된다. 좋아하는 감정이 생긴 아름이는 서하의 여러 정체성 측면도 알고 싶어 한다. 그래서 아이디를 검색하기도 하지만 결과는 얻지 못한다. 서하는 자신의 얼굴을 알고 있지만 아름이 자신은 서하의 얼굴을 모른다는 것 때문에 그 애의 얼굴이 보고 싶었고 아프기 전이나 어렸을 때의 사진도 좋으니 사진 한 장만 보내 달라고 부탁한다. 사진이라는 것은 인간의 외적 정체성 요소를 간접적으로 보여주는 미디어의 일종이다. 애정이 생기면서 상대방의 모든 것을 알고 싶은 욕구는 생기기 마련이고 그 사람을 시각적으로 파악할 수 있는 외모는 가장 큰 호기심을 자극하는 요소이다.

며칠 만에 온 답장에서 서하는 그동안 큰 수술을 받았다고 한다. 기다리는 동안 아름이는 이메일 소통의 불완전성을 느끼는데 기다리다가 사진을 요청한 것에 대한 사과 메일을 보내기도 한다. 그리고 편지를 쓰는 일보다도 답장을 기다리는 것이 더 힘들다는 사실을 깨닫는다(김애란 2011, 251). 상대방이 답장을 바로 안 보낼 경우 상대방의 상태와 감정을 모르기 때문에 메시지를 보낸 사람의 상상력은 안 좋은 쪽으로 발전하고 불안한 상태가 되는 것이다.

사진을 첨부한 메일이 도착했고 사진파일을 떨리는 마음으로 열어

보니 작고 귀여운 손만 나온 사진이다. 아름이는 손만 나온 사진임에도 불구하고 화면에 자신의 손을 갖다 대며 그 애 손과 실제로 포개지길 바란다.

연인 사이의 편지처럼 계속 편지를 주고받던 아름이는 이 사실을 방송을 찍은 피디에게 말하고 피디는 두 아이의 아름다운 우정을 방송에 내보내려고 서하라는 아이를 찾는다. 하지만 17세 소녀 서하의 정체성은 만들어진 것이었다. 아름이가 유일하게 비밀을 나누었던 아이, 태어나 처음으로 아름이를 설레게 한 아이, 첫사랑, 혹은 마지막 사랑이었던 그 아이가, 실은 열일곱 살 소녀가 아니라 남자였다는 것을, 그것도 서른여섯 살이나 된 아저씨였다는 것을 알게 된다(같은 책, 273).

피디는 서하의 정체가 불치병 소녀와 소년의 사랑을 다룬 영화 시나리오를 제작하기 위해 아름이를 이용한 것이라는 것을 알아내는데 아름이에게는 서하가 병이 심해져서 답장을 못 쓰는 것이라고 둘러댄다. 아름이의 환상 속 완벽한 존재 서하의 거짓 정체성이 밝혀지지 않는 것이 불치병의 소년에게는 더 아름다운 기억을 보장해 주리라 믿었던 것이다.

김애란의 이 소설에서도 컴퓨터를 통한 커뮤니케이션에서 벌어지는 불완전한 소통은 중요한 소재이다. 두 사람 중 아름이의 정체성은 방송을 통해 밝혀져서 온전하게 전달되었지만 아름이가 파악할 수 없는 서하라는 아이의 정체성은 결국 거짓임이 밝혀진다. 이메일 상에서는 쉽게 성별, 외모, 나이, 목소리 등의 정체성을 규정하는 외적요소들이 감추어질 수 있다는 사실을 김애란의 작품에서도 확인 할 수 있었고 또 더 나아가 이런 현상이 사기, 속임수로 이어질 수 있다는 것을 추측할 수 있었다. 이메일을 통한 커뮤니케이션에서 발생하는 정체성의 숨김은 이어서 알아볼 채팅이나 소셜 네트워크 서비스나 포털 사이트의 게시글의 댓글과 대댓글을 통한 커뮤니케이션에서 더 많이 발생하게 된다.

2.6. 메신저를 통한 채팅, 단체 채팅

채팅은 두 사람 이상의 이용자들이 채팅창을 통해 문자로 소통하는 방식이다. 화상이나 음성 방식의 채팅도 있지만 주로 문자를 통해 이루어진다. 이런 소통 행위는 컴퓨터를 통해 채팅하는 제한적인 방식[2]으로 시작되었으나 현재 스마트폰을 통한 채팅은 일상의 한 부분이 되었다. 스마트폰을 통한 커뮤니케이션에서는 대부분 작성하기 쉽게 변형되거나 약자(略字)화 된 채팅용어와 감정을 표현할 수 있는 이모티콘, 그리고 밈[3]이나 사진 등을 첨부하여 소통을 효과적이고 풍부하게 한다.

스마트폰의 문자 기능보다 더 확장된 각종 메신저 앱[4]은 대중화 되었고 특히 '카카오톡'은 여러 가지 기능이 강화되어 우리나라의 거의 모든 스마트폰 사용자들은 이 앱을 통해 소통한다. 다른 메신저 앱과 마찬가지로 카카오톡에서도 대인간의 문자 커뮤니케이션인 '개인 톡', 여러 사람과 동시에 소통할 수 있는 '단체 톡' 기능이 있다.

이 장에서는 현재 사용하고 있는 채팅 방식인 카카오톡(카톡)을 이용한 '톡' 활동에서 발생하는 정체성의 발현과 숨김, 그리고 문제점에

---

2) 1980년대에 전화망을 이용한 PC통신이 유행하였다. 모뎀과 전화선을 사용하기 때문에 현재보다 사용료도 비쌌고 제한적이었다.

3) '인터넷 짤' 혹은 '짤방'이라고 하며 인터넷상에서 돌고 도는 자투리 이미지 파일이다. '움짤'은 움직이는 이미지로 성격은 같다. 채팅 시 적절한 밈 사용은 이모티콘 사용과 같은 효과를 낸다.

4) 어플리케이션(application)을 줄여서 '어플' 혹은 '앱(app)'이라고 하며 스마트폰에 설치하여 사용하는 프로그램의 일종이다. 특히 커뮤니케이션을 목적으로 한 앱을 메신저 앱이라고 한다.

대해서 알아보고 또 '스마트폰 세대'라고 할 수 있는 2000년 이후 출생 청소년들을 대상으로 한 문학 작품에서 언급된 요소들을 확인하도록 할 것이다.

카톡을 통한 커뮤니케이션의 경우에도 이메일을 통한 커뮤니케이션에서와 마찬가지로 주로 문자로 메시지를 주고받기 때문에 외적 정체성 요소는 드러나지 않는다. 이메일의 경우 편지 형식에 가깝지만 즉각성을 띄고 있기 때문에 채팅의 성격도 가지고 있다. 스마트폰을 사용한 채팅, 즉 카톡의 경우 스마트폰, 즉 이동 전화(mobile phone)에서 사용하기 때문에 편지의 기능보다는 전화의 기능과 가깝다. 즉 형식은 편지, 기능은 전화를 닮았는데 이 두 가지 커뮤니케이션의 편리함과 장점만을 취한 것으로 보인다.

주로 이미 현실 세계에서 친분이 있는 사람들과 톡을 하지만 온라인상에서 친분을 맺은 실제로 만난 적 없는 사람들과 톡을 하거나 아예 모르는 사람과 톡을 하는 '랜덤채팅'이라는 형태도 존재한다. 이런 채팅의 방식에 따라 정체성의 드러남의 정도가 달라질 것이다.

2014년 출판된 국내 청소년 문학 『스마트폰 말고 스케이트보드』에서는 제목처럼, 가상세계를 상징하는 스마트폰의 중독성과 역기능을 드러내고 현실세계를 상징하는 스케이트보드로 돌아와야 한다는 주제를 담고 있다. 현재 청소년들의 스마트폰 중독에 질타를 날리고 스마트폰으로 사귄 친구들과의 친교 시 한계점을 제시하며 스마트폰 밖으로 나와 친구들과의 직접적인 소통과 활동으로 복귀해야 한다는 메시지를 주고 있는 것이다. 이 작품에서는 카톡으로 대표되는 스마트폰 메신저에서 발생되는 문제점들이 꼼꼼하게 등장한다.

초등학교 5학년인 주인공 진재민은 아직 스마트폰이 없는 몇 안 되는 학생들 중 하나이다. 다른 친구들의 스마트폰에서 울려대는 '까똑' 소리를 들으며 자신이 아직 스마트폰 세상으로 들어가지 못한 것에 대해 불만이 많으며 그들에게 따돌림 당하고 있다고 생각한다. 그리고 아버지는 스마트폰보다는 신문에 더 큰 세상이 있다고 믿는 기술의 발전에 회의적인 생각을 가지고 있는 사람이다.

어느 날 재민이는 작은 어머니가 새 스마트폰으로 기기변경을 해서 남게 된 스마트폰을 물려받으며 스마트폰 세계에 들어가게 된다. 아파트 옆집에 사는 노정찬은 스마트폰보다는 자전거와 스케이트보드에 더 관심이 많은 친구인데 재민이가 스마트폰 자랑을 하자 한 달 전부터 목표로 잡은 '보드 위에서 뛰어올랐다가 다시 착지하는 기술'인 '알리'를 성공하기 위해 연습하러 여의도에 갈 거라고 하며 함께 가기를 제안한다.

재민이는 카톡 앱을 설치하고 단체방을 만들어 '반톡'을 만든다. 그리고 '카톡 친구' 숫자를 늘리기 위해 '카카오 스토리[5]'를 시작하고 거기에 사진과 스토리를 올리기 시작한다. 엄마가 만든 떡볶이를 올리자 그것을 보고 '앨프'라는 모르는 사람이 댓글을 달고 카톡 친구가 된다. 그리고 '요정'이란 뜻의 '앨프'를 사용하는 사용자를 요정처럼 예쁜 여자아이라고 상상하며 매력과 친근감을 느낀다.

재민이는 정찬이가 알리를 성공하는 장면을 사진으로 찍고 카스에 '알리 성공!'이라고 올린다. 칭찬을 하는 댓글이 달리자 재민이는 댓글 단 친구들이 실망할까봐 차마 사진 속의 사람이 자신이라고 밝히지 못하고 알리를 연습해서 성공하면 상관없을 것이라고 생각한다. 이렇게 자신도 모르게 사진 속 인물의 정체성을 속이게 된다. 특히 정체성을 몰라서 오히려 완벽한 외모로 정립된 앨프라는 친구에게 잘 보이고 싶다는 욕망이 작용한 것이다.

재민이는 앨프의 댓글에 어떤 댓글을 달아야 할지 몰라서 망설이는

---

5) '카카오 스토리'는 사용자들이 글이나 사진 등을 올릴 수 있는 일종의 SNS이다. '카스'라고 줄여서 쓰기도 한다.

데 앨프가 왜 자신의 댓글에만 댓글을 안 다냐고 개인톡을 보내온다. 그리고 재민이가 길을 걷느라 대답을 못 하자 왜 대답을 안 하냐고 묻는다. 스마트폰 앱을 이용한 커뮤니케이션에서 특히 아동, 청소년 이용자들은 즉각적인 소통을 추구하기 때문에 대답이 늦을 경우 동작이 굼뜬 사람으로 오명을 쓸 수 있는데 이 또한 문자를 이용한 커뮤니케이션의 단점이다. 왜냐면 상대방의 모습을 볼 수 없기 때문에 상대방이 어떤 상황인지 모르기 때문이다. 그래서 수신자는 길을 걸으며 급하게 답글을 쓰다가 심한 경우 사고를 당하기도 한다.

또 정찬이의 사진 아래 '도전알리'라는 사람이 쓴 댓글을 확인하고 그 친구와도 스케이트보드를 함께 타는 친구가 될 수 있을 것이라고 생각한다. 도전알리는 주로 스케이트보드에 대한 이야기로 말을 걸어왔는데 재민이는 자신이 운동을 그리 좋아하지 않으면서도 그와 대화를 나눈다.

재민이는 휴대폰에 매료되어 밤에 잠을 안 자면서까지 영상을 보거나 아이들과 게임을 하거나 톡을 하다가 엄마의 꾸중을 듣기도 한다. 그리고 그의 카카오스토리에서 친분을 맺은 5학년 아이들끼리 '오오짱'이라는 단톡을 구성한다. 하지만 밤에 잠을 안 자고 스마트폰을 사용하다가 엄마한테 압수당하고 스마트폰이 없는 그 상태를 못 견뎌한다. 온라인 친구들에게 전할 말을 상상으로 쓰기도 하고 온라인에서만 알게 된 앨프와 도전알리가 어떻게 지내는지 궁금해서 못 참을 지경에 빠진다.

재민이는 간신히 자신의 스마트폰을 찾아내서 카톡을 확인하고 앨프가 많은 메시지를 남겼다는 것을 확인한다.

앨프: 안녕.

앨프: 야~ 대답해!

앨프: 뭐야. 왜 대답 안 해?

앨프: 왜왜왜 ㅠㅠ

앨프: 너 화났어?

앨프: 너무해.......

앨프: 진짜, 너!

앨프: 폭탄 던진다~

그다음에 앨프는 이모티콘을 엄청나게 보냈다. 처음에는 귀여운 거였는데, 갈수록 화난 이모티콘으로 바뀌었다. [...]

재민는세상: 짜잔!(송아주 2014, 99)

하지만 엄마가 들어오고 재민이는 앨프에게 간신히 자신의 존재만 알리고 퇴장한다. 초등학교 5학년으로 추정되는 앨프의 톡을 보면 카톡을 통한 커뮤니케이션의 단점과 사용자들의 심리를 파악할 수 있다. 상대방의 정체성과 상황을 알지 못하는 송수신자들은 수신자의 답장을 못 받을 경우 궁금증과 불안함에 빠지기 쉽다. 또 며칠 동안 카톡을 못 한 재민이는 자신이 화가 났거나 배신을 해서 대답을 못 한 것이 아니라는 것도 밝히고 싶어 한다. 그리고 온라인에서 만난 아무런 정체성도 파악하지 못한 친구들이 가장 친한 친구들이라고 생각한다.

내가 카톡을 하지 않는 게 그 애들을 배신해서가 아니라고 말할 수 있다. 도전알리에게는 내 소식을 전하지 못했다. 이럴 줄 알았다면 전화번호라도 알아 둘걸. 그때서야 지금 내게 가장 친한 친구 두 명은 오직 스마트폰에서만 만날 수 있다는 사실을 깨달았다. 난 그 애들이 사는 곳도, 생긴 것도, 심지어는 이름조차도 모른다. 그런데도 어떻게 친구가 될 수 있는 걸까? 참 신기한 일이다(같은 책, 100).

엄마가 없을 때 잠깐 꺼내 본 스마트폰에서 앨프와 더불어 온라인에서 만난 친한 친구 도전알리도 일대일 메시지에 글을 남긴 것을 발견한다. 도전알리는 부모님이 이혼해서 죽고 싶다고 하는데 재민이가 대꾸가 없자 화를 내기도 하며 그 사실은 비밀이고 아무한테도 말하지 않을 거라고 한다. 재민이는 다음 주까지 휴대폰을 압수당하여 글을 못 쓸 것이라고 한다.

드디어 일주일 후 스마트폰을 돌려받은 재민이는 오오짱에 일주일간 엄마에게 압수당해서 글을 못 올렸다고 말한다. 그리고 도전알리의 개인톡 창에 '너희 부모님 진짜 이혼한 거야? 그럼 넌 누구랑 살기로 했어? 진짜 힘들고 많이 속상하겠다. 도전알리, 힘내!'라는 글을 띄운다. 하지만 곧 그 창이 개인톡이 아니라 오오짱 단체톡이라는 것을 깨닫는다. 아이들은 하나씩 위로의 글을 올렸지만 곧 '도전알리 님이 퇴장했습니다.'라는 메시지가 뜬다(같은 책, 119).

스마트폰 메신저 앱에는 일대일 톡방과 단체 톡방이 최근 업로드된 순서로 배치된다. 하지만 재민이의 경우처럼 개인톡에 할 말을 단체톡에 올리는 경우가 종종 발생한다. 수신자를 잘못 설정해서 메시지를 보내는 경우 사적인 내용이 노출될 수도 있고 심한 경우 친구에게 한 직장 상사에 대한 험담이 직장 상사에게 송신될 수도 있는 것이다. 바깥 현실에서는 음성언어로 발화되었다가 사라지는 적절하지 않은 내용들이 메신저 내에서는 기록되고 또 살아남아서 전달되지 않아야 하는 사람들에게까지 전달되기도 한다. 이런 것들도 스마트폰 메신저를 통한 커뮤니케이션의 문제점이라고 할 수 있겠다.

본의 아니게 도전알리의 비밀을 폭로하게 된 재민이는 도전알리에게 미안하다고 하지만 받아들여지지 않는다. 그리고 저녁때 도전알리의 단톡방 초대에 응해서 입장하는데 아이들이 자신을 비난한다. 특히 앨프는 돌변해서 욕을 하기도 한다. 도전알리는 구글링을 통해서 소위 '신상 털기[6]'를 했고 재민이의 신상을 알게 되어 사진 속 인물이 재민이가 아니라는 것을 알아내서 단톡방 아이들에게 말하고 재민이를 공격하게 된 것이다. 이후에도 단톡방에 강제로 초대되어 아이들의 비난을 받는다. 재민이는 '자신을 가운데 두고 빙 둘러서서는 자신을 향해 마구마구 돌을 던지는 것만 같아서'(같은 책, 127) 채팅방에서 나갔지만 다시 초대를 받아 끌려 들어와 욕을 먹는다. 스마트폰을 멀리 던져버리고 다음날 전원을 켜고 338개의 메시지를 지운 재민이는 오오짱 멤버들의 상태메시지가 '졸라 구라짱 새퀴'로 바뀌어 있는 것을 보고 자신을 향한 것임을 깨닫는다. 게다가 도전알리의 프로필 사진을 보고 재민이 자신의 얼굴을 벌거벗은 남자의 뒷모습과 합성 해 놓은 사진임을 깨닫고 그에게 그만하라는 메시지를 보낸다.

대부분 모바일 메신저의 경우 프로필 사진과 상태메시지가 그 사람의 얼굴 역할을 한다. 프로필 사진은 본인의 모습이 명시된 사진일 경우 동일성이 인지되고 정체성이 확인되겠지만 대부분 이용자들은 다양한 사진을 프로필로 설정해서 자신의 정체성을 감춘다. 특히 온라인에서만 만난 대화 상대자의 프로필 사진이 본인 사진이 아니고 닉네임도 자신의 본명이 아닌 경우 정체성은 드러나지 않는다.

온라인 내에서 거짓말쟁이가 되고 왕따가 된 재민이는 도전알리가 누군지 알아내고 그의 전화번호도 알아낸다. 그리고 한 공원에서 만나기로 한다. 그리고 싸움을 하다가 그가 떨어뜨린 안경을 갖고 집으로 온다. 재민이의 모습을 보고 아버지가 어쩐 일이냐고 묻고 재민이는 그간의 일을 이야기한다. 재민이는 오랫동안 알고 지냈던 다른 친

6) 검색으로 특정 개인의 정보를 알아내어 인터넷상에 무차별 공개하는 사이버테러의 일종이다.

구들보다도 스마트폰 안에서 만난 지 얼마 안 되는 이름도 얼굴도 모르는 친구들이 더 친하게 느껴졌다고 한다. 그러면서 "진짜 모습은 알 수 없는 것 같아. 속이기도 쉽고."라고 말한다. 그리고 문득 도전알리가 좋은 친구일 수도 있다고 생각한다. 안경을 돌려주기 위해 도전알리를 만나서 그에게 사과를 한다. 그리고 카톡을 탈퇴하고 새로운 이름으로 다시 가입한다. 하지만 모르는 누군가에게 또 초대를 받고 또 공격을 받는다. 재민이는 계속 도전알리가 자신을 괴롭힌다고 생각했지만 어느 순간 도전알리는 단톡방에 '그만하라'는 글을 올리고 퇴장한다. 결국 도전알리, 정찬 그리고 재민이는 스마트폰을 절제하고 함께 스케이트보드를 타는 진정한 친구가 되며 마무리된다.

『스마트폰 말고 스케이트보드』와 비슷한 시기인 2013년 발간된 최이정의 『스마트폰 왕국』도 역시 같은 메시지를 주고 있다. 캐나다에 2년간 가 있다가 6학년으로 복학한 공수찬이라는 남학생의 2년 만에 '스마트폰 왕국'으로 변해버린 한국에서의 적응기를 그리고 있다. 이 작품에서도 단톡에서의 여러 가지 문제점이 제시된다. 스마트폰 보다는 축구에 관심이 많았던 수찬이는 거의 모든 반 친구들이 스마트폰을 가지고 있고 바로 옆에 있는 친구들끼리도 카톡으로 소통하는 것을 보고 왕따를 당하고 있다고 생각한다(최이정 2013, 41). 결국 부모님을 설득해 다른 아이들처럼 스마트폰을 갖게 된 수찬이는 친구가 초대한 영어 학원 다니는 10명의 아이들이 있는 단톡방에 들어가게 된다. 아이들은 처음에는 환영하는 인사말들과 "영어를 잘 해서 좋겠다"는 말을 하다가 수찬이가 "외국에 살면 영어가 저절로 늘 수밖에 없다"고 하자 여기는 국내파 방이라고 하며 줄줄이 탈퇴를 한다. 초대한 친구도 미안한 듯 "어쩌냐……. 너한테 미안하네……. 여긴 들어오지 못하겠다. 미안~!ㅜㅜ"라는 메시지를 보내고 탈퇴한다(같은 책, 49). 시간이 갈수록 수찬이도 역시 다른 아이들처럼 점점 스마트폰에 빠져서 시간을 보낸다. 그리고 어느 날 다른 친구가 필리핀에서 영어를 배우고 온 동현이라는 친구가 잘난 척을 하는 것이 싫다고 단톡방에 초대해 혼내주자고 한다. 그리고 자신이 처음에 초대되었다가 겪었던 기분 나쁜 일을 얼굴도 모르는 그 친구에게 되돌려 준다. 한 아이는 필리핀에서 온 동현에게 "여기는 호주 이상 다녀온 사람만 들어 올 수 있어."라고 말하고 바로 탈퇴를 하고 "수준 높여라"등의 메시지가 이어지고 수찬이도 역시 "여름방학 때는 캐나다 가 봐~ 거기 괜찮아~."라고 올리고 바로 탈퇴를 한다(같은 책, 69).

얼굴을 마주보거나 혼자서는 할 수 없는 집단 폭력을 단톡이라는 공간에서는 부끄러움 없이 할 수 있는데 이것도 스마트폰을 통한 커뮤니케이션 시 역시 정체성이 가려지는 현상 때문에 쉽게 벌어지는 일이다.

스마트폰 때문에 생긴 오해 때문에 친구들과 다투게 된 수찬이는 집에 와서 스마트폰이 바꾼 세상에 대해서 생각한다.

> 한국에 돌아오면 친구들과 신나게 축구하며 만날 즐거울 줄 알았다. 그러나 지금 내 생활은 학교, 학원 그리고 늘 손에 쥔 스마트폰으로 게임을 하거나 누가 내 욕을 하는지, 혹은 나를 왕따 만들지는 않는지 두 눈을 부릅뜨고 감시하는 일뿐이다(같은 책, 82).

『스마트폰 말고 스케이트보드』와 『스마트폰 왕국』은 스마트폰이 우리 손에 들어오면서 생기는 문제점들, 특히 청소년에게 생기는 문제점들을 지적하고 있다. 아직 가치판단과 절제력이 약한 청소년기 학생들은 스마트폰으로 게임이나 메신저를 하느라 실제로 친구들과 어울려 집단 활동을 할 시간을 뺏기고 있다. 이런 부정적인 상황에서 스마트폰 말고 좀 더 가치 있는 일에 주의를 기울이라고 이 작품은 말하고 있다. 또 이 작품들에서는 단체톡의 여러 측면들도 등장하는데 긍정적인 면보다는 부정적인 면을 부각시킨다. 일대일 대화의 비밀글을 실수로 단체톡에 올리면서 벌어지는 집단공격과 왕따 등의 문제는 언제든 벌어질 수 있는 일이고 아직 확고한 가치관이 성립되기 전의 청소년기에는 더욱 더 심각한 문제를 야기한다. 정체성의 측면에서 볼 때 온라인상에서 알게 된 정체를 전혀 모르는 사람과의 친분은 쉽게 쌓아올린 만큼 쉽게 무너질 수 있다. 또 정체성이 드러나지 않을 경우 익명성이 생겨 자기 자신이 드러나는 부끄러움이 없어지고 이에 따라 상대방을 비난하는 데 거리낌이 없어진다. 또 단톡방에서 여러 사람과 대화를 나누는 중에도 다른 사람들이 알아차리지 못 한 채 일대일톡도 가능함으로 집단 따돌림을 시킨다거나 음모를 꾸미기에도 적합하다. 특히 단톡에서의 집단 심리와 폭력성은 가상세계라는 점과 익명성이라는 특성과 밀접한 연관이 있어 보인다.

2.7. SNS, 블로그와 카페 게시글, 기사의 댓글과 대댓글 (익명성과 악성 댓글)

신문과 TV로 대표되는 매스미디어의 경우 커뮤니케이션의 방향은 일방적이었다. 물론 독자들의 의견 등을 신문에 실어주는 경우도 있었지만 극히 드물었다. 하지만 인터넷이 대중화된 후 신문기사는 각종 포털사이트에 올라가고 조회 수에 따라 특정 기사가 위로 올라온다. 위로 올라온 기사는 그 위치 때문에 또 많은 사람이 클릭하고 또 다른 흥미롭고 자극적인 기사들이 올라올 때까지 그 자리를 유지한다. 또 각각의 기사에는 댓글을 작성해서 달 수가 있는데 대부분의 경우 본명이 아닌 별명을 사용하여 익명성이 보장된다. 또 댓글에는 이용자 한 명당 한 번씩 '좋아요'나 '추천' 등을 클릭할 수 있어서 그 숫자가 올라간다. 추천수가 많은 댓글일 경우 조회 수가 많은 기사의 경우처럼 가장 눈에 잘 띄는 높은 자리에 위치하고 그 위치 때문에 또 많은 사람이 읽고 추천 수는 눈덩이 불어나듯 불어난다. 따라서 인터넷 기사는 신문기사와 확연히 다르다. 종이로 된 신문에서는 기자들이 정한 기사가 주요 뉴스가 되지만 인터넷에서는 조회 수에 따라 주요 뉴스가 바뀐다. 또 댓글을 다는 경우 그 댓글 자체가 뉴스 기사보다 더 중요한 내용을 포함하기도 하며 기자가 독자가 쓴 댓글을 참고하여 기사를 수정하기도 하는 등 인터넷상의 신문기사는 쌍방향 커뮤니케이션의 면모를 가지고 있다. 또 댓글에 붙는 대댓글은 단발적이긴 하지만 모르는 이용자들끼리의 다자간 커뮤니케이션의 성격을 가지고 있다. 전혀 정체성이 드러나지 않는 익명의 이용자들과의 대화는 그 기사가 논란이 되는 것일수록 더 활발하며 서로 간에 비방 글이 오가기도 한다. 기사에 달린 댓글상의 이용자들의 정체성은 대부분 드러나지 않는데 그렇기 때문에 부끄러움은 없어지고 솔직해 질수도 있지만 악성 댓글이나 비방 글이 올라올 가능성도 커진다. 특히 연예인 기사에 올라오는 악성 댓글이나 근거 없는 비방 게시물 등은 심리적으로 타격을 입혀 당사자들에게 우울증을 유발시키고 심한 경우 자살로 내 몰기도 한다.

한편 SNS 게시글에 달리는 댓글들은 주로 지인들과의 소통이고 또 실명과 그 사람의 개인 페이지가 드러나므로 익명성은 덜하다. 개인 게시글과 댓글, 그리고 댓글 간의 소통은 그래서 스마트폰 메신저의 단톡방과 비슷한 정도의 정체성이 드러난다. SNS의 대표주자인 페이스북의 경우 스마트폰 메신저와 기능이 흡사한 페이스북 메신저 기능이 있으며 현재 미국에서는 가장 높은 점유율을 보이고 있다.

2018년 출판된 신채연이 쓴 청소년 문학 작품인 『악플러 임명장』에서는 한 초등학교에서 5학년 4반 카페가 만들어지고 익명게시판이 생기면서 일어나는 일들을 다루고 있다. 카페는 한때 성행했던 일종의 커뮤니티[7]이다.

초등학교 5학년인 엄동현은 별명이 '엄친아'일 정도로 선생님과 친구들에게 인정받는 아이이다. 동현이는 자신이 몰래 좋아하는 봄이가 아이돌 그룹 출신 '제이'라는 가수를 좋아하는 것을 알고 질투가 나서 그와 관련된 기사에 난생 처음 "목소리도 별로, 노래도 별로, 춤도 별로. 그 정도는 나도 하거든?"이라고 악성 댓글을 단다. 댓글을 쓰기 전에 동현이는 쓰고 싶은 말 다 쓰라고 게시판이 있는 것이라고 생각하고 댓글을 단 후에는 '표정까지 쓸 수 있으면 좋겠다'고 생각한다 그리고 스트레스가 조금 풀리는 것 같은 느낌이 든다(신채연 2018, 35).

얼마 후 학교에 제이를 닮은 박서준이라는 남학생이 전학을 온다. 박서준은 아이돌을 닮아서 쇼핑몰에서 모델도 가끔 하고 또 공부도 잘 해서 특히 여학생들에게 인기를 얻는다. '엄친아'라는 타이틀에 위협을 느낀 동현이는 서준이에게 라이벌 의식을 느낀다. 특히 서준이가 '5늘도 4랑해'라는 반 카페를 만들어서 반 아이들을 끌어 모으자 반장인 동현이는 자신이 해야 할 일을 서준이가 가로챘다고 생각해 불쾌해 하지만 카페에 가입을 한다. 카페에서는 대부분 실명으로 게시글과 댓글을 올리지만 정체성을 밝히지 않고 글을 올릴 수가 있는 익명게시판도 있었다. 동현이는 가입 인사방에 벌써 많은 친구들이 가입인사를 하고 인사말 아래에 카페지기, 즉 서준이의 '가입을 축하합니다.'라는 댓글이 달려있는 것을 본다. 그리고 자신도 "안녕! 나도 가입했어."라는 가입 인사글을 올린다. 동현이는 댓글이 달리길 기다리면서 초조해 한다. 잠시 후 가입 인사 아래에 새 댓글이 있다는 'n'이

7) 커뮤니티(community)는 같은 관심사를 가진 온라인 이용자들이 모여서 만드는 웹사이트이다. 각종 게시판에 게시물을 올릴 수 있고 댓글도 달 수 있다. '카페'도 일종의 커뮤니티이다.

달리고 확인을 하자 자신이 좋아하는 봄이가 반갑다는 댓글을 단 것을 보고 기뻐한다. 그리고 "땡큐!^^"라고 대댓글을 붙인다. 동현이는 카페에서는 '고마워'보다는 '땡큐!^^'라고 하는 것이 더 어울릴 것 같다고 생각하고 또 '얼굴이 빨개져도 창피하지 않다'라고 생각하는데(같은 책, 53) 실명 사용으로 서로 누군지 아는 상황에서도 외적인 정체성이 보이지 않는다는 점 때문에 훨씬 더 적극적이고 과감하게 댓글을 달 수 있다고 생각한다. 그리고 게시글 안에서 댓글로 몇 마디를 더 나누게 되는데 '당연하지' 대신에 '당근~'이란 말을 쓰거나 오케이(OK)를 'ㅇㅋ'라고 쓰기도 한다(같은 책, 55). 게시글의 댓글란에서 채팅용 약자를 사용해 문자로 대화를 하는 것이다.

카페의 <우리 반 소식>란과 <생일 축하해>, <숙제 도와줘>, <세젤멋[8] 공유> 등을 둘러보다가 동현이는 <익명방>의 'n' 표시를 보고 클릭해서 게시글을 확인한다. 게시글 제목은 '반장'이었는데 자신의 얘기를 한 것이라고 생각하고 또 댓글이 두 개가 달린 것을 확인하고 궁금하고 떨리는 마음으로 클릭을 한다.

> ㄴ 난 별로.
>
> ㄴ 엄친아라고 자기가 말하고 다니는 듯. 하긴 이제 엄친아는 따로 있지(같은 책, 58).

동현이는 이런 익명 악성 댓글에 충격을 받고 서준이가 자신을 모함한다고 생각한다. 그리고 댓글 중 "난 별로."라고 쓴 사람을 찾아 따져 묻고 싶다는 생각을 한다. 그리고 어느 날 서랍을 확인하던 중 공책만 한 '악플러 임명장'을 발견한다. 내용은 한 때 유행하던 '행운의 편지'

8) '세계에서 제일 멋진'을 줄인 말이다. '세젤귀', '세젤예'라는 용어도 비슷한 방식으로 조합된 줄임말이다.

와 비슷하게 악플러가 되지 않으면 저주를 받을 것이라는 것이었다. 동현이는 이 편지를 무시했지만 축구공에 맞고 개가 자신을 보고 짖어대고 지갑까지 잃어버리자 들키지만 않으면 괜찮을 거라고 생각해 악성댓글을 달아도 상관없겠다고 생각한다. 그리고 <익명방>에 올라온 두 개의 글을 열어본다. '공부만 잘하면 다야?'라는 제목의 글에는 '공부만 잘 하면 진짜 최고라고 생각하나요? 친구들아 말해 줘.'라는 내용이 적혀있고 세 개의 댓글이 달려 있었다.

↳ 공부보다 성격이 좋아야지!

↳ 맞아! 공부는 그다음이지.

↳ 공부만 잘하는 애 별로(같은 책, 81).

동현이는 '별로'라는 말 때문에 마지막 댓글이 자신을 향한 것이라고 생각한다. 그리고 네 개의 악성댓글을 연달아 그 아래에 첨부한다.

↳ 공부 못하는 찌질이의 변명

↳ 공부가 싫으면 학교는 왜 옴?

↳ 공부 못하는 게 자랑이냐?

↳ 공부 잘하면 다야! 어쩔래?(같은 책, 81)

그리고 이 게시글의 작성자가 박서준이라고 생각하고 그것을 읽고 기분 나빠할 생각을 하니 통쾌해 한다. 그리고 악플을 다는 것이 별로 어렵지 않다고 생각하고 <익명방>의 다른 게시글 '내 고백을 받아줄까(4)'를 노려보다 클릭을 한다.

우리 반 OO이가 좋은데, 고백해도 될까? 그 애도 나를 좋아할지 고민이야. ^^

↳ 꺄악! 누구세요?

↳ 용기가 멋지다.

↳ 고백해! 고백해!

↳ 우리 반 누굴까? 분명 좋아할 거야(같은 책, 88).

동현이는 이 글도 박서준이 봄이에게 고백하려고 게시글을 올린 것이라고 생각하고 봄이는 작성자를 안 좋아할 것이라는 악성댓글을 작성한다.

↳ 꿈 깨라!

↳ 찌질이가 하는 고백 받아 주겠냐?

↳ 이런 거 고민할 시간에 공부나 해라!

↳ 빵! 차이는 건 시간 문제 ㅋㅋㅋ(같은 책, 90)

카페의 익명글과 동현이가 작성한 악플들을 볼 때 게시글의 작성자의 정체성이 드러나지 않기 때문에 동현이는 그것을 임의대로 추측하여 작성자의 기분을 나쁘게 할 목적으로 빈정대는 댓글을 단 것이다. 그리고 자신의 정체성이 드러나는 두려움이 없기 때문에 더 솔직하게 혹은 거리낌 없이 악성 댓글을 달 수 있었다는 것을 알 수 있다.

학교에 가 보니 반에서는 카페에 악플러가 있다고 웅성거리는 소리가 들린다. 동현이는 모른 척하며 익명게시판이라 자수하기 전까지는 알아낼 수 없다고 이야기한다. 그리고 집에 가서 카페 게시글을 다시 보는데 다른 게시판에서 박서준을 칭찬하는 댓글이 달려 있는 것을 보고 <익명방>의 '내 고백을 받아줄까' 게시글에 가서 "그렇게 관심 받고 싶냐? ㅋㅋㅋ 관종!"이라는 다섯 번째 악성댓글을 단다(같은 책, 101).

학급회의에서 몇몇 학생들은 건의사항 시간에 카페에 악플러가 있다며 카페를 만든 취지에 어긋나는 행동이라고 한다. 그리고 동현이는 악플을 달았던 두 개의 게시글이 자신이 좋아하는 봄이의 글이라는 것을 알게 되고 슬픔에 빠지고 뼈저린 후회를 한다.

집에 와서 컴퓨터를 켜니 익명 게시판에 '나야 이 봄.'이라는 게시글이 올라와 있고 20개의 댓글이 달려있는 것을 보고 클릭한다. 동현이는 같은 반 구성원 25명 중에 20명이 댓글을 달아 놓은, 익명 게시판임에도 불구하고 이름을 밝힌 봄이의 글을 떨리는 마음으로 읽는다.

봄이는 익명 게시판에 올린 사람이 자신이라고 밝히고 자신의 고민을 함께하기 위해서 쓴 글일 뿐이라고 말하며 카페를 탈퇴하겠다고 한다. 게시글의 댓글은 주로 봄이를 응원하고 탈퇴를 만류하는 착한 댓글들이었고 악플을 단 사람을 찾아내서 전학을 보내자는 댓글들도 있었다. 동현이는 악플러가 자신이라는 것이 밝혀지면 아이들이 얼마나 실망할까라고 생각하니 떨리고 현기증이 났다. 그 때 익명 게시판에 '나야 박서준.'이라는 글이 올라왔다. 그리고 자신이 박서준을 싫어하게 된 것이 자신보다 잘났기 때문이었다는 것을 깨닫는다. 글을 클릭하자 악플을 쓴 사람도 우리들의 친구이니 그것을 찾아내기보다는 기회를 주자는 내용이었다. 그리고 거기에 달린 댓글들을 보며 동현이는 눈물을 흘리며 악성댓글을 단 자신의 행위를 후회한다.

↳ 나도 당할 수 있다! 생각하기.

↳ 인터넷 예절을 지킵시다.

↳ 앞으로가 중요해.

↳ 후회하고 있는 거지?

↳ 이제 악플은 그만 달길! 부탁이야.

↳ 처음부터 나쁜 악플러는 없대.

↳ 넌 분명 좋은 점이 많은 친구일 거야.

↳ 악플말고 선플은 어때?

↳ 이제 널 믿는다.

↳ 악플러를 고치는 약을 처방하겠다(같은 책, 127-128).

그리고 마지막 댓글에 이어 악플러였던 자기 자신을 향한 댓글을 단다. 그리고 자신의 댓글에 또 다른 대댓글을 단다.

↳ 기회를 줄게…….

↳ 내가 비겁했어. 미안해……(악플러였던 아이가) (같은 책, 135)

기회를 준다는 것은 자기 자신을 대상으로 한 글이고 또 그것에 대답을 함으로써 자신을 객관적으로 바라보고 자신을 용서하는 정체성의 유희의 한 단면을 보여주는 부분이라고 생각된다.

『악플러 임명장』은 청소년 문학이지만 댓글이 익명성을 획득하면 어떤 결과가 초래될 수 있는지를 세심하게 보여주었다고 평가할 수 있겠다. 이 작품 속에서는 25명이라는 제한된 공간에서의 익명성이라 완전한 정체성의 숨김 현상은 일어나지 않았다. 하지만 매스미디어의 댓글의 경우 정체성의 숨김은 더 완벽하게 일어나기 때문에 익명성은 더 보장되고 더 표현이 강하고 부끄러움 없는 글들이 악성 댓글로 올라 올 수 있을 것이다.

또 블로그를 통한 커뮤니케이션의 경우에도 정체성의 숨김 현상이 일어난다. 카페가 공동의 관심과 주제를 중심으로 모이는 장소라고 한다면 블로그는 개인이 사람들과 공유할 만한 콘텐츠들을 게시해서 소통하는 장소라고 할 수 있다. 블로그에서도 댓글은 모르는 사람들과의 커뮤니케이션이 될 수 있고 또 아이디로 글이 올라오기 때문에 익명성도 어느 정도 보장된다.

2014년 출판된 홍종의의 청소년 문학 『파워 블로거 지덕심』에서도 게시글, 댓글, 대댓글을 통한 커뮤니케이션의 양상이 드러나는데 정체성의 문제도 역시 거론된다.

12세인 임영서와 지덕심에서 지운영으로 개명한 78세인 그녀의 외할머니와의 관계가 주 내용인 이 작품에서 지운영 할머니는 블로그를 운영하고 있고 수천 명의 이웃을 거느린 파워블로거(power blogger)[9]이다. 할머니는 자운영이라는 닉네임을 사용하고 나이를 반으로 나누어 39세인 척한다. 영서의 아버지는 사진관을 경영했지만 디지털카메라 등장 여파로 가게 문을 닫고 지금은 할머니가 사 놓은 시골집을 관리하며 약간의 수고비를 받고 있고 어머니는 미용실을 하다가 운영이 잘 안 되어 마사지 숍을 하지만 벌이가 시원치 않다. 반면 상당한 부를 축적하고 딸의 가족에게 생색을 내는 지운영 할머니는 사진관에 현상을 맡겨놓고 찾아가지 않은 오래된 사진들을 챙겨서 돈벌이할 궁리를 한다. 자신의 블로그에 오래된 사진들을 찍은 사진을 올리고 사진의 주인들에게 그것을 파는 계획을 세운 것이다.

영서는 할머니의 블로그에 몰래 들어가 올라온 사진들과 또 사람들의 댓글들을 본다. 블로그 게시글에 달리는 댓글은 SNS 게시글에 달리는 댓글과 성격이 비슷하다. 또 '비밀글'이라는 기능이 있는데 비밀글은 블로그 운영자와 그 글을 올린 사람만이 볼 수 있다.

영서는 할머니가 쓴 추억의 사진의 주인을 찾아 판매하고 그 수익금을 전액 불우이웃 돕기에 쓰겠다는 게시글을 읽는다. 대부분의 댓글들은 운영자인 할머니의 글에 찬사를 보낸다. 글 중에서 '바늘잎'이라는 닉네임을 가진 이용자가 쓴 "자운영님이 행운 사진관 주인이셨

9) 네이버를 비롯한 블로그 운영 사이트에서 우수한 블로거에게 주던 상. 지금은 폐지되었다.

어요?"라고 묻는 글에 할머니가 쓴 댓글 "그럴 수도 있고요, 아닐 수도 있지요. ㅎㅎㅎ"라고 대답하는 모습을 보고 영서는 기가 차 한다. 게다가 할머니는 다음과 같이 댓글에서 거짓말을 한다.

> 바늘잎: 제가 사진을 맡길 때에는 주인이 젊은 총각 같았는데요. 꽁지머리를 하고 사진작가처럼 생긴 총각요. [...] 벌써 8년이 지났으니까 자운영님은 그 총각의 부인이세요?
>
> 자운영: 네. [...]
>
> 바늘잎: 쯧쯧. 나는 그 사진관 망해 먹을 줄 알았어요. 기운 내세요(홍종의 2014, 62-63).

블로그의 댓글에서도 작성자의 정체성이 드러나지 않기 때문에 할머니는 '네'라는 짧은 긍정의 표현으로 자신을 자신의 딸로 정체성을 바꾸게 된다. 매일 5000명 이상의 방문자가 할머니의 블로그를 방문하고 댓글에서는 그 동네에 살았던 사람들이 자신들의 사진이 있는지 확인해 달라고 요청한다. 그리고 포스팅된 사진마다 비밀글이 달린 것을 보고 영서는 그 비밀의 공간에서 사진 거래가 진행되고 있다고 추측한다.

영서는 자신들에게는 아무것도 베풀지 않는 외할머니가 수익금으로 불우이웃돕기를 한다는 글을 올린 것이 진실인지 확인하고 싶어서 자신의 텅 빈 블로그의 닉네임만 '바늘침'으로 바꾸어서 할머니의 블로그에 글을 남긴다. 영서는 할머니의 정체성을 알고 있고 할머니는 '바늘침'의 정체성을 모른 채 대화를 하게 된 것이다. 영서가 수익금 전액을 불우이웃 돕기에 쓸 것이냐고 묻자 할머니는 당연하다고 대답한다. 그리고 영서가 불우이웃 돕기 내역을 블로그에 공개해 줄 것이냐고 묻자 바로 개인적인 대화니까 비밀글로 하자고 한다. 댓글을 다

삭제하고 비밀 공간에서 할머니와 닉네임 '바늘침'으로 정체성을 숨긴 손녀 영서의 대화는 채팅 등의 문자 커뮤니케이션 실행 시 생기는 정체성의 문제를 잘 보여주고 있다.

[...]

자운영: 사실, 저희가 사진관 문을 닫으며 빚을 엄청 많이 졌어요. 그래서 조금이나마 보탬이 되려고 지난 사진을 팔고 있지요. 이해해 주세요.

바늘침: 그럼 사실대로 말씀하셔야 하잖아요? 불우이웃 돕기라고 하면 안 되지요. 얼굴이 안 보인다고 거짓말을 하면 되나요?

바늘침: 왜 말씀이 없으세요?

자운영: 남편은 실업자가 되어 시골에서 농사를 짓고요, 저는 식당일을 해요. 그리고 하나밖에 없는 딸은 몸이 아파서 학교도 못 다니고 있어요. 이해해 주세요.

자운영: 빚 갚고 남으면 불우이웃 돕기를 할게요(같은 책, 78-81).

영서도 닉네임을 사용해서 거짓 정체성으로 대화를 시도했지만 할머니는 자신이 망한 사진관의 사진사 부인인 것처럼 정체성을 숨기고 또 거짓으로 상황을 꾸며서 '바늘침'의 항의에 동정심을 유발해 무마하려고 한다.

이후 할머니는 '바늘잎'으로부터 수익금을 내 놓으라는 협박을 받게 된다. 하지만 할머니는 자신도 거짓말을 했고 인터넷상거래법에 어긋난 수익 활동을 했다는 사실 때문에 조치를 취하지 못한다. 그러는 사이에 '바늘잎'은 할머니의 블로그 여기저기에 비방하는 글을 달고 방문객들도 거기에 동조하여 할머니를 공격한다. 실명이 아이디로 교체되고 댓글의 공격 방향이 바뀌게 되면 네티즌들은 군중심리에 휩쓸려 점점 폭력적으로 변하게 되는데 그런 현상을 이 작품에서도 볼 수 있다. 결국 할머니는 영서를 시켜서 수익금 전체가 250만 원인데 그것을 불우이웃돕기에 쓰고 그 결과를 밝히겠다는 글을 자신의 블로그에 올리면서 일단락된다. 그리고 거짓으로 도배된 원래의 블로그를 닫고 자신의 나이와 신분을 제대로 밝히고 '지덕심의 노을길'이라는 소박하고 솔직한 블로그를 새로 연다.

대중을 상대로 한 인터넷 기사와 거기에 붙는 댓글들, 그리고 인맥 구축과 지인들 간의 소통, 혹은 새로운 사람을 만나기 위해 개인적으로 개설된 인터넷 블로그나 커뮤니티 혹은 SNS의 게시글에 달리는 댓글을 통한 커뮤니케이션은 스마트폰의 메신저보다는 소통 기능이 덜 하다. 목적 자체가 소통인 메신저에 비해 기본적으로 SNS 성격의 인터넷 사이트들은 소통보다는 자신의 취향이나 일상을 알리는 기능이 주요 기능이기 때문이다. 하지만 인터넷을 기반으로 이런 사이트들의 댓글들도 역시 많은 경우 자신의 정체성이 드러나지 않으며 그로 인해 악성 댓글이나 오해, 속임수 등이 생길 수 있다는 것을 최근 국내 청소년 문학 작품들을 통해 알 수 있었다.

3. 결론: 대인 커뮤니케이션 정체성 숨김과 문제점

통신 기술의 발전으로 인터넷이 구축되고 스마트폰이 대중화된 현대사회에서 인간 사이의 소통은 이미 새로운 국면으로 들어서고 있다. 육체에서 나오는 목소리와 몸짓으로 소통하여 정체성을 숨길 수 없었던 고전적인 방식의 커뮤니케이션은 자신의 모든 외적, 내적 정체성을 감추고 자신의 목소리를 낼 수 있는 환경이 되어 현재의 채팅이나 메신저, 혹은 댓글 등의 방식과 같은, 완전히 다른 방식으로 바뀌고 있다. 자신의 정체성이 드러나지 않을 경우 마치 투명인간이 되는 것처럼 사회의 규범과 감시를 피할 수 있어서 사회에서 허용되지 않는 발언을 거리낌 없이 할 수 있게 된다. 이럴 경우 정체성이 드러난 사람일수록 더 큰 타격을 받는데 인터넷상에서의 소통에 문제가 생길 경우 우리는 얼굴이 알려진 공인들이 더 피해를 많이 입는다는 것을 이미 많은 기사를 통해 보고 있다.

또 개인 간의 스마트폰 메신저 소통 시 온라인에서 알게 된 사람과의 소통은 인간관계에도 큰 변화를 가져왔다. 카톡이나 페이스북 메신저 등을 이용하는 오늘날의 청소년들은 정체성이 전혀 드러나지 않은 사람들과의 접촉에 쉽게 노출되어 있고 아직 사회에 대한 자기방어 능력이 없어서 속임수에 빠지고 또 위험에 처할 수도 있다. 이미 청소년들은 랜덤채팅을 이용한 성매매에 대책 없이 노출되어 있다. 또 반대로 청소년들이 자신이 성년 여성이라고 속이고 성매수자를 모텔로 유인해 폭행하고 돈을 빼앗는 사례들도 많이 있다. 이는 메신저를 통한 커뮤니케이션이 정체성을 속이기 쉽기 때문에 일어나는 일이다. 정체성이 드러나지 않는 스마트폰을 통한 채팅 중에 일어날 수 있는 속임수는 다양하지만 대표적인 최근 사례 하나를 살펴보면 다음과 같다.

> 지난 27일 오전 10시 30분쯤, 서울 관악구 신림동의 모텔에서 한 남성의 신고가 접수됐다. 경찰이 출동해 신고자 A씨(23)를 만났다. A씨는 학생으로 보이는 청소년 무리에게 폭행을 당해 얼굴이 빨갛게 부어있었고, 카드를 빼앗긴 상태였다.
> 그런데 이상한 점이 있었다. 같은 모텔 다른 층에서 또 다른 남성 B씨(37)도 청소년 무리에게 현금 10만원과 휴대전화를 빼앗긴 것이다. 남성들은 출동한 경찰에 "온몸을 맞았다"고 말했다.[...]
> 신고가 접수되기 약 3시간 전인 27일 오전 7시 20분쯤, 해당 모텔에는 술에 취한 여성 청소년이 투숙했다. 잠시 뒤 남성 청소년 3명도 다른 층에 방을 잡았다. 이들

은 3층과 5층의 방에 각각 15살 여성 청소년 1명씩만 남겨두고 방 바깥으로 나왔다. 사전에 랜덤 채팅 앱 '앙챗'을 이용해 A씨와 B씨를 모텔로 불러놓은 상태였다. 오전 10시, 채팅 앱을 보고 여성을 만나러 온 A씨와 B씨가 각각 방으로 들어가자 문이 열린 틈을 타 청소년 여러 명이 달려들었다.

이들이 사용한 앱 '앙챗'은 구글 플레이스토어 정책상 만 17세 이상이면 누구나 설치할 수 있는 채팅 앱이다. 앱을 설치하기만 하면 본인인증 절차가 따로 없다. 그래서 별명, 나이, 성별, 주제를 자유자재로 정해 채팅을 시작할 수 있다. '지금 만날래요', '애인 구해요' 등의 카테고리에서 주제를 정해 채팅하는 식이다.

기자가 성별을 '여성'으로 설정하고 해당 앱에 가입하자 1분도 안 돼 '만나자'는 요청이 무더기로 쌓였다. 경찰은 이 대화방들이 조건만남이나 성매매 등에 악용되는 것으로 의심하고 있다. 실제 지난해 8월에는 미성년자들이 이 앱을 이용해 성매매를 시도하려는 40대 남성을 모텔 방으로 유인했다가 되레 성폭행을 당하는 일도 있었다(김정민·이수정 2019).

위의 사건은 앱 기반 채팅 커뮤니케이션의 문제점을 낱낱이 보여주고 있으며 그 문제의 근본적 원인은 정체성의 의도적 숨김과 연결되어 있다는 것을 우리는 쉽게 알 수 있다.

인터넷이 생기고 핸드폰과 연결되어 모든 커뮤니케이션이 스마트폰으로 압축된 이 시대에 인간 사이의 소통은 장밋빛 예측과는 달리 많은 문제점을 겪고 있다. 이론적으로는 세계의 모든 사람과 친구가 될 수 있다는 달콤한 전망 앞에 오히려 사람들의 유대감은 전반적으로 더 약해져가고 있다. 인터넷이 없던 시대보다 오히려 사람을 깊게 사귀기도 힘들고 사랑하는 사람을 만나서 결혼하기도 힘들다는 것은 글로벌 커뮤니케이션 시대의 가장 큰 아이러니라고 생각된다. 본문에서 언급된 『새벽 세시, 바람이 부나요?』의 레오의 말처럼 정체성을 알 수 없는 커뮤니케이션을 배제하고 외적 정체성을 중심으로 하는 인간

관계로 회귀한다면 다시 한번 더 효과적이고 자연스러운 인간관계를 만들 수 있을 것이다. 하지만 이미 스마트폰을 이용한 커뮤니케이션에 길들여진 인간 군상이 어느 방향으로 갈 것인지는 아무도 예측할 수 없으며 커다란 흐름을 바꿀 수는 없겠지만 연구자들은 바람직한 방향을 잡아주려는 노력을 계속해 나아가야 할 것이다.

참고문헌

<이론서>

박지영. 2016. 『디지털 미디어와 일상생활』. 커뮤니케이션북스.

서지원. 2013. 『(꽥 박사의 4차원) 스마트폰』. 주니어김영사.

실비 보시에. 2014. 『언어가 사라지면 인류는 어떻게 될까?』. 배형은 옮김. 내인생의책.

오미영. 2006. 『커뮤니케이션이란 무엇인가?』. 커뮤니케이션북스.

오미영. 2013. 『커뮤니케이션』. 커뮤니케이션북스.

이강룡. 2013. 『디지털 시대의 글쓰기』. 살림출판사.

이동후. 2018. 『월터 옹』. 커뮤니케이션북스.

<인용 작품>

김애란. 2011. 『두근두근 내 인생』. 창비.

다니엘 글라타우어. 2008. 『새벽 세시, 바람이 부나요?』. 김라합 옮김. 문학동네.

세르반테스. 2002. 『돈키호테 II』. 장선영 옮김. 중앙출판사.

송아주. 2014. 『스마트폰 말고 스케이트보드』. 별숲.

신채연. 2018. 『악플러 임명장』. 파란정원.

최이정. 2013. 『스마트폰 왕국』. 파란정원.

홍종의. 2014. 『파워블로거 지덕심』. 아이앤북.

<논문>

오미영. 2009. "연인 간 소통방식으로서의 CMC -소설『새벽 세시, 바람이 부나요?』에 묘사된 이메일 연애를 중심으로-". 『화법연구』 15권. 한국화법학회.

<웹>

김정민·이수정. 2019. “'애인 구해요' 채팅앱 보고 모텔 갔다 중학생 한테 맞고 돈 뺏긴 30대”. 『중앙일보』, https://news.nate.com/view/20190129n02371.

미상. 2017. “‘단톡방’에 관한 5가지 사실”, 『블로터』, https://www.bloter.net/archives/293514.

III

모바일 시대 경험으로서의 언어, 이모티콘

안미경

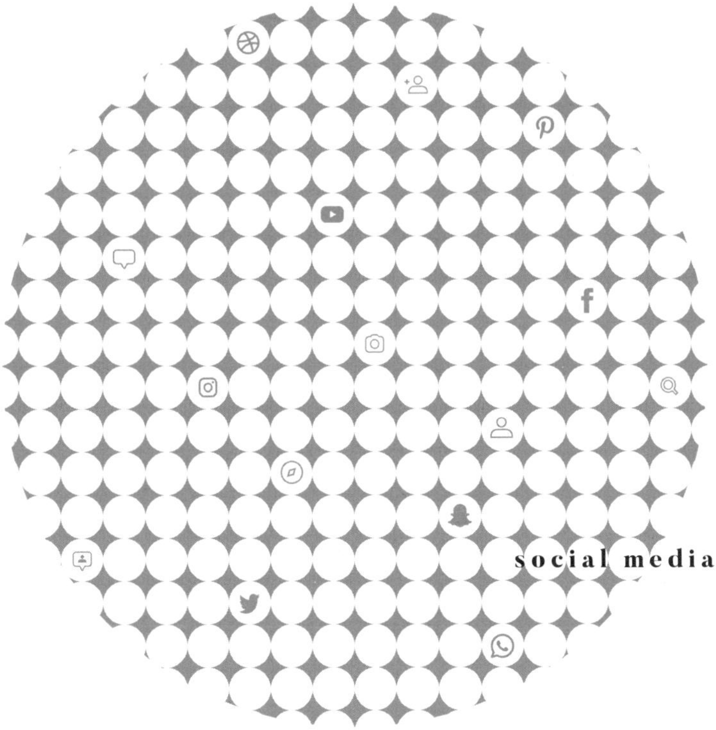

3

모바일 시대 경험으로서의 언어, 이모티콘

안미경

1. 머리말

인터넷 환경의 문자 중심의 대화에서 대화 참여자들은 자신의 감정이나 태도를 전달할 뿐만 아니라 대화 순간의 상태를 자연스럽게 유도하고 동시에 시각적인 즐거움을 위해 이모티콘을 사용한다. 1982년 문자 기호를 이용한 이모티콘의 최초 사용 이래로 전 세계적으로 이모티콘이 만들어졌으며, 동양 문화권과 서양 문화권에서는 각기 다른 문화와 행동양식에 따라 서로 다른 형태의 이모티콘이 형성되었다. 그러나 SNS나 모바일 메신저 서비스의 활용도가 증가하고 이에 의해 국가와 언어 및 상호 문화 간의 경계가 서로 변형되고 무너지면서 동양과 서양의 문화 구분 없이 누구나 보편적으로 인지할 수 있는 감정을 나타내는 표정이나 특징을 상징화하고 있는 일반화되고 글로벌화된 이모티콘이 등장하게 되었으며, 이러한 이모티콘의 사용이 일반화되는 현상이 확산되고 있다.

본고에서는 이와 같이 오늘날 트위터, 페이스북 및 문자메시지와 카카오톡 등과 같은 온라인상의 의사소통에서 중요한 역할을 담당하고 있는 이모티콘의 형성과정과 동양과 서양의 문화와 상징이 어떻게 이모티콘의 형성과정에 영향을 주었는지 살펴보고자 한다. 또한 실제 사용자 간의 표정의 교환이 아닌 이모티콘을 통한 감정 표현을 문화적인 보편성과 문화적인 상대성 측면에서 논의해 볼 것이다. 끝으로 언어습득과 경험이라는 측면에서 이모티콘과 기존 음성 언어를 비교함으로써 모바일시대의 새로운 언어로서의 이모티콘의 역할을 재고해 볼 것이다.

2. 이모티콘의 형성과정

문자 기반의 커뮤티케이션에서 등장한 새로운 언어인 이모티콘(emoticon)은 '감정'을 의미하는 영어의 'emotion'과 '도상, 아이콘'을 뜻하는 'icon'의 합성어이다. 하지만 그 기원으로 예전 모르스 부호에서 사용되던 몇 가지의 간략 기호(예를 들면 '73'과 같은)를 통한 의미의 전달에서 기원을 찾는 연구자들도 있다(차윤수, 최혜림, 오예림, 장미경 2012, 김형섭 2015, 장상언 2018 참조). 사실 이러한 간략 기호들은 삐삐와 같은 숫자 중심의 커뮤니케이션 매체의 등장에서 잠깐 사용자들에게 널리 사용되어 왔으나 매체의 변화와 퇴장에 따라 점점 사용하지 않게 되었다. 현재의 문자 기반 커뮤니케이션에서 사용되는 이모티콘은 우리말 순화표현으로는'그림말'로 표현되며 인터넷이나 문자 텍스트 기반의 커뮤니케이션상에서 그림의 형태로 보낸 이의 감정을 표현할 수 있도록 만든 시각적 기호의 한 종류이다. 이러한 이모티콘은 SNS와 모바일 메신저에 가장 많이 사용되는 의사 표현 방식으로 인간의 감정을 표현하는 데 유용하기 때문에 문자 중심의 대화에서 많이 사용되고 있다. 현재 우리가 사용하는 이모티콘의 시초는 미국의 스마일리사에서 만든 그래픽 이모티콘의 형태를 2001년부터 다양한 통신회사에서 라이센스를 받아 사용하게 한 것이 그 시작이라 할 수 있다. 따라서 서양에서는 이모티콘이라는 말이 나오기 전에 이러한 그래픽 문자를 '스마일리'라는 이름으로 표현하기도 하였다(김형섭 2015). 이러한 형태의 그래픽 이모티콘은 다양한 형태로 창작되어 여러 범주에서 사용되고 있으며 창작자에 의해 저작권이 등록되어 권리가 보장되고 통신회사들이 이를 라이센스를 체결하여 이용자들이 사용하고 있으며 점차 그 활용 범위를 넓혀나가고 있다.

동양에서의 이모티콘의 시작을 살펴보자면 먼저 일본에서 그 기원을 찾을 수 있다. 1985년에 일본 ASCIInet사가 PC 통신 사업을 진행하면서 이모티콘의 한 형태인 가오모지(kaomoji)가 나타나기 시작하였다. '가오모지'는 일본어에서 얼굴을 뜻하는 '가오'와 문자를 뜻하는 '모지'가 결합된 형태로 문자의 조합을 통하여 직접적인 내용의 전달을 문자가 아닌 얼굴의 표정과 비슷하게 나타내도록 하였다. 서양에서는 웃음을 표현하는 방법이 입 모양인데 비해 일본에서는 웃음은 눈에서 나온다고 생각하기 때문에 이러한 형태의 이모티콘은 동양의 문화 특히 일본과 같은 나라에서 인터넷을 통한 문자 교환 방식의 커뮤니케이션에서 많이 사용되기 시작하였다. 하지만 이모티콘의 사용을 폭발적으로 늘어나게 한 계기로는 SNS라고 표현되는 인터넷 기반의 커뮤니케이션 툴의 등장이다. 이러한 커뮤니케이션 툴은 단문을 기반으로 사용자 간의 간략한 의사 교환과 소통을 중심으로 출현되었다. 1996년 이스라엘의 Mirabilis가 인터넷을 통한 최초의 인스턴트 메신저인 ICQ("I Seek you")를 효시로 하여 다양한 기반의 인터넷 메신저들이 나타나기 시작하였다.[1] 이러한 선도적인 인터넷 메신저들의 출시한 이후에 각 나라별로 자신들의 문화와 인터넷 통신 환경을 기반으로 다양한 형태의 인스턴트 메신저가 개발되어 나타나기 시작하였다. 그리고 이러한 형태의 메신저들은 각 나라별로 독특한 문화 코드를 반영하며 지역별로 몇몇 회사를 중심으로 사용자층을 넓히며 인기를 끌게 되었다. 일본의 경우에는 NTT 토코모사를 중심으로 유니코드 체계를 이용해 제작한 그래픽 이모티콘인 이모지를 내수시장용으로 개발하여 출시하였다. 미국의 경우 애플과 구글의 메신저 프로그램과 문자 프로그램 내에서 이모티콘을 지원하기 시작하면서 이러한 형태의 이모티콘 사용이 전 세계적으로 확산되었다(이영월 2018). 한국은 2002년 SK 커뮤니케이션즈에 의하여 출시된 네이트온 메신저를 필두로 2010년 (주)카카오에서 현재 가장 대중적으로 인기 있는 제품인 카카오톡이 출시되었다. 현재 카카오톡은 대한민국의 가장 대중적인 모바일 메신저로서 국내·외 사용자 수를 합하여 2019년 2월 기준으로 카톡 사용자 수는 4300만 명 정도로 추정된다. 이는 대한민국의 인구를 5000만 명으로 가정한다면, 전 국민의 81% 이상이 카톡을 사용하여 메신저를 이용한다는 수치이다.[2] 카카오톡에서는 2011년에 이모티콘 카카오 프렌즈를 처음 출시하였고 2018년 12월 기준으로 6500여 개의 무료 혹은 유료의 이모티콘이 출시되고 있으며, 매달 발신되는 이모티콘 메시지의 수는 22억 건이라 한다.[3]

이와 같이 급속도로 성장한 이모티콘의 형성과 조합에는 서구 언어와 동양 언어의 문자적인 특징이 고스란히 녹아들어있다. 서구 언어

---

1) https://ko.wikipedia.org/wiki/%EC%9D%B4%EB%AA%A8%ED%8B%B0%EC%BD%98
2) https://www.msn.com/ko-kr/news/techandscience
3) www.dailytoken.kr > news

들은 문자 표시 방법에서 라틴 문자나 라틴 문자에서 파생된 문자들을 사용한다. 그 때문에 서양에서 기원한 이모티콘의 경우 대부분 고개를 시계 반대 방향으로 90도 기울어져 있도록 구성되어 있다(예: 웃음 :), 우울함 :(). 하지만 그에 반해 일본의 문자는 기존 라틴 문자 입력 방식의 키보드를 사용하여 구성되는 1바이트(byte) 문자의 입력 배열과 달리, 그 출발이 2바이트로 구성되어 있다. 또한 컴퓨터의 자판을 사용하여 일본의 문자를 입력하는 경우 일본의 문자인 히라가나와 카타카나는 서양의 라틴 문자의 발음 조합으로 입력되기 때문에 출발에서 서양의 문자 입력 방식과 다르게 구성할 수 있게 되었다. 따라서 일본의 이모티콘은 그 출발에서 ASCII 코드 혹은 유니 코드를 사용함으로써 그래픽의 사용이 좀 더 원활하게 입력이 가능하였으며 입력 방식의 변화로 인해 가로 읽기가 가능한 사진, 특수 문자, 그림들을 사용할 수 있게 되는 특징이 있다.[4] 이러한 특징은 이모티콘의 읽기 방향이 기존 서구의 이모티콘에서 익숙한 세로 읽기가 아닌 가로 읽기로 변화가 가능하였다. 따라서 이와 같이 서양 라틴 문자의 발음을 이용하는 방식으로 문자의 입력을 사용하는 일본, 중국과 같은 동양에서는 각각의 국가가 사용하는 문자 입력 방식의 특수성으로 인해 세로 읽기가 아닌 가로 읽기 위주의 이모티콘이 발달하고 이러한 이모티콘이 널리 사용되는 특징을 가지고 있다.

기존의 텍스트나 ASCII 혹은 유니코드 기반의 제1세대 이모티콘인 문자 형태의 이모티콘과 함께 이미지 이모티콘이라는 제2세대 이모티콘은 일명 그래픽콘(graphic+con)으로 불리워진다. 이러한 그래픽콘은 그래픽 기반의 이미지 이모티콘으로 사람의 표정을 2차원 평면에서 이미지화하여 감정 표현 중심으로 나타낸 이모티콘이다. 이러

4) https://ko.wikipedia.org/wiki/%EC%9D%B4%EB%AA%A8%ED%8B%B0%EC%BD%98

한 이모티콘은 컴퓨터 자판이나 스마트폰 키패드에서 문자의 연속된 조합으로 생성해 내는 문자 이모티콘이 아니라 그림 혹은 사진을 만들어진 이미지 이모티콘의 휴대기 문자를 주고 받는 사용자들 간에서 주요한 송신 수단을 구성하였다. 따라서 현재의 통신 기기에서 이러한 그래픽 이모티콘은 기존의 서양식 세로 읽기 문자 이모티콘보다 그 사용 빈도가 매우 높다. 그리고 현재 사용되는 대부분의 모바일 메신저 제품 안에서는 사용자들 간의 그래픽콘의 사용에 힘입어 글로벌한 이미지 이모티콘이 기존의 문자 형태의 이모티콘에 비해 많이 사용되고 있다. 더욱이 스마트폰이 발달함에 따라 더욱 정교하고 높은 해상도를 가지는 그래픽콘이 가능하게 되었고 이러한 기술의 발달은 정지된 평면 이미지 중심의 그래픽콘의 변화를 더욱 촉진 시키고 있다. 이와 같은 그래픽콘의 발달은 스마트폰과 같은 통신 매개체의 처리 속도와 그래픽 처리 속도의 향상과 아울러 통신 서비스를 제공하는 통신 회사들의 통신 속도 향상에 기인한다고 볼 수 있다. 따라서 기존의 통신 서비스에서는 문자 커뮤니케이션의 구성은 문자와 2차원적인 평면 이모티콘의 소통이 일반적이었다면 통신 속도와 통신 기기의 기술적인 발전으로 말미암아 출현한 제2세대 이모티콘은 동영상 표현 형식 중심으로의 전환이 가능하며 이러한 추세는 다시 제3세대 플래시 이모티콘(flash emoticon)의 등장으로 나타난다. 제3세대 플래시 이모티콘은 일명 애니콘(animation+con) 혹은 사운드콘(sound+con)으로 불리는 새로운 형태의 변화로 발전하였다. 제3세대 이모티콘으로 변화되는 이러한 사용의 변화는 사용자들에게 재미와 동시에 감정의 효과적인 전달을 더욱 향상해 주는 도구가 되었다(이영월 2018 참조).

문자 커뮤니케이션 내에서 사용되는 이모티콘의 등장은 최초 단순한 문자 변형의 이모티콘의 사용에서 문자 혹은 간략한 이미지 이모티콘에서 변화하였지만 이러한 형태 기반의 이모티콘에 소리와 움직임을 부가하여 사용자에게 재미를 더욱 증가시키고 동시에 사용자 서로간의 감정의 교류를 보다 활발히 하는 기능을 부가하는 이모티콘의 출현으로 한 단계 더 발전하였다. 그리고 이러한 현상은 사용자 중심의 새로운 이모티콘의 출현을 의미한다. 특히 플래시 이모티콘 단계에서는 여러 가지 다양한 색채와 소리 그리고 움직임 등을 통하여 이모티콘을 사용하는 사용자 간의 커뮤니케이션에서 더욱 생동감 있는 시각적 소통을 가능하게 한다. 이러한 이모티콘의 다양한 멀티 미디어적인 기능은 국내·외의 여러 가지 메신저들에 의하여 소개되고 변형되고 발전되면서 메신저들의 사용자들에 의해 공유되면서 다시 빠르게 확산되고 있다. 이러한 메신저내의 이모티콘을 통한 커뮤니케이션은 메신저를 제공하는 제공사들의 글로벌한 사업 전개 방향에 따라 동양과 서양의 지역적인 경계를 넘어 서로 간의 문화에 보다 더 많이 개입하는 결과를 낳는다.

3. 기호학적 관점에서의 이모티콘 해석과 변화

2장에서 설명한 이모티콘의 정의에서 볼 수 있듯이 이모티콘은 문자 사용자들의 감정을 아이콘(icon)을 통하여 상징적 기호로 만들어 내고 이를 다시 다른 사용자에게 전달함으로써 서로의 감정을 전달하는 비언어적 도구로 볼 수 있다. 이러한 이모티콘의 사용은 다시 각각의 문화권 내에서 일정한 의미를 가지며 사용되기 때문에 언어체계가 사용하는 기호학적 체계의 일종으로 해석이 가능하다. 즉 이러한 이모티콘은 기존 문화 내의 언어 체계 내에서 문자 체계가 가지는 문자의 커뮤니케이션 과정화와 동일하게 볼 수 있다. 많은 기호 학자들이 언어체계를 하나의 상징체계로 보고 있으며 이러한 학문적인 관점에서 본다면 동일한 기능을 가지는 문자 기반 커뮤니케이션 내에서의 이모티콘의 활용 역시 비언어적 매다소통의 도구로서 기호학적인 문화 현상으로 해석이 가능하다.

이모티콘의 기호학적인 의미는 소쉬르(Saussure)의 "일반 언어학 강의"에서 언급된 언어에 대해 성찰과 언어 인식론을 바탕으로 한 현대 언어학의 패러다임으로 설명이 가능하다. 소쉬르가 논의한 부분을 확인해 보자면 다음과 같다. 일반적으로 언어는 기호(sign)로 해석되며 기호체계는 기표(signifier, 형식)와 기의(signified, 내용)라는 구조로 구성된다. 이러한 기표와 기의는 사물에 대한 관념이며 자의적인 것으로 해석된다. 기표와 기의의 두 가지 구조를 해석하는 데 있어서 사용자의 문화적 기반을 바탕으로 하는 추가적인 요소가 필요하고 우리는 이를 해석자라고 정의한다. 이러한 형태의 해석자의 사용은 기호학적인 의미에서는 기호 체계의 사용자가 문화적 배경을 기본으로 기표와 기의를 해석하고 이해한다고 정의한다(Nöth 1995). 이러한 부분은 기호학자인 퍼스(Peirce)의 저서에서 다시 확인이 가능하다. 퍼스는 기호체계를 기표와 기의의 관계에 따라 세 가지 유형으로 구분할 수 있다고 하였다. 첫 번째로 기표와 기의의 관계가 유사함, 닮음(resemblance)을 전제로 하는 '도상(icon)' 두 번째로 기표와 기의의 관계가 자연적 관계(natural connection)를 전제로 하면 '지표(index)', 그리고 세 번째로 기표와 기의의 관계가 관습(convention)을 전제로 하면 '상징(symbol)'이라고 정의하였다. 이와 같은 기호체계, 즉 도상, 지표, 상징, 모두 형식과 내용이라는 이중적 구조에서 해석자라는 제3의 요소가 개입을 하게 된다. 퍼스는 여기서 기표와 기의, 즉 형식과 내용을 해석하고 사용하는 특정한 문화와 전통, 관습을 가진 문화 영위자를 해석자라고 표현하였으며 이러한 해석자의 역할을 설명하였다.(김형섭 2015 참조). 따라서 이모티콘 역시 퍼스의 기표, 기의, 해석자의 3가지 유형으로 설명이 가능하다. 즉 이모티콘이 가지는 기표와 기의는 각각의 문화에서 사물에 대해 자의적인 관념으로 생성된다. 이는 기표와 기의가 가진 유사한 모양에서 확인이 가능하다. 대부분의 문화권에서 사용되는 이모티콘은 이미 그 모양을 가지고도 추가적인 설명이 없이 사용자의 감정을 전달하도록 사용된다. 그리고 이러한 이모티콘의 모양은 어느 정도 관습의 영향을 받은 상징의 의미를 가진다. 이와 같은 이모티콘의 구조는 이모티콘의 형식과 내용에 대해 해석하는 해석자의 개입에 의해 이모티콘의 사용자 간에 공유된다.

미국의 기호학자인 모리스(Charles William Morris)는 "미학과 기호 이론"에서 이러한 퍼스의 기호학에 대한 설명을 도형을 이용한 미학의 문제로 확대하였으며 이러한 확대와 해석은 다시 이모티콘의 기호학적인 의미와 이모티콘의 변화를 해석하는데 적용 가능하다. 모리스는 미학의 관점에서 해석자가 지니는 관심과의 상호관계에서 존재하는 상황의 특징을 가치라는 개념으로 해석하였다. 여기서 가치는 다시 미학적 인식과 연결되어서 예술 작품을 수용하는 해석자의 능동적인 역할에 의해 변화한다. 이모티콘에서도 동일한 계념을 적용해 보면 이모티콘의 선과 면들의 구성, 그래픽콘에서의 색 구성을 통하여 이모티콘의 가치라는 개념이 창출된다(Morris 1939). 모리스의 이론과는 달리 이모티콘의 경우는 예술 작품이 아니기 때문에 미학의 이론이 직접 적용되는 것은 아니지만 이러한 이모티콘 가치 역시 해석자의 역할에 의해 문화적인 개념을 바탕으로 수용된다고 할 수 있다. 또한 가치가 결정된 이모티콘 역시 수용하는 해석자의 관점에 의해 상대적이고 개별적으로 완결되며 개인적인 선호에 의해 특성이 평가 된다.

이모티콘의 사용과 이에 따른 공감의 형성은 각각의 공통된 문화 내의 사람들 간에 이루어지는 것이 보다 일반적이다. 이는 언어가 일반적으로 서로를 이해하고 같은 언어를 사용하여 의사를 소통하는 사람들 간에 소통이 가능하고 공감이 이루어지는 것과 같은 현상이다. 일반적으로 인류는 실제 의사소통 과정에서 서로의 목소리를 통해 상대의 감정을 느끼고, 사람들 서로간의 표정과 몸짓을 통하여 시각적으로 서로 간의 감정과 정서를 공유하고 이에 대해 서로 반응하도록 발전해왔다. 하지만 컴퓨터나 스마트폰과 같은 커뮤니케이션의 경우 입력된 자판으로 의미를 전달하게 되며 이러한 텍스트 입력 기반으로 생성하는 문자메시지들은 사용자들의 감정을 시각적으로 표현한 이모티콘을 사용하지 않는 경우 사용자들 간의 정서적인 교류도 기존의 의사소통 과정과 달리 나타나게 된다. 이러한 커뮤니케이션을 공유하는 사용자들은 문자 기반의 커뮤니케이션을 통해 사용자 각자가 느끼는 정서의 정도가 달라짐을 경험하게 된다. 따라서 비록 같은 감정을 지니고 있지만 문화의 차이가 발생하는 동양과 서양은 감정과 정서를 전달하는 방법상의 차이가 발생하고 이러한 감정을 표현하는 표정도 달라진다. 이러한 상황에서 표정을 기반으로 만들어진 실제 이모티콘의 표현 역시 달라지는데 이는 앞에서 설명한 바와 같이 퍼스의 기호 체계 해석으로 연결된다고 할 수 있다. 즉 이는 기호 체계 안에서 기표와 기의 사이의 상호 연관성에 차이가 발생하는 것으로 해석하는 것이 가능하며 이는 각기 다른 문화에서 살고 있는 사용자 간의 특수성으로 해석된다.

4. 개별 문화속의 이모티콘

4.1. 동서양의 두 세계의 문화

모든 사회의 문화는 그 사회의 구성원들 간의 합의에 의해 생성되고 변화한다. 따라서 그 사회의 구성원들 사이에는 사회의 유지와 발전을 위한 서로 간의 약속된 행동 방식과 규범이 존재하는데 이는 그 사회 문화로 나타난다. 이러한 규범은 시대와 지역에 따라 달라지고 그 결과는 모두 그 사회 구성원의 삶과 행동 방식에 반영된다. 일례를 들면 동양 사회에서는 겸손함을 미덕으로 여기는 반면 서양 사회에서는 자신감을 미덕으로 여긴다. 이에 따라서 동양 사회에서는 겸손한 사람을 군자의 도리를 다하는 사람으로 우러르고 자신감이 지나친 사람은 소인이 자신의 모습과 능력을 지나치게 과대평가하는 방식으로 가르친다. 반대로 서양에서는 겸손함은 비겁함의 다른 형태의 표현으로 여겨져서 이러한 사람들은 겁쟁이라고 놀림을 받게 되는 경우가 있다. 이렇듯 동양과 서양 사회에서 기대되는 행동양식의 차이는 각각의 사회에서 기대하는 좋은 성격에 대한 기준의 차이로 이어진다. 예를 들면 자신의 주장에 '자신감에 찬, 확신에 찬(confident)'라는 표현은 서양에서는 긍정적인 의미로 쓰이지만 동양에서는 부정적으로 해석된다. 서양에서 자신의 주장에 대해 '확신에 차 있는' 사람은 적극적이고 자기주장이 강한 사람이라는 의미로 표현되며 동시에 다른 사람들에게 신뢰할 만한 사람으로 평가되는 경향이 있다. 반면에 동양에서는 이러한 사람들은 건방지고 이기적이며 무례해서 다른 사람의 의견을 무시하고 조직에 규율에 도전적인 성격으로 보여진다. 그렇기에 동양 문화권에서는 자기 의견만을 강요하고 확신적으로 생각하는 사람은 부정적인 사람으로 평가하는 경우가 많다. 동양적인 사고방식으로는 상대방의 의견을 잘 조율할 수 있는 능력과 조직에 어울리는 능력이 항상 더 긍정적으로 평가된다. 그러나 서양에서는 독립적인 삶을 지향하고 자신을 타인과 구분되는 특별한 존재로 여긴다. 따라서 어떠한 선택을 할 때도 다른 이들과 다른 자신의 주장을 반영하는 선택을 하는 경우가 많고 이런 성격이 개개인의 독립성을 더욱 강화시킨다(김명진 2008, 차윤수 외 2012 참조).

이러한 문화권에 따른 차이에서 보이듯이 서양의 개인주의(indivisualism)의 특징은 구성원의 결속력을 약화 시키고 자기 자신과 가족을 우선시하는 특징을 보인다. 이러한 특징은 '나'를 중심으로 하는 개개인들의 자기 자신의 이해관계에 주된 초점을 맞추는 경향을 보인다. 따라서 서양에서는 명확한 말이나 글을 선호하는 경우가 많고 사회 구성원 상호 간의 느슨한 연대를 기반으로 하며 동시에 사회 각각의 구성원들은 집단주의적 문화에 대해 반감을 가지게 돼서 집단주의적인 문화에 잘 통합되지 않는다. 그에 비해 동양에서는 집단주의(collectivism) 문화가 보다 더 우선해 보인다. 이러한 집단주의 문화에서는 그룹 내의 가족이나 친척 혹은 회사, 조직 간의 집단 애의 이해관계가 사회 구성원 개개인의 개인의 이해관계보다 더 우선의 경향을 보인다. 이 때문에 가족 혹은 조직 중심, 국가와 사회에 대한 충성심, 상호 조직 내의 신뢰로 뭉친 강하고 결속력 있는 집단적 특징을 강조한다. 홉스테드(Geert Hofstede)는 한국인처럼 집단주의적인 유교 문화권에서는 개인의 목표보다 집단의 목표가 우선시된다는 사실을 언급하였다. 일반적으로 한국에서는 자신이 속한 집단 및 가족의 이익을 위해서 자기 자신의 이익을 희생하는 것이 당연시되는 사회 분위기가 지배적이며, 미국인과 같은 서양인들의 개인주의적인 의사결정과는 다르게 소속된 집단의 구성원을 우선 고려하여 어떠한 사안에 대해 의사결정을 내리는 것이 일반적이다(이철 1998, 차윤수 외

2012).

이와 같이 동양과 서양의 문화차이는 각각의 사회 구성원 내에서 개개인의 정서를 표현하는 방법에 있어서도 그 차이를 나타난다. 즉, 동양의 집단주의적 유교 문화 속에 살고 있는 한국인과 일본인은 개개인의 이해보다 집단의 이해가 더 우선시 되는 현상을 당연시 하고 개개인의 감정표현을 적극적으로 표현하지 않고 절제하는 것을 미덕으로 여기도록 교육 받았다. 따라서 이러한 문화에서는 감정의 표현을 나타내는 웃음이나 슬픔과 같은 표현은 얼굴 내에 눈의 모습으로 정서를 표현하는 방법이 보다 더 일반적으로 통용되는 방법이다. 그에 비해 개인주의적인 감정 표현에 더욱 더 익숙한 서양인의 경우에는 개인의 감정 표현에 보다 더 적극적이기 때문에 얼굴내의 눈과 입으로 감정표현을 하는 것이 더욱 일반적이다. 이와 같이 얼굴의 모습을 가지고 감정을 표현하는데 있어 동양인과 서양인의 감정 표현의 방법의 문화적인 차이는 문자를 기반으로 한 커뮤니케이션에서 사용되는 이모티콘에서도 동일하게 드러난다. 상대적으로 동양의 이모티콘은 주로 눈의 모습의 변형을 통해 감정을 나타내는 방식으로 제작되어 있고 이를 통해 사용자들은 감정을 적절하게 나타낸다. 하지만 상대적으로 서양의 이모티콘은 얼굴내의 입 모양의 변화를 통해 적극적으로 개개인의 감정을 상세하게 나타내고 있다(Yuki et al. 2007; 김명진 외 2008; Jack et al. 2009; Park, Baek, & Cha 2014).

4.2. 동·서양의 감정 표현과 상징

각각의 사회를 구성하는 사람들은 그 구성원들의 표정의 변화를 인지함으로써 상대방의 기본 정서를 쉽게 인식할 수 있다. 이를 바탕으로 인간의 기본 감정에 대해 살펴본다면 전 세계의 인류는 대체로 동일한 표정으로 동일한 감정을 느끼게 하는 정서를 나타낸다고 볼 수 도 있을 것이다. 캘리포니아 의과대학 정신과의 심리학 교수인 Paul Ekman과 Wallace Friesen은 이러한 표정과 정서의 불일치가 발생한다면 이는 문화권마다 어렸을 때부터 배운 문화적 표현법칙에 따른 차이 때문이라 주장했다(차윤수 외 2012). 표정의 변화에서 대화 상대방의 감정을 공감하게 하는 인류에 나타나는 보편적인 정서와는 달리 문화에 따라 정서를 인식하기 위해 중점적으로 보는 얼굴 영역은 서로 다르게 나타난다. 미국의 생물 심리학자 Jack Kornfield는 동양인(중국인 12명, 일본인 1명)과 서양인(유럽인 13명)에게 FACS(Facial Action Coding System)에 따라 표준화된 7가지 기본 정서(행복, 슬픔, 공포, 놀람, 혐오, 분노, 경멸)를 나타낸 얼굴 사진을 보여주며 참가자들의 시선을 분석해 보았다. 그 결과 서양인은 사진을 볼 때 눈과 입을 포함하여 얼굴 전체에 걸쳐 시선을 주었지만, 동양인은 주로 눈만 집중적으로 본다고 보고되었다(Ekman & Friesen 1971; Jack et al. 2009). 이는 감정을 절제하는 동양인은 대화 상대방의 정서를 파악할 때 입보다 눈을 보고, 적극적으로 정서를 표현하는 서양인은 상대의 입을 보고 정서를 파악한다고 주장과 맥을 같이 한다(김명진 2008). 일본의 학자 마사키는 일본과 미국 대학생들에게 진행된 실험에서 행복도를 파악하기 위해 일정한 표정의 이모티콘을 보여 주었다. 그리고 실험 대상에게 주어진 이모티콘의 눈, 코, 입 기호 중 어디를 중점적으로 보는지를 분석했는데 그 결과 일본 대학생은 눈을 기준으로, 미국 대학생은 입을 기준으로 행복도를 판단한다는 실험 결과가 나왔다(Yuki et. al 2007). 이러한 연구 결과를 바탕으로 모두 동양 이모티콘의 행복(^.^)과 슬픔(;.;)은 눈꼬리를 올리고 내림으로써 정서를 구별하고, 서양 이모티콘의 기쁨:-)과 슬픔:-(은 입꼬리를 올리고 내림으로써 정서를 구별한다는 사실을 알 수 있다

(Yuki et. al 2007; 김명진 2008; Jack et al, 2009; 차윤수 외 2012 참조).

일반적으로 우리는 영화와 같은 콘텐츠에서 서양인은 웃을 때 입을 많이 벌리고, 입꼬리를 과장하여 올리는 방법으로 감정을 공유하지만, 동양인은 얌전하게 미소 짓는다는 사실을 발견할 수 있다. 이것은 7세기 신라의 '수막새'나 일본의 가면악극에서 배우들이 공연에서 썼던 웃는 탈 '오타후쿠'의 미소에서 알 수 있다. 이러한 소품의 얼굴은 미소를 짓는 표정을 보이며 이러한 미소는 입꼬리만 살짝 올라간 형태로 나타난다. 또한 동양에서는 일반적인 의미의 '즐거운' 미소와 달리 부정적인 상황에서도 미소를 지어 자신의 감정을 위장한다. 이러한 현상을 프랑스의 심리학자 Duchenne은 미소의 종류를 듀센 미소(Duchenne smile)와 기타 미소(Non-Duchenne smile)라 분류하여 이름 지었다. 진짜 기쁨을 느꼈을 때 인류가 짓는 미소를 살펴보면 일반적으로 눈 둘레근이 수축하여 얼굴 내의 눈을 둘러싼 피부가 모아지고 뺨이 올라가는 형태로 나타난다(차윤수 외 2012). 이때 보이는 미소는 광대뼈에서 입가로 연결된 근육인 광대근이 윗입술을 사선으로 당기고 그 결과 입꼬리가 위로 올라가는 형태로 나타난다. 하지만 동양에서와 같이 부정적인 상황에서 거짓으로 웃는 경우에는 큰 광대근이 수축하여 입 꼬리와 윗 입술이 위로 올라가는 형태를 보이지만, 눈 둘레근이 수축하지 않고 눈 근육이 움직이지 않아 얼굴의 표정이 다르게 보이게 된다(김희진 외 2005, 차윤수 외 2012 참조). 이러한 분석 결과에서 알 수 있듯이, 미소의 진실성을 알기 위해서는 입 근육보다 눈 근육의 움직임을 파악하는 것이 보다 효과적으로 보인다.

그밖에도 많은 학자들이 표정에서 정서를 파악하는 방법에 대해 논의하였다. Ekman et al.(1971)은 정서에 따라 감정이 잘 표현되는 얼굴 영역은 다르다고 주장하였다. 또한 강옥미(2010)는 슬픔, 놀람, 분노는 눈썹과 이마의 변화를 통하여 표현되지만 행복, 슬픔, 놀람, 공포는 눈과 눈꺼풀의 변화에 따라 표현된다고 하였다. 또한 행복, 놀람, 분노, 혐오의 감정은 뺨과 입에서 정서가 잘 표현된다고 보았으며 무엇보다도 얼굴에서 감정을 읽을 때 눈과 입이 감정 판단에 가장 중요하다고 분석하였다. 이와 같이 동양에서는 눈을 통한 감정표현, 서양에서는 입을 통한 감정표현에 능숙하고 대화에 참여하는 사용자들은 이러한 감정 표현에 대해 보다 더 쉽게 인지하는 경향을 알 수 있었다. 이는 동·서양의 정서와 얼굴구조에 따른 표정을 인식하는 차이점이 적용된 결과라고 볼 수 있다(차윤수 외 2012).

4.3. 동서양의 이모티콘

개별 국가나 문화권에 따라 서로 다른 문자를 사용하고, 각기 다른 문자 문화를 가지고 있기 때문에 전 세계적으로 사용되는 이모티콘은 문화에 따라서 동일한 의미를 가지고 있는 것이라도 각기 다른 형태로 표현된다. 예를 들어, 동일한 한자 문화권의 영향을 받은 동아시아의 한국, 중국, 일본 등의 나라에서는 정면에서 바로 볼 수 있는 수평형 이모티콘이 주를 이루고 있다. 반면, 서양 문화권에서는 고개를 왼쪽으로 90도 꺾어 보는 수직형이 일반적으로 통용되는 현상이 나타남을 알 수 있다. 또한 얼굴의 감정 표현을 나타내는 정서에 있어서도 4.2장에서 살펴본 바와 같이 서양인의 경우에는 얼굴에서 입이 큰 역할을 하게 된다. 하지만 동양인은 입 모양보다는 눈을 중요시하기 때문에 동서양 이모티콘 형태에도 그 차이점이 나타난다. 표 1에서 보이는 바와 같이, 공통적인 감정의 표현을 나타내는데 서양의 이모티콘은 기쁘거나 슬픈 감정을 표현할 때 입 모양의 개수를 통하여 감정의 모습과 감정의 강약을 나타낸다. 일반적으로 서양의 이모티콘에서는 입 모양의 개수가 많을수록 더욱 더 기쁘고 행복한 상태이고 슬픔을 나타낼 때에도 슬픈 입 모양의 개수를 늘림으로써 더욱 더 깊은 슬픔을 나타낸다. 또한 놀란 감정을 표현하는 경우에도 입이 벌어진 모습을 통해 놀람을 표현하고 불만을 나타낼 때도 입 모양이 삐뚤어지는 형태를 취함으로써 감정을 표현한다.

표 1. 서양의 이모티콘[5)]

형태	의미
:-) :)) :> =) :^)	미소짓는 모습, 기쁨
:-D :D	웃는 모습
XD	배꼽잡고 웃는 모습
-) ;) ;-) *-) *) ;-) ;D ;^)	윙크
>:[:-(:-c :-< :-[:{ :(((	슬픔, 우울함
:.(:'(:' :'((	눈물흘리는 모습
:-e	실망
:/	불만
:|	말을 안함
:-]	냉소
:-O >:O :-O :O o_O 8-0	놀람

동양의 감정을 표현하는 이모티콘은 표 2에서 보는 바와 같이 나타난다. 동양에서는 기존의 한자 문화권의 영향으로 만들어지는 이모티콘에서 눈은 감정을 전달하는 중요한 역할을 한다. 기쁜 감정을 나타

5) 출처 : https://ko.wikipedia.org/wiki/%EC%9D%B4%EB%AA%A8%ED%8B%B0%EC%BD%98

내는 웃는 모습의 경우에도 표 1에서 보이는 서양의 이모티콘과는 달리 입이 아닌 눈의 모습을 강조하여 표현하는 것을 알 수 있다. 슬프거나 우는 감정을 나타내는 이모티콘의 모습에도 눈에서 눈물이 흘러나오는 모습을 형상화하여 표현한다. 동양인들은 놀라거나 황당해하는 감정을 표현할 때에도 이와 동일하게 눈을 통해 감정을 나타나는 것을 알 수 있다.

표 2. 동양의 이모티콘[6)]

형태	의미
*^^*	보조개 있는 웃음
^^ ^-^	미소 짓는 모습
^m^	입을 손으로 막고 웃는 얼굴
^^;;	당황함
^-^;	겸연쩍음
_	놀람
T.T ;_; ㅠ_ㅠ	우는 모습
- -	무표정
^^// ^///^	부끄러움
@_@	뱅글뱅글
?_?	황당함

일반적으로 기호학의 체계 내에서 해석자의 역할은 기표와 기의 사이의 관계를 해석하는 데 있다. 해석자는 생활환경과 문화적 배경을 파악하고 이를 통해 기표와 기의 사이의 연관성을 인지하고 이해한다. 표 1과 표 2를 통해 살펴본 바와 같이 동양 문화권의 사람들에게

6) 출처: https://ko.wikipedia.org/wiki/%EC%9D%B4%EB%AA%A8%ED%8B%B0%EC%BD%98

사용되는 이모티콘에서는 '웃음' 혹은 '슬픔'이라는 종류의 기의를 표현하는 기표를 '눈의 표현'으로 형상화하여 사용하였고, 이에 비해 서양 문화권의 사람들은'입 모양'의 변화를 통하여 이모티콘 '웃음' 혹은 '슬픔'이라는 기의를 표현하고 있다. 이는 해석자가 접하고 있는 문화권에 따른 문화적인 요소, 문화적 기준이 서로 다르기 때문이라고 볼 수 있다(김형섭 2015; 임지룡 2008 참조).

4.4. 글로벌 언어로서의 이모티콘

4.2장에서 언급한 바와 같이 문화에 따라 이모티콘의 모양이 다르게 나타난다. 그 중 서양 문화권의 경우에는 수직형(vertical) 이모티콘의 형상이 주를 이루고, 동양 문화권의 경우에는 이모티콘의 수평형(horizontal) 이모티콘이 주를 이루었다. 하지만, 기술적인 발전에 따라 컴퓨터의 등장과 이에 따른 통신 규격의 설정이 이루어지고 그 중 ASCII 코드와 유니코드라는 컴퓨터 규약의 출현으로 서구의 사용자들 역시 가로 읽기가 가능한 수평형 이모티콘에 익숙해지는 현상이 보편적으로 나타나고 있다. 특히, 스마트 폰의 등장으로 SNS나 모바일 메신저 서비스의 활용도가 증가하고 이에 의해 국가와 언어 및 상호 문화 간의 경계가 서로 변형되고 무너지면서 다양한 언어와 문화를 가진 다양한 사용자들이 의사소통을 하는 현상이 보다 일반화되고 있다. 이러한 현상으로 인해 서양의 이모티콘과 동양의 이모티콘이 문화의 구분 없이 서로 교차되어 사용되고 있는 상황이 일반적인 현상이다. 또한 이러한 상황에서 이모티콘의 종류로서 동서양의 차이 없이 누구나 보편적으로 알 수 있는 감정을 나타내는 표정이나 특징을 상징화하고 있는 현상 역시 관찰되고 있다. 이러한 현상은 인류의 상호간의 다른 언어와 문화의 벽을 넘어 글로벌 공통의 문화를

형성해 나간다고 할 수 있는 중요한 증거이다.

현재 스마트폰 사용자들 간에는 문화권에 상관없이 수평형 이모티콘을 이용하여 MSN이나 Facebook과 같은 SNS에서 소통이 이루어지고 있다, 이러한 현상을 통해서 SNS 사용자들은 언어와 문화의 장벽을 뛰어넘어 공통된 이모티콘을 사용하는 현상을 보이고 있으며 이러한 현상은 모바일 메신저 서비스 이용자들 간에 언어 문화적 배경과 관계없이 일반화되고 글로벌화된(globalized) 이모티콘의 등장과 이러한 이모티콘의 사용이 일반화되는 현상이 확산되고 있다. 이모티콘의 기원과 유래 및 배경을 살펴보면, 이모티콘은 인류 공통의 본질적이고 내재적인 감정을 효과적으로 표현하기 위한 수단으로서 사용되고 있음을 알 수 있다. 이러한 형태의 이모티콘의 출현과 이모티콘을 사용하는 사용자 즉 발신자와 수신자 간의 의사소통 과정에서 발신자의 감정을 표현하는 상징적 이미지를 형상화하는 현상으로 이모티콘의 사용이 이루어짐을 보인다. 그리고 발신자의 이모티콘의 사용에 더하여 수신자가 효과적으로 감정을 인지할 수 있도록 하는 것을 해석하는 것이 우리가 접근하고자 하는 기호학적 체계라 할 수 있겠다. 이상에서 언급된 바와 같이 SNS 내에서의 이모티콘의 사용은 발신자와 수신자 간의 효과적인 감정 표현, 모바일 메신저 혹은 SNS 등의 문자 커뮤니케이션 사용자들 간의 상호 간의 감정의 공유 및 상호교환, 이러한 사용자들 간의 양태적 기능, 그리고 마지막으로 기존의 폐쇄적인 언어 및 문화에 따른 사용자들의 기호를 뛰어넘는 공통의 글로벌 언어의 기능을 수행하는 것을 알 수 있다.

현재 사용되는 이모티콘은 기존의 단순한 문자 텍스트의 의미 전달 기능을 뛰어 넘고 있으며 그 형태 또한 다르게 진화하고 있다. 이는 기존의 문자 이모티콘의 형태에서 벗어나 이미지 이모티콘의 형태를 보이고 있고 더 나아가 컴퓨터 기기의 처리 속도 및 그래픽 장치의 발달로 말미암아 플래시 이모티콘과 멀티 미디어를 이용하여 움직임과 소리가 동시에 변화하는 형태의 이모티콘으로 나타난다. 심지어는 일부 학자들은 장래의 이모티콘이 그래픽과 사운드가 결합된 새로운 형태의 이모티콘이라는 형태까지 진화하여 인간이 수행하던 커뮤니케이션의 변화를 표현하리라 예상하고 있다. 또한 이모티콘의 사용 환경 역시 변화하고 있는데 기존의 단문 문자메시지 내에서 이모티콘의 사용에서 SNS와 장문 문자메시지 형태로 변화하고 있으며 동시에 모든 상황에서 인터넷을 통해 커뮤니케이션에 접속할 수 있는 시대로 변모하고 있다. 기존의 서양식 이모티콘과 동양식 이모티콘의 차이 즉 읽기 방향이 다른 수직형과 수평형의 이모티콘의 차이를 넘어 이제는 국경과 민족, 언어와 문화를 초월하여 각자의 언어와 문화를 이해하고, 통합되어가는 글로벌화된 이모티콘의 사용이 증가되고 있다.

5. 경험으로서의 언어 이모티콘

5.1. 경험과 이모티콘의 재형성

인류의 커뮤니케이션 역사에서 표정 변화와 서로 간의 표정 인식은 사회 구성원 상호 간의 감정을 전달하는 중요한 의사소통 수단으로 여겨져 왔다. 이러한 감정의 변화를 인지하는 것은 동일한 문화권에서 서로의 마음을 교환하고 의견을 수렴하는 중요한 기능을 수행하여 왔으며 동시에 얼굴의 표정, 눈짓 등을 통해 인류는 공통된 감정을 느끼는 공동의 사회 구성원을 신뢰하며 그들과 같이 생활하여 무리를 짓고 국가를 형성하여 발전해 왔다. 따라서 동일한 표정 인식 기능과 서로 간의 감정 상호관계의 교환은 동일한 문화 혹은 국가에 있어 중요한 문제가 되어 왔으며 동시에 인류의 문화 간의 상대성과 보편성에 관한 논쟁은 오랜 기간 학계에서 논쟁거리로 지속되어왔다(Brown 1991; Russel 1994). 그리고 이러한 현상을 진화론의 관점에서 해석하여 다윈(Darwin)은 표정을 통한 감정 전달이 진화론적으로 형성되어왔다는 가설을 제시하였다(Darwin 1872). 대화 참여자간의 감정을 표현하고 공유하기 위한 비슷한 모습의 표정은 문화 간 서로 공유되고 심지어 서로 본 적도 만난 적도 없는 사람들 사이에도 서로 유사한 표정으로 감정을 전달하는 것이 가능하다는 사실이 최근의 연구결과에 추가됨으로써 많은 학자들은 표정에 관한 다윈의 진화론적인 관점을 지지하고 있다(Eibl-EIbesfeldt 2007; Susskind et al. 2008). 또한 최근의 많은 연구들을 살펴본다면 많은 학자들은 표정의 변화를 통하여 감정을 표현하는 방식에 있어 문화 간의 차이를 밝히고 있으며 이러한 연구를 통해 기존의 진화론을 통한 인류의 공통된 표정에 대한 관점의 연구에 이의를 제기하고 있다(Elfenbein & Ambady 2002a; 2002b; Gendron et al. 2014; Jack et al. 2009; Russell 1994). 그러나 이와 같은 문화 간의 상대성을 주장하는 연구 내용에 있어서도 상호 문화 간의 차이에 의한 변화는 크지 않고 단지 미묘한 차이에 불과하며 인류가 표정을 통해 서로 다른 문화 간에도 상호간의 감정을 표현하고 그러한 감정을 전달할 수 있다는 사실을 보여주고 있다(Takahashi, Oishi, & Shimada 2017).

위에서 살펴본 바와 같이 대부분의 연구자들은 감정과 얼굴표현에 관한 연구를 진행해 왔으며 이는 실제 인간의 표정을 통한 감정의 표현과 의사소통에 관한 것이었다. 그러나 최근에는 정보 통신기술의 발달로 인한 인터넷과 스마트폰의 폭넓은 이용으로 감정을 전달하는 새로운 비음성적인 채널, 즉 문자 커뮤니케이션이 등장하였고 이와 함께 이모티콘의 사용이 보편화되어가고 있다. 문자 중심의 커뮤니케이션에서는 의사소통에 있어서 이모티콘을 통해 사용자간의 표정을 대신하여 표현할 수 있고 이를 통해 서로 음성과 시각적인 표정의 교환 없이 이모티콘을 통한 적절한 감정표현을 수행하는 것이 가능하게 되었다(Lo 2008; Tossell et al. 2012). 트위터, 페이스북 및 문자메시지와 카카오톡 등과 같은 온라인상의 의사소통 기법에서 이모티콘의 사용은 점점 중요한 의사소통의 수단으로 자리 매김하고 있다. 이러한 상황에서 실제 사용자 간의 표정의 교환이 아닌 이모티콘을 통한 감정 표현 역시 우리가 기존의 연구를 통해 논의해온 문화적인 보편성과 문화적인 상대성 측면에서 논의해 볼 필요가 있다.

기존의 이모티콘에 관한 여러 가지 연구를 살펴보면 그 중 이모티콘은 실제 표정을 나타내기 때문에 일반적으로 모든 문화에서 사람들은 보편적인 감정을 가지는 표정을 이해할 수 있고 따라서 서로 다른 문화권이라고 하더라도 이모티콘이 나타내는 보편적인 감정 또한 이해할 수 있다는 주장도 있다. 이러한 연구는 문화 보편성에 기인한 연구일 것이다. 하지만, 이러한 보편성과는 다르게 문화 상대성을 주장하는 측면에서 본다면 같은 문화에 속해있는 사람들은 그들 문화권에서 사용되는 이모티콘이 나타내는 의미를 더 정확히 파악할 수 있기 때문에 이모티콘은 문화에 따라 이해할 수 있는 정도가 다르다는 것이다(Elfenbein & Ambady 2002a; 2003). 이는 또한 사용자가 기존의 문화에 관한 경험을 바탕으로 주어진 새로운 상황을 판단한다는 사실을 기반으로 사용자의 경험이 이모티콘을 인지하는데 영향을 미친다는 것이다. 이모티콘의 경험이 이모티콘의 인지에 중요한 영향을 미치게 되므로 이모티콘을 빈번하게 경험하지 못하는 사람들은 이모티콘이 나타내는 감정을 잘 인식하지 못할 수 있다는 것이다.

기존 연구의 해석을 좀 더 확장하면 이모티콘을 인지하는 것은 이모티콘에 노출된 빈도에 따라 다를 수 있다. 즉, 온라인상의 텍스트 커뮤니케이션을 통한 의사소통이 폭넓게 이용되는 북미와 일본 사람들과 같은 상대적인 문화의 사람들과 온라인 텍스트 커뮤니케이션이 힘들어 상대적인 온라인 의사소통의 노출 빈도가 적은 카메룬과 탄자니아 사람들이 이모티콘을 인지하는 정도를 살펴보면 북미권과 일본의 사용자들이 카메룬과 탄자니아 사용자들보다 상대적으로 이모티콘의 감정에 더 민감하게 반응하며 감정의 교류가 빈번하게 이루어질 것으로 기대된다(Takahashi et al. 2017). 이러한 결과는 이모티콘의 사용과 이러한 이모티콘에 대한 감정 인식이 사용자가 처한 문화에 따라 다르며 문화적으로 보편적이지 않고 문화 간 다양하다는 것을 입증하고 있다. 북미와 일본 사람들은 실제 얼굴의 감정과 유사하게 이모티콘의 감정에 민감하게 반응하지만 상대적으로 문자 커뮤니케이션에 노출된 빈도가 적은 카메룬과 탄자니아 사람들은 실제 얼굴의 감정은 구별이 가능하지만 상대적으로 이모티콘의 감정을 구별하지 못하는 현상을 보이곤 하였다(Yuki et al. 2007).

문화적인 보편성에 관한 이론에 힘입어 보면, 일본, 카메룬, 탄자니아 세 문화 그룹에 있어서 실제 얼굴에 대한 감정 인식 유형은 약간은 차이는 있었지만 세 문화 그룹 간에는 그러한 보편성이 유사하다고 판단할 수 있다. 하지만 일본인들은 그들이 사용하는 이모티콘의 감정 표현을 서로 공유하는 것이 가능하였지만 상대적으로 카메룬과 탄자니아 사람들은 일본인들과 달리 이모티콘의 감정을 공유하는 것이 어려웠다. 즉, 카메룬과 탄자니아 사람들이 일본 사람들과 같이 그들이 사용하는 이모티콘이 어떠한 감정을 공유하고 그 이모티콘이 무엇을 나타내고 있는지 알 수 없다는 것은 문화적 상대성 측면에서는 중요한 사실이다. 비록 카메룬과 탄자니아의 도시 거주자들은 매일 페이스북과 같은 의사소통 도구를 이용하고 그들이 사용하는 이모티콘에 노출되어 있지만 도시 거주자들과 다른 지역거주자들 사이에 일본의 사용자들이 사용하는 바와 같이 이모티콘을 통한 감정 인식에는 유의미한 차이가 발생하지 않았다고 한다(Takahashi et al. 2017). 즉, 이모티콘에 노출되어 있지만 빈번히 사용하지 않은 두 집단 간에는 이모티콘을 인식하는 정도에 차이가 없다는 것이다(Horstmann 2003 참조). 이와 같은 연구에서 보면 우리는 감정을 나타내는 얼굴의 사진과 감정을 나타내는 단어를 생각해 볼 때의 차이를 알 수 있다. 일반적으로 우리는 감정을 표현하고 있는 얼굴의 사진을 통해 사진에서의 인간의 표정을 보고 내적인 감정을 읽는 반면 감정을 표현하는 단어 자극을 통하여서는 내적인 감정 자극이 쉽게 발생하지 않는다. 어떻게 이러한 현상이 발생하는 것일까? 이것은 단순히 우리가 감정을 표현하는 문자를 '텍스트' 자체적으로 인지하고 있다는 사실에 기인한다. 이러한 상황에서 유추해 보건대 이모티콘은 본질적으로 상징의 역할을 하기 때문에 '텍스트'로 간주되는 현상이 가능하다 즉, 이모티콘은 감정을 그림으로 나타낸 것이기에 사진과는 달리 사용자들에게 내적인 감정을 일으키게 하지 않는다. 하지만 감정 표현의 수단으로서 이모티콘을 빈번하게 사용하는 사용자들은 이러한 사용 경험으로부터 상징으로서의 이모티콘을 재형성하는 과정을 거치고 이러한 상황에서 감정의 교환을 유발한다(Epley, Waytz, & Cacioppo 2007).

기존의 이모티콘에 관한 연구에서 파악된 바와 같이 이모티콘을 자주 사용하는 사용자들 즉, 일본 사람들은 이모티콘에 내재된 감정을 알 수 있다고 볼 수 있다. 그리고 그들은 이모티콘을 통한 문자 커뮤니케이션에서 면대면 커뮤니케이션과 같이 사용자의 감정을 판단할 수 있다. 이와 달리 카메룬과 탄자니아 사람들은 상대적으로 이모티콘을 사용한 커뮤니케이션에 노출 빈도가 낮고 이러한 노출빈도에 따라 예를 들어 "웃는 얼굴" 혹은 "우는 얼굴"을 나타내는 이모티콘의 상징적 감정을 커뮤니케이션 참여자들의 직접적인 감정으로 연관시키지 못하였다. 현재 우리는 여러 가지 기기의 사용에 따라 온라인 커뮤니케이션이 이루어지고 이러한 커뮤니케이션의 빈도가 증가하고 있기 때문에 상대적으로 더 많은 이모티콘을 폭넓게 사용하고 있다. 이러한 커뮤니케이션 내에서 이모티콘의 중요도는 상대적으로 점점 더 많이 증대되고 있으며 대화 내에서의 역할 또한 중요해진다. 또한 멀리 떨어져 있는 사람들과 의사소통은 점점 더 많은 방식으로 이루어져 있으며 이러한 방식의 온라인 의사소통에서 이모티콘은 점점 더 빈번히 이용된다(Baym, Zhang, & Lin 2004). 온라인상에서의 의사소통에서 오해를 방지하기 위하여 사용자들이 사용하는 자신의 이모티콘의 감정들이 사용자들이 기대하는 것과는 다른 방식으로 판단될 수 있다는 것을 이해하여야 한다. 이러한 상황은 온라인 커뮤니케이션상에서 서로 간의 감정을 공유하는 표현에 대해 새로운 관점으로 보일 수 있게 된다. 지금까지의 주장을 요약해 보면, 먼저 감정을 공유하는 이모티콘은 실제 사용자의 얼굴의 감정적인 부분을 반영하기 때문에 그리고 이러한 표정을 나타내는 이모티콘은 문화적으로 보편적이어서(Lo, 2008), 또한 사람들은 이모티콘에 대한 빈번한 노출 없이도 동일한 감정의 인식이 가능하며 모든 문화에서 이와 같은 식으로 이모티콘의 감정을 인식할 수 있다는 주장이 하나이다(Churches et al. 2014), 하지만 이러한 주장과는 달리 위의 연구에서 살펴본 바와 같이 사용자들이 이모티콘에 덜 빈번하게 노출되어 왔거나 또는 사용의 경험이 적은 경우에는 사용자들은 이모티콘이 나타내는 감정의 변화와 상태를 거의 인식하지 못하는 경우도 발생할 수 있다.

5.2. 이모티콘의 사용빈도와 감정 공감

SNS와 같은 문자 중심의 대화에서 이모티콘 사용의 주요한 목적은 사용자들 간의 감정을 표현하고 이모티콘을 통해 표현한 감정을 다른 사용자들과 공유하고 교환하는 데 있다(Markman & Oshima 2007; Garrison et al. 2011; Dresner & Herring 2010). 실제 SNS 상에서 온라인 사용자들의 사용 형태를 조사해 본 결과 사용자들은 SNS 프로그램을 업무 수행이나 내용 전달 중심의 맥락에서보다 사회 감정적인 컨텍스트를 사용하는 경우에 더 많은 이모티콘을 사용했다는 것을 알 수 있다(Derks et al. 2007). 아라카와 스즈키(Arakawa & Suzuki 2004)는 28개의 대학교 학생들의 이메일 사용에 있어 이모티콘을 어떠한 목적으로 사용하였는지를 연구하였다. 이 학생들이 주로 사용한 이모티콘에는 행복함을 표현하는 (^_^), 눈물을 표현하는 (;_;), 고개를 숙이는 m(_ _)m가 포함되어 있었다. 이 연구에서는 이모티콘이 없는 텍스트 중심의 메시지와 비교해서 이모티콘이 있는 메시지가 사용자들 사이에서 잘못에 대한 사과를 할 때 훨씬 더 효과적이며 이모티콘 사용이 상대방의 분노를 누그러뜨리는 역할을 함을 알 수 있었다. 이 연구는 이모티콘이 사용자의 감정을 표현할 뿐만 아니라 상대방의 기분에 영향을 미친다는 사실을 증명했다. 하나이와 오구치(Hanai & Oguchi 2008)도 또한 이모티콘은 사용자들의 긴장 관계를 완화시키는 역할을 한다고 했다. Kavanagh(2010; 2012)는 서구의 이모티콘과 일본의 가모지는 사용자 간의 대화를 부드럽게 하고 상호작용을 더 친근하게 만들어 주며 유머 감각이 있는 대화를 증진 시킨다고 한다. 하라다(Harada 2004)는 서양인(유럽계 미국인)과 동양인(일본인)을 포함한 문화 비교 연구를 통해 이모티콘은 감정을 표현하고,

사용자 간의 대화를 좀 더 부드럽고 친절하게 변화시킬 수 있다고 하였다(Butler et al. 2007; Soto et al. 2011 참조).

이모티콘의 사용이 대화 참여자들 간의 친근감을 더욱 증진시켜서 상호 감정의 교환을 보다 효율적으로 가능하게 하며 동질감을 느끼게 할 것이라는 기존 연구에 이어 장상언(2018)은 대화 참여자들 간의 이모티콘 사용경험과 친소관계에 따른 이모티콘의 반응을 연구하였다. 연구 결과는 가까운 상대에게 받은 이모티콘이 덜 친숙한 친구에게서 받은 이모티콘보다 더욱 친근감을 느끼는 것으로 나타났다. 가까운 친구가 보낸 카카오톡에 이모티콘이 있을 때 친근감을 느낀다고 응답한 비율이 62%인데 반해, 덜 친한 친구에게서 받은 이모티콘은 18%만이 친근감을 느낀다고 한다. 심지어 친하지 않은 친구가 보내온 이모티콘에 대해서는 친근감보다는 오히려 생뚱맞거나 당혹감을 느낀다고 하는 응답자가 17%나 되었다(장상언 2018).

또한 5.1장에서 이모티콘을 사용한 경험이 많을수록 이모티콘이 나타내는 감정을 더 잘 인지할 수 있었던 사실과 유사하게, 대화 참여자 자신이 스스로 이모티콘을 많이 쓴다고 여기는 사람일수록 상대방이 사용한 이모티콘에 대해서 더 친근감을 느끼는 것으로 나타났다(장상언 2018). 이모티콘을 많이 사용하지 않는 대화 참여자들은 친한 친구의 이모티콘에 대해서도 친근감을 상대적으로 덜 느끼는 것으로 나타났다. 이는 이모티콘 사용에 적극적인 사람이 상대방과의 대화상에서 이모티콘을 수신하는 경우에도 상대방의 감정에 대해 공감하며 상대방이 사용하는 이모티콘에 대해서 더 긍정적으로 느낀다는 사실을 알 수 있다.

대화 참여자들 간의 이모티콘의 사용빈도와 이모티콘을 통한 감정 공감의 정도에 관한 연구를 좀 더 확장해서 펠드먼 등(Feldman et al. 2017)은 사용자의 언어 환경에 따른 이모티콘의 사용에 있어서의 차이를 조사 연구하였다. 10명의 영어 화자와 10명의 불어 화자를 선정하여 이모티콘 사용을 연구한 결과, 영어 화자의 경우 불어 화자보다 이모티콘을 사용하지 않은 텍스트 메시지를 사용하는 경우가 많았다. 불어 화자의 경우에는 영어 화자보다 더 다양한 이모티콘을 사용했으며 이모티콘을 더 많이 사용하는 경향이 있었다. 또한 불어 화자는 단일어 환경에서보다 이중 언어 환경에서 메시지 당 더 많은 이모티콘을 사용했다. 반면 영어 화자들은 언어 환경에 따라 이모티콘의 사용상의 차이를 보이지 않았다. 불어 화자들은 다수나 단일어 환경에 있을 때 보다 불어가 소수 언어가 되었을 때 더 많은 이모티콘을 사용한 반면, 영어 화자들은 이와 같은 이모티콘의 사용상의 차이를 보이지 않았다. 요약해보건대, 단일어 환경에서 불어 화자들은 더 다양한 이모티콘을 사용했지만 더 자주 사용하지는 않았고 불어 화자들이 영어 화자들과 함께 있을 때는 대조적으로 적은 종류의 이모티콘을 더 자주 사용했다(Feldman et al. 2017). 이와 같은 사실은 언어로서의 의사소통이 원활하지 않을 때 이모티콘이 제2의 언어로서 대화 참여자들 간의 상호작용을 증진시키기 위해 사용되고 있음을 보여주었다. 또한 위 연구 결과로 우리는 불어 화자가 영어 화자보다 더 다양한 이모티콘 리스트를 갖고 있으며 그 이모티콘에 대한 사용 경험이 더 많음을 미루어 짐작할 수 있다. 이 연구 결과는 또한 5.1에서 살펴본 바와 같이, 이모티콘에 대한 사용자들의 경험에 따라 이모티콘이 새로운 언어로서 역할을 수행하는 정도가 달라진다는 사실을 알 수 있다.

이와 같은 문자 중심의 의사소통의 심리적인 분석은 화자 간 상호작용의 새로운 영역을 밝힐 수 있는 잠재력을 갖고 있으며 의사소통에 있어 전통적인 메커니즘에 국한되지 않는 새로운 영역을 밝힐 수 있을 것이다. 또한 문자 중심의 상호작용의 언어적 및 비언어적 측면에 관한 화자들의 선택과 집중은 언어와 인지에 내재되어 있는 원칙에 대한 새로운 통찰력을 제공할 것이다.

6. 맺음말

현재 우리 사회에서는 수천 년 동안 우리 인류가 행하여 왔던 면대면 대화와는 달리 새로운 기술에 의한 문자 기반의 대화에서는 얼굴 표정을 볼 수 없는 디지털 IT 환경에서의 텍스트 중심의 의사소통이 이루어지고 있다. 이러한 커뮤니케이션 방법에서 우리의 감정을 적절히 전달하기 위한 수단으로서의 이모티콘의 역할은 간과할 수 없는 중요한 사항이다. 이상에서 살펴본 바와 같이 문자 기반 커뮤니케이션에서 사용되는 이모티콘의 정의와 문화에 따라 각각 정의된 이모티콘의 사용은 사회구성원 고유의 문화와 행동양식이 반영되어 형성되어 왔다. 하지만 이러한 이모티콘의 사용은 사용자의 감정을 표현하기 위한 제2 언어로서의 습득과 경험과 연관이 있다. 동양의 이모티콘은 동양의 문화 형성과 발달 과정에서 집단주의와 유교의 영향을 받아서 자신의 감정을 드러내지 않는 것을 미덕으로 여겨온 데 영향을 받았다. 동양에서는 직접적인 감정의 표현을 자제하고 간접적인 방법으로 감정의 표현을 나타내어 왔으며 이러한 행동양식이 눈 모양을 강조한 이모티콘의 사용에도 고스란히 드러난다. 이와는 달리 서양은 개인주의가 발달하였고 자신의 주장과 감정을 솔직히 표현하였기에 이모티콘의 표현에서도 눈과 입 모두를 사용하여 정서를 표출하였다. 이와 같은 감정 표현 방식이 서양에서는 사람의 입 모양을 강조한 이모티콘으로 나타나게 되었다.

이모티콘은 인간이 문자 중심의 의사소통을 원활히 하기 위해 고안한 그림말, 또 다른 언어의 일종으로 여겨진다. 그렇기에 이모티콘의 형성은 각각의 개별 문화와 행동양식에 영향을 받지만, 형성된 이모티콘의 사용은 일반 언어와 동일한 방법으로 잦은 노출과 사용빈도, 즉 경험에 영향을 받는다. 실제 모든 문화 내에서 대화 주체의 표정의 희로애락은 이모티콘의 사용 경험 유무와 관계없이 모든 문화권의 사람들이 잘 구별할 수 있지만 문자 커뮤니케이션을 사용할 때 대화 주체 간에서는 잘 접해보지 못한 이모티콘이 나타내는 감정은 잘 식별하지 못하는 특징을 보인다. 또한 이모티콘을 많이 사용하는 사람들이 다른 사람들이 이모티콘을 통해 나타내는 감정에 더 호의적이고 친근감을 느끼는 반면 이모티콘을 빈번히 사용하지 않는 사람들은 다른 사람들의 이모티콘에 어색함을 느낀다. 경험으로서의 언어 이모티콘은 그 언어 사용자가 빈번한 사용으로 이모티콘의 의미와 형태가 숙달되었을 때에만, 다시 말해 이모티콘이 제2의 언어로 그 언어 사용자들에게 받아들여졌을 때에야 비로소 그 이모티콘이 나타내고자 하는 메시지나 감정의 소통이 원활히 이루어진다는 사실을 알 수 있다.

참고문헌

김명진. 2008. 『EBS 다큐멘터리 동과서: 동양인과 서양인은 왜 사고방식이 다를까』. 서울: 예담출판사.

김형섭 2015. "러시아 언어문화 연구: 이모티콘의 사용과 언어체계의 변화." 『슬라브학보』 30 (1): 133–166.

김희진. 2005. "한국인 얼굴표정과 관련된 볼굴대의 위치 및 입꼬리 당김근과 큰광대근의 형태." 『대한체질인류학회지』 18 (1): 1-11.

이영월. 2018. "위챗 한류 이모티콘의 사회·언어·문화 현상 연구." 『중국어문학논집』 109: 127-150.

이철. 1998. "소비자 행동모델의 문화적 한계와 소비자 행동연구의 발전방향." 『소비자학 연구』 9: 1-15.

임지룡. 2008. 『의미의 인지언어학적 탐색』. 서울: 한국문화사.

장상언 2018. "새로운 미디어(SNS)에 의한 언어행동 연구: 대학생을 대상으로 한 설문을 중심으로." 『일본문화연구』 65: 247-262.

차윤수, 최혜림, 오예림, 장미경. 2012. "동, 서양 이모티콘의 차이점 연구: 문화적 성향과 정서를 중심으로." 『조형미디어학』 15 (4): 229-238.

Arakawa, A., and Suzuki, N. 2004. "Effects of Emoticon with an Apologetic Message on the Receiver's Feelings." *Japanese Journal of Interpersonal and Social Psychology* 4: 128-133.

Baym, N. K., Zhang, Y. B., and Lin, M.-C. 2004. "Social Interactions across Media." *New Media & Society* 6: 299-318.

Brown, D. 1991. *Human Universals.* New York, NY: McGraw-

Hill.

Butler, EA, TL Lee, and JJ Gross. 2007. “Emotion Regulation and Culture: Are the Social Consequences of Emotion Suppression Culture-Specific?” *Emotion* 7 (1): 30-48.

Churches, O., M. Nicholls, M. Thiessen, M. Kohler, and H. Keage. 2014. “Emoticons in Mind: An Eventrelated Potential Study.” *Social Neuroscience* 9: 196-202.

Darwin, C. 1872. *The Expression of the Emotions in Man and Animals*. London, England: John Murray.

Derks, D., A. E. R. Bos, and J. von Grumbkow. 2007. “Emoticons and Social Interaction on the Internet: The Importance of Social Context.” *Computers in Human Behavior* 23: 842-849.

Dresner, E., S. C. and Herring. 2010. “Functions of the Nonverbal in CMC: Emoticons and Illocutionary Force: Erratum.” *Communication Theory* 20 (4): 471.

Eibl-Eibesfeldt, I. 2007. *Human Ethology*. New Brunswick, NJ: Transaction Publishers.

Ekman, P., and W. V. Friesen. 1971. “Constants across Cultures in the Face and Emotion.” *Journal of Personality and Social Psychology* 17: 124-129.

Ekman, P., E. R. Sorenson, and W. V. Friesen. 1969. “Pan-Cultural Elements in Facial Displays of Emotion.” *Science* 164: 86-88.

Elfenbein, H. A., and N. Ambady. 2002a. “Is Here an In-Group Advantage in Emotion Recognition?” *Psychological Bulletin* 128: 243-249.

Elfenbein, H. A., and N. Ambady. 2002b. “On the Universality and Cultural Specificity of Emotion Recognition: A Meta-Analysis." *Psychological Bulletin* 128: 203-235.

Elfenbein, H. A., and N. Ambady. 2003. "When Familiarity Breeds Accuracy: Cultural Exposure and Facial Emotion Recognition." *Journal of Personality and Social Psychology* 85: 276-290.

Epley, N., A. Waytz, and J. T. Cacioppo. 2007. "On Seeing Human: A Three-Factor Theory of Anthropomorphism." *Psychological Review* 114: 864-886.

Garrison, A., D. Remley, P. Thomas, and E. Wierszewski. 2011. "Conventional Faces: Emoticons in Instant Messaging Discourse." *Computers and Composition* 28: 112-125.

Gendron, M., D. Roberson, J. M. van der Vyver, and L. F. Barrett. 2014. "Perceptions of Emotion from Facial Expressions Are Not Culturally Universal: Evidence from a Remote Culture." *Emotion* 14: 251-262.

Hanai, T., and Oguchi, T. 2008. "The Appearance Patterns of Emotional Expressions in E-Mail Exchanges: A Text-Mining Analysis." *Japanese Journal of Social Psychology* 24 (2): 131-139.

Harada, T. 2004. "Kaomoji ni yoru nihongo no enkatsu na komyunikeeshon: Hairyou to poraitonesu no hyougen kinou [The role of 'face marks' in promoting smooth communication and expressing consideration and politeness in Japanese]." *Gengou to bunka, konan daigaku kokusai gengou bunka senta* 8: 205–224.

Jack, R. E., C. Blais, C. Scheepers, P. G. Schyns, and R. Caldara.

2009. "Cultural Confusions Show that Facial Expressions Are Not Universal." *Current Biology* 19: 1543-1548.

Kavanagh, B. 2010. "A Cross-Cultural Analysis of Japanese and English Non-Verbal Online Communication: The Use of Emoticons in Weblogs." *Intercultural Communication Studies* 9 (3): 65-80.

Kavanagh. B. 2012. *A Contrastive Analysis of American and Japanese Online Communication: A Study of UMC Function and Usage in Popular Personal Weblogs.* Tohoku University, Japan. Retrieved from http://ir.library.tohoku.ac.jp/re/handle/10097/59657.

Lo, S.-K. 2008. "The Nonverbal Communication Functions of Emoticons in Computer-Mediated communication." *CyberPsychology & Behavior: The Impact of the Internet, Multimedia and Virtual Reality on Behavior and Society* 11: 595-597.

Markman, K. M., and S. Oshima. 2007. "Pragmatic Play? Some Possible Functions of English Emoticons and Japanese Kaomoji in Computer-Mediated Discourse." Paper presented at the Association of Internet Researchers Annual Conference 8.0: Let's Play!, Vancouver, B.C., Canada.

Morris, Charles William. 1939. "Esthetics and the Theory of Signs." *The Journal of Unified Science* 8: 131-150.

Nöth, W. 1995. *Handbook of Semiotics.* Bloomington: Indiana University Press.

Park, J., Y. M. Baek, and M. Cha. 2014. "Cross-Cultural

Comparison of Nonverbal Cues in Emoticons on Twitter: Evidence from Big Data Analysis." *Journal of Communication* 64: 333-354.

Russell, J. A. 1994. "Is there Universal Recognition of Emotion from Facial Expression? A Review of the Cross-Cultural Studies." *Psychological Bulletin* 115: 102-141.

Soto et. al. 2011. "Age Differences in Personality Traits from 10 to 65: Big Five Domains and Facets in a Large Cross-Sectional Sample." *Journal of Personality and Social Psychology* 100 (2): 330–348.

Susskind, J. M., D. H. Lee, A. Cusi, R. Feiman, W. Grabski, and A. K. Anderson. 2008. "Expressing Fear Enhances Sensory Acquisition." *Nature Neuroscience* 11: 843-850.

Takahashi, K., T. Oishi, and M. Shimada. 2017. "Is ☺ Smiling? Cross-Cultural Study on Recognition of Emoticon's Emotion." *Journal of Cross-Cultural Psychology* 48 (10): 1578-1586.

Tossell, C. C., P. Kortum, C. Shepard, L. H. Barg-Walkow, A. Rahmati, and L. Zhong. 2012. "A Longitudinal Study of Emoticon Use in Text Messaging from Smartphones." *Computers in Human Behavior* 28: 659-663.

Yuki, M., W. W. Maddux, and Masuda, T. 2007. "Are the Windows to the Soul the Same in the East and West? Cultural Differences in Using the Eyes and Mouth as Cues to Recognize Emotions in Japan and the United States." *Journal of Experimental Social Psychology* 43: 303-311.

IV

이모티콘의 기호적 특성과 의사소통 기능
- 카카오톡 문자 대화를 중심으로

이도영

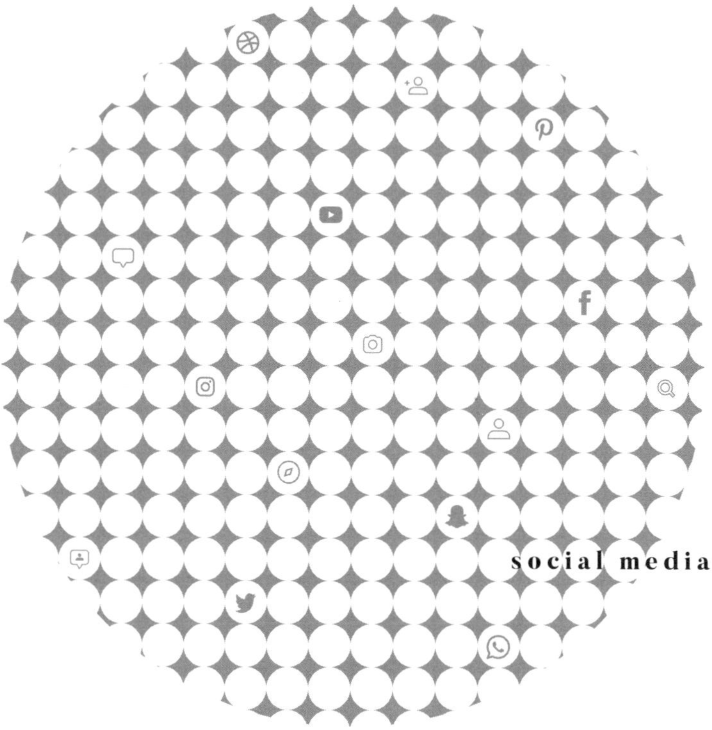

4

이모티콘의 기호적 특성과 의사소통 기능

- 카카오톡 문자 대화를 중심으로

이도영

1. 들어가기

의사소통을 위한 매체는 끊임없이 발전하고, 그에 따라 "매체가 곧 메시지다"라는 마샬 맥루한(McLuhan 2003, 19)의 말처럼 의사소통 방식은 매체에 가장 적합한 방식으로 맞추어져 간다. 문자메시지의 효시는 휴대폰을 기반으로 하는 SMS(Short Message Service)[1]이다. 이후 인터넷을 사용할 수 있는 스마트폰[2]이 출시되면서 더 다양한 기

1) "무선 통신 환경에서 음성 통신과는 별도로 짧은 문자메시지를 주고받는 서비스. 발송 시점과 거의 동시에 상대방의 단말기에 내용 전달과 저장이 가능하고, 동시에 다수의 수신처에 보내거나, 시간을 지정하여 예약 발송할 수도 있으며, 수신자는 저장된 메시지 중 원하는 것만 선택하여 읽을 수 있기 때문에 편리하다."(TTA정보통신용어사전).

2) "휴대전화에 인터넷 통신과 정보검색 등 컴퓨터 지원 기능을 추가한 지능형 단말기로서 사용자가 원하는 애플리케이션을 설치할 수 있는 것이 특징이다. 기능면에서 휴대전화와 컴퓨터가 결합한 형태이다. (...) 최초의 스마트폰은 1992년 IBM이 개발한 '사이먼(Simon)'으로 1993년 일반 대중에게 공개되었으며 1996년 노키아에서 휴대전화 상품에 휴렛팩커드의 PDA를 결합하여 스마트폰을 출시하는 등 다양한 시도가 있었으나 너무

능을 가진 모바일 메신저(mobile messenger)[3]가 등장하게 된다. 대표적인 모바일 메신저로는 전 세계적으로 가장 많은 이용자를 확보한 페이스북의 왓츠앱,[4] 국내에서는 2010년 출시된 카카오의 카카오톡과 2011년 출시된 네이버 계열사인 NHN Japan의 라인을 들 수 있다.

2018년 기준 3,528만 명의 이용자와 94.4%의 사용 시간 점유율을 보이는 카카오톡은 현재 한국에서 가장 많이 사용되는 모바일 메신저이다.[5] 카카오톡이 이렇게 선두의 자리를 차지할 수 있었던 요인으로는 크게 세 가지를 들 수 있는데, 첫째 카카오톡은 최초의 무료 메신저라는 점, 둘째 PC에서 제한적으로 가능했던 '그룹채팅'을 세계 최초로 스마트폰에 도입하여(문보경 외 2011, 96이하) 스마트폰 이용자라면 언제 어디서든 손쉽게 그룹채팅을 할 수 있는 편리함을 더했다는 점, 셋째 카카오톡의 톡톡 튀고 방대한 이모티콘 제공을 들 수 있다. 카카오톡에서 이모티콘이 차지하는 비중과 중요성이 얼마나 대단한지는 다음 기사에서 확인할 수 있다.

> 지난달 29일 카카오가 출시 6주년을 맞이해 공개한 '이모티콘 스토어 6주년 기념 인포그래픽'에 따르면 카카오의 이모티콘 메시지 발송 건수는 월평균 20억 건에 달하며, 월 2,700만 명의 카카오 사용자들이 글을 대신해 이모티콘으로 대화했다. 또한, 지난 6년간 1700만 명이 최소 한 번이라도 이모티콘 상품을 구매한 경험이 있다고 밝혀졌다. 카카오는 전 국민 97%인 카카오톡 사용자 중 50%가 이

비싼 가격 등을 이유로 대중화에 어려움이 있었다. (...) 2000년대 중반에 와서는 RIM사의 블랙베리폰을 시작으로 본격적인 대중화가 이루어졌다." (네이버 지식백과).

3) "스마트폰 따위의 모바일 기기를 이용하여 실시간으로 채팅을 하거나 데이터를 즉시 주고받을 수 있는 프로그램. ⇒규범 표기는 미확정이다."(우리말샘).

4) 2009년 얀 코움(Jan Koum)과 브라이언 액턴(Brian Acton)이 공동 창업했고, 2014년 2월 19일 페이스북에 약 200억 달러에 인수되었다(위키백과).

5) http://m.gametoc.hankyung.com/news/articleView.html?idxno=48341.

모티콘을 쓰고 있으며, 국민의 2명 중 1명은 이모티콘을 사용하고 있다고 밝혔다 (2017년 12월 7일).[6]

이모티콘은 본래 오프라인의 대면 대화에 나타나는 표정이나 간단한 손짓, 몸짓 또는 동작 등의 비언어적 요소를 보완하기 위해 만들어진 그림 기호이다(황하성·박성복 2008, 134). 의사소통에서 의미 내용을 전달하기 위해 사용하는 표현수단은 언어와 비언어적 요소로 구성되는데, 카카오톡 문자메시지에서 문자는 언어 요소로 이모티콘은 비언어적 요소로 작동한다.[7] 비언어적 요소는 의사소통에서 친밀감을 통한 관계 유지, 감정 표현 및 언어적 메시지의 의미강조 등 다양한 기능을 통해 의미 내용을 효과적으로 전달할 수 있는 메타적 역할을 담당한다. 이것은 4장에서 다루게 될 바츨라빅(Watzlawick)의 커뮤니케이션 이론과도 일맥상통하는 부분이다. 인간의 의사소통에서 비언어적 요소가 얼마나 중요한지에 대해서는 메라비언(Mehrabian) 교수의 커뮤니케이션 이론을 다룬 다음 기사의 통계수치에서도 확인할 수 있다.

미국 캘리포니아대(UCLA) 교수인 메라비언이 만든 커뮤니케이션 이론에 따르면 사람 간 대화에서 언어의 비중은 겨우 7%에 불과하다. 대신 얼굴 표정과 몸짓 등 시각적인 요소가 55%, 목소리나 억양 같은 청각 요소가 38%로 대부분을 차지하는 것으로 분석됐다(2017년 12월 7일).[8]

---

6) http://www.asiae.co.kr/news/view.htm?idxno=2017120714151904677.
7) 그런데 놀라운 점은 의미전달을 위한 표현수단 구성에 있어서 언어가 차지하는 비율은 단지 35%에 불과하고, 그 나머지인 65%는 비언어적 요소가 차지한다는 사실이다(황하성·박성복 2008 139).
8) 각주 6과 출처 동일.

'의미 내용을 효과적으로 전달한다'라는 말은 달리 생각해보면 '수용자가 화자의 의미 내용을 오해 없이 올바로 해석하여 의사소통이 순조롭게 진행되어 나가는 것'으로 간주할 수도 있을 것이다. 의미 내용의 올바른 해석과 순조로운 의사소통에 기여하는 요소가 카카오톡 문자메시지에서는 바로 이모티콘이다. 다음 기사는 이를 잘 보여주고 있다.

> 이모티콘 없이 말만 보내면 상대방이 화났는지, 기분이 상했는지에 대해 오해를 할 수 있어 웃음 표시라도 해줘야 한다. 그래야 인간관계가 부드럽게 유지되고 한다(2016년 2월 8일).[9]

문자메시지를 통한 의사소통에서 이모티콘의 역할은 점점 더 그 비중이 커지고 중요해져 가고 있다. 이모티콘에 대한 지금까지의 연구 동향을 간략하게 살펴보면, 주로 이모티콘의 시장성과 관련한 연구들이 많으며, 디자인학에서 가장 활발한 연구 성과를 나타내고 있다. 감성을 표현하고 전달하는 이모티콘의 사용과 관련한 20대 청년층과 장년층의 세대 간 비교를 통해 이모티콘의 표현 양상과 차이점들을 밝힌 연구(이혜경·고은영 2015), 한국 의사소통의 정서를 바탕으로 하는 이모티콘이 감정을 나타내는 상징 기호와 도상 기호로서 어떻게 연합하고 작용하는지를 살펴봄으로써 이모티콘의 표현 특성과 의미 생성 이해를 위한 토대 마련을 시도한 연구(이견실·윤정원 2014), 카카오톡 이모티콘의 기호체계 및 상징 분석을 통해 다양한 활용 가능성을 제시한 연구(윤민희 2017) 및 구술성과 문자성을 결합한 이모티콘의 사용을 사회적 거리감 및 상호작용과 연관지어 살펴보고, 이를

9) http://news.ebs.co.kr/ebsnews/allView/10454456/N.

통해 이모티콘이라는 새로운 의사소통수단과 이를 통하여 사용자 간에 형성되는 사회적 의미를 고찰한 연구(정혜욱 2018) 등이 이에 속한다.

그 외 학문분야의 연구로는 실제 모바일 대화에서 이모티콘의 표현 양상을 단순 표현과 확장표현으로 분류하여 살핀 한국어 의미학에서의 연구(김승연 2012)와 온라인 환경에서 이모티콘의 쓰임새와 관계 통제의 함의를 가진 메시지와의 관계를 분석한 언론학에서의 연구(박현구 2005) 및 사용자 측면에서 이모티콘의 이용 동기를 살피고 있는 심리학에서의 연구(이은지 2017) 등을 들 수 있다.

반면에 언어학, 특히 실제 의사소통에서 사용된 언어와 비언어적 요소의 쓰임을 다루는 화용론적 관점에서 의사소통 수단으로서의 기호적 특성과 기능을 다루는 연구들은 아직까지 큰 진척을 보이지 않고 있다. 문자메시지를 통한 의사소통에서 비언어적 요소의 빈자리를 메꾸기 위해 만들어진 이모티콘의 기호 유형이 다양하게 변해가면서 의사소통에서 담당하는 역할 또한 달라지고 있다. 이러한 변화에 초점을 맞추어 본고에서는 언어학적 관점에서 이모티콘의 기호 유형 및 의사소통에서의 기능을 살펴보고자 한다. 퍼스(Peirce)의 기호 이론과 바츨라빅의 의사소통이론을 토대로 카카오톡 모바일 메신저에 제공되는 이모티콘과 실제 카카오톡 대화 분석을 통해 비언어적 요소의 보완물로서 이모티콘의 기호적 특성과 변화를 찾아내어 이모티콘의 유형 분류를 시도하고, 이것이 실제로 의사소통에 어떻게 적용되고 작동하는지를 이모티콘의 의사소통적 기능으로 풀어내고자 한다.

2. 이론적 논의

2.1. 매체에 따른 대화적 의사소통방식의 변화

모바일 메신저인 카카오톡에서 '톡'은 영어의 'talk'으로 "말하다, 이야기하다, 수다를 떨다"(네이버 영어사전)의 의미를 지닌다. 따라서 카카오톡 문자메시지의 언어는 문자의 형식을 갖고 있지만 내용적으로는 입말이 사용된다. 입말은 사적인 대화, 의사소통 참여자 간의 신뢰, 대화성, 즉흥성, 자유로운 주제 전개 등의 특징을 나타내며, 이를 통틀어 '의사소통적 근접성'으로 표현하기도 한다(Koch & Oesterreicher 2007, 350 이하). 카카오톡의 문자메시지는 기본적으로 전화번호를 알고 있는 이용자 사이에서만 가능한 폐쇄적이며 사적인 대화로 볼 수 있으며, 오프라인에 기반을 둔 관계이므로 의사소통 참여자 간의 신뢰가 바탕이 된 의사소통방식이다. 대화성은 문자메시지에 사용되는 두음 문자, '언제 와욤?' 등과 같은 구어적 어미, 'ㅋㅋㅋ' 등과 같은 의성어 사용 및 이모티콘을 사용한 감정 표현 등을 들 수 있다. 카카오톡은 주로 일상적인 대화 또는 수다를 떨 수 있는 의사소통 공간으로서 때에 따라서 즉흥적인 대화를 나누며, 일상적이고도 다양한 주제를 전개시켜나갈 수 있다.

이러한 관점에서 볼 때 카카오톡 문자메시지(이하 문자 대화)의 출발점은 대면 대화이며, 인터넷 매체를 통한 대면 대화의 전환으로 볼 수 있다. 인간의 가장 기본적인 의사소통방식인 대면 대화는 화자와 청자의 시·공간이 일치하는 의사소통 상황에서 말 그리고 말과 함께 나타나는 목소리 억양, 표정, 손짓, 몸짓 등을 통해 의사소통이 이루어진다. 이와 같은 언어적 요소와 비언어적 요소는 서로 간에 의미전달과 의미해석을 위한 중요한 기능을 담당한다.

대화방식	대면대화	전화대화	SMS 문자대화	모바일 메신저 문자대화
의사소통상황	시·공간 일치	시간 일치/ 공간 불일치	시·공간 불일치	시·공간 불일치
의사소통 구성요소	말, 목소리, 억양, 표정, 손짓, 몸짓 ➡	말, 목소리, 억양 ➡	문자, (단순한) 이모티콘 ➡	문자, (복합적인) 이모티콘

그림 1. 대화 의사소통의 확장

대면 대화의 첫 번째 전환은 전화기의 발명을 통해 생겨난 전화 대화이다. 전화 대화는 화자와 청자가 서로 다른 공간에서도 의사소통을 할 수 있다는 장점이 있는 반면에 의사소통에서 가능한 표현수단 가운데 표정, 손짓, 몸짓의 비언어적 요소가 배제됨으로써 의미전달과 의미 해석적인 면에서는 오히려 대면 대화보다 제한적이 된다. 두 번째 전환은 이동성을 갖춘 휴대폰의 등장을 통해 일어난다. 시·공간이 서로 다른 상황에서도 의사소통이 가능한 SMS가 바로 그것인데, 이때부터 의사소통의 표현 수단은 말이 아닌 문자로 바뀌게 되고, 목소리 억양, 표정, 손짓, 몸짓 등의 더 많은 비언어적 요소들이 배제되면서 문자만으로 정보전달과 의미해석을 해야 하는 의사소통 상황에 놓이게 된다. 앞서도 언급했듯이 올바른 정보 전달과 해석을 위해 메타적 역할을 하는 비언어적 요소는 필수적이기 때문에, 원활한 의사소통을 위해 이모티콘의 탄생은 불가피했음을 미루어 짐작해 볼 수 있다.

배제된 비언어적 요소들을 보완하기 위한 방법으로 초기에는 자판의 문자와 부호를 조합하여 이모티콘이 만들어졌고, 뒤이어 간단한 스마일리, 주로 대상을 나타내는 픽토그램 등이 사용된다. 인터넷을 기반으로 하는 모바일 메신저가 등장한 이후로 이모티콘은 더욱더 미묘하고 다양한 감정을 표현해낼 뿐만 아니라 자신의 감정과 행동을 간단하게 전달할 수 있는 위트와 유머가 살아있는 그림 기호로서 성장한다(엄기서, 신순범 2004, 155 이하).

2.2. 이모티콘의 발달사와 기호적 특성

이모티콘(emoticon)은 영어의 emotion(감정)과 icon(아이콘)의 합성어로서, 메타 커뮤니케이션의 일종이며,[10] 그림의 형태로 감정을 표현할 수 있도록 만들어진 시각적 기호이다.

이모티콘의 기원은 1800년대로 거슬러 올라간다. 1857년 4월 국립전신 리뷰 및 운영자 설명서에는 모스부호로 숫자 '73'이 '사랑과 키스'로 표현되어 있으며, 1862년 뉴욕타임즈에 게재된 아브라함 링컨의 연설문에는 "(applause and laughter ;)"이 포함되어 있는데, ';'이 오타인지, 구두점을 나타낸 것인지 혹은 이모티콘인지에 대해서는 계속해서 논란이 되고 있다.[11] 그러나 이러한 이모티콘들은 일상적인 대화를

10) https://ko.wikipedia.org/wiki/이모티콘.
11) https://en.wikipedia.org/wiki/Emoticon.

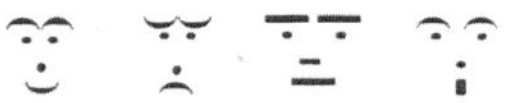

Joy. Melancholy. Indifference. Astonishment.

계속해서 1881년 미국의 풍자 잡지인 'Puck'에서는 "그동안 걸어온 모든 만화가들을 [...] 배치하려고 했다"는 의도를 담아 네 개의 수직 인쇄 이모티콘을 만들었다.
1936년 하버드 램푼기사에서 앨런 그레그는 방향이 올바르고 옆으로 치우치지 않는 기호 (-) 미소, (--) 치아를 더 많이 드러내는 웃음, (#) 찡그림, (*) 윙크하는 것, 그리고 (#) 심한 관심, 주의 및 불신을 제안하기도 했다.
1962년 9월 MAD지에는 '유형'이라는 제목의 기사에서 소문자 b와 d가 임신을 나타내고 있으며, 소문자 h는 "손을 들어라"로 표현하고 있다. 1963년 프리랜서 아티스트 하비 볼은 직원들의 사기를 북돋워주기 위해 눈을 나타내는 두 개의 검은 점과 입을 나타내는 위로 향한 두꺼운 곡선을 가진 노란색 버튼 모양의 '스마일 페이스'를 만든다. 이것은 나중에 만들어지게 되는 이모티콘의 제작에 영감을 주게 된다.

위해 만들어진 비언어적 요소의 보완용 기호라기보다는 특정한 상황에서 만들어진 상징적인 기호로 보아야 할 것이다.

대중화된 이모티콘의 창시는 1982년 9월 19일 당시 카네기멜론 대학의 학부생이었던 스콧 펠만(Scott E. Fahlman)에 의해 이루어졌다. 그는 학교 게시판에 게시물의 성격에 따라 가볍게 웃어넘길 수 있는 이야기와 그렇지 않은 이야기를 각각 ':-)'와 ':-('로 구분하여 표시하자고 제안했고, 이것이 계기가 되어 널리 확산되었다(Dürscheid & Frick 2016, 103 이하).

자판에 있는 기호들을 사용하여 표정을 만들어 낸 초창기의 이모티콘은 나라마다 표기방식과 구성방식에서 문화적 차이를 나타낸다. 독일, 미국, 중국 등은 ':-)'와 ':-(' 등과 같이 90°를 왼쪽으로 돌린 세로형 이모티콘을 주로 사용하며(Dürscheid 1999, 20), 표정 변화의 중심을 '입'에 두고 있다. 반면에 한국, 일본 등은 ^^, ㅠㅠ 등의 가로형 이모티콘을 주로 사용하며, 표정 변화의 중심을 '눈'에 두고 있다.

그림 형식의 이모티콘은 1998년 니콜라스 루프라니(Nicolas Loufrani)가 모바일 기술 내에서 문자형식의 이모티콘을 노란 원형에 웃는 캐릭터가 그려진 일명 '스마일리(영어: Smiley)'라는 그래픽 이모티콘을 처음으로 웹상에 게시함으로써 비로소 나오게 된다.[12] 이때부터 이모티콘, 그림 이모티콘, 유니코드 이모티콘, 이모지 등의 용어가 뒤섞여서 사용되기 시작한다. 우리나라에서는 스마일리부터 요즘에 나온 다양한 이모티콘을 통틀어 '이모티콘'[13]라고 하는 반면에, 일본과 독일 등에서는 정지된 얼굴, 대상 이미지는 일본어 '그림(絵, 에[え])'과 '문자(文字, 모지[もじ])'의 합성어인 '에모지(감정 그림 문자)'

---

12) https://ko.wikipedia.org/wiki/스마일리.

13) 네이버의 경우 주로 얼굴만으로 구성된 단순한 그림 기호는 '이모티콘', 움직임이 있는 복잡한 그림 기호는 '스티커'라는 용어를 사용한다.

라는 용어를 사용한다(서은아 2007, 73). 이에 대해 본고에서는 카카오톡 문자 대화를 분석대상으로 삼은 만큼 '이모티콘'으로 통일해서 사용하고자 한다.

이모티콘은 메일이나 채팅 등 비대면 의사소통 상황에서 문자로 소통할 때 문자, 특수기호, 숫자 등을 조합하여 표정, 몸짓, 억양 등의 비언어적인 요소를 보완하고 사물이나 상황을 기술하는데 사용된다(Beißwenger 2015, 38; 김선진 2014, 90). 이러한 이모티콘은 만국 공용어라고도 불리는데, 그 이유로 하나는 같은 모바일 메신저를 사용하는 경우 기본적으로 제공되는 동일한 이모티콘들을 공동의 의사소통 표현수단으로 사용하기 때문이고, 다른 하나는 이모티콘은 문자기호가 아닌 그림 기호이므로 서로 다른 모국어를 사용할지라도, 예를 들어 사과를 그림으로 나타내면 모두가 그것을 사과로 이해하는데 무리가 없기 때문일 것이다.

'기호'는 사전적 의미로 "어떠한 뜻을 나타내기 위하여 쓰이는 부호, 문자, 표지 따위를 통틀어 이르는 말"(표준국어대사전)을 뜻한다. 따라서 어떠한 다른 것을 의미 있게 대신할 수 있는 것이라면 무엇이든 간에 기호가 될 수 있다(Eco 1976, 7). 퍼스에 따르면 대표성을 갖는 기호 유형은 크게 도상(icon), 지표(index), 상징(symbol)의 세 가지로 분류된다. 이모티콘은 이 세 가지 속성을 다 가지고 있다.

(1) 이모티콘은 도상적 기호이다

도상 기호는 대상체와 유사한 기호로서 비슷하게 보이거나 비슷한 소리를 내거나 비슷한 이미지를 갖고 있어야 한다. 즉 퍼스는 '도상 기호는 유사성에 따라 대상을 재현 한다'고 보았다. 도상 기호는 지시 대상과 유사한 특성을 지닌 기호로서 마음속에 유사한 감각을 불러일으킨다. 이모티콘 는 '메롱'할 때의 얼굴표정과 유사성을 갖고 있으며 누군가에게 약을 올릴 때의 감각을 불러일으킨다. 는 대면 대화에서 '오케이'라고 말할 때 취하는 손가락 모양과 닮아 있으며, 상대방의 제안에 동의했음을 머릿속에 떠오르게 한다. 퍼스의 경우 그림은 모두 도상 기호에 속한다고 보고 있지만 아무리 사실적인 그림이라도 순수한 도상일 수는 없으며, 반드시 상징 기호의 요소를 포함하고 있다(김경용 1994, 41; 김미주 2008, 11).

한편, 언어학자 라이언스는 도상에 대한 흥미로운 주장을 내세우고 있는데, 도상성은 "언제나 매체 형식에 달려있다"(Lyons 1977, 105)는 것이다. 그 예로 "뻐국"이라는 의성어는 청각 매체를 통해야만 도상 기호로서 성립되고, 만일 인쇄매체를 통해 문자로 표현된다면 "뻐꾹"은 더 이상 도상 기호가 아니며, 도상 기호로서의 기능도 상실한다는 것이다. 따라서 그림 2의 이모티콘에서 울음소리를 흉내낸 의성어 "끄앙~"도 청각 매체를 통해 나타난 것이 아니므로, "끄앙~"은 더 이상 울음소리에 대한 도상 기호도 아니고, 그 기능도 상실한다. 그림 3에서 "콜!"도 마찬가지로 청각 매체를 통해 나타난 것이 아니므로 도상 기호로서의 위상과 기능을 상실하게 된다.

그림 2[14)]

그림 3[15)]

14) 이미지 출처: http://blog.naver.com/PostView.nhn?blogId=modoomoaco&logNo=221567243104.

15) 이미지 출처: https://www.google.co.kr/search?hl=ko&tbm=isch&q.

(2) 이모티콘은 지표적 기호이다

지표 기호의 대상체는 반드시 실재하는 것이어야 하고, 그래서 지표 기호와 대상체 사이에는 실제의 관계가 존재하며(Peirce 1931~58, 298; Chandler 2006, 88 재참조), 인과관계가 존재하기도 한다. 대표적인 예로 '연기'를 들 수 있다. 연기는 불을 피우거나 화재가 발생하면 피어오르는 결과적인 것으로서 '불'의 지표가 된다. 도상이 무언가를 그대로 보여주려고 하는 기호라면 지표는 무언가를 '가리키는 것'이며, 대상을 향해 사람들의 주의를 강제적으로 유도하는 것이다. 따라서 지표는 유사성이나 정신 작용이 아니라 근접성에 의해서 일어난다(Chandler 2006, 88). 예를 들어 '콧물, 재채기, 미열 등'은 '감기'를 가리키는 것으로서 감기의 지표가 된다(김경용 1994, 42). 크리스마스트리를 나타내는 은 '성탄절'이라는 특정한 날에만 장식하는 것이므로 성탄절의 지표로 사용될 수 있고, 는 꽃다발을 나타내는 이모티콘으로서 축하를 지시하는 지표로 사용될 수 있다.

(3) 이모티콘은 상징적 기호이다

상징 기호는 임의로 만들어진 기호로서 기호와 대상체 사이에 어떤 연관이나 유사성 없이 약속에 의해 만들어졌으므로, 자의성과 규약이 상징 기호의 특징을 이룬다. 대표적으로 언어, 아라비아 숫자 등을 들 수 있다. 퍼스는 상징을 규칙에 근거하여 대상체를 지시하는 기호로 보았고, 여기서 말하는 규칙이란 상징이 대상을 지시하는 것으로 해석될 수 있도록 하는 일반 개념들의 집합을 말한다(Chandler 2006, 84 이하). 그림 4에서 캐릭터의 손동작은 동일한 반면에 이모티콘에 들어있는 언어적 요소는 다르며, 손동작과 언어 사이에는 유사성이 없다. 그러나 첫 번째 이모티콘을 엄마에게 보내면 손동작과 언어는 하나의 상징 기호가 되며, 엄마를 칭찬하는 의미를 갖게 되고,

두 번째 이모티콘을 아빠에게 보내면 마찬가지로 아빠를 칭찬하는 의미를 지닌 상징 기호가 된다. 세 번째 이모티콘은 수신자가 아닌 화자를 위한 상징 기호로 작동하게 된다.

그림 4[16)]

상징 기호의 자의성은 대단히 높고, 대상체와 유사성을 갖는 도상 기호가 그다음으로 자의성이 높으며, 지표의 자의성은 가장 낮다. 그럼에도 불구하고 대다수의 기호학자는 모든 기호가 어느 정도는 자의적이며 관습적이라고 주장한다(김경용 1994, 42 이하; 김미주 2008, 12). 다음 장에서는 이모티콘의 기호 유형에 대해 상세히 살펴보고자 한다.

16) <전국의 귀염둥이 딸 아들 모두 모여라(김이박최)>.

3. 이모티콘의 기호 유형

카카오톡의 이모티콘은 기호의 복합성에 따라 크게 세 가지로 분류해볼 수 있다. (1) 이미지 이모티콘, (2) 동영상 이모티콘, (3) 언어요소가 포함된 동영상 이모티콘이다. (1)은 단순한 이미지만을 제시하는 정적인 시각 기호이고, (2)는 이미지에 움직임을 더하여 두 가지 기호가 동시에 작동하는 동적인 시각 기호이며, (3)은 (2)의 동적인 시각 기호에 언어가 포함되면서 세 가지 기호가 동시에 작동하는 복합적인 시각 기호이다. 이러한 복합적인 이모티콘이 가능할 수 있는 것은 인터넷 매체가 지닌 하이브리드화[17]의 속성 때문이다. 하이브리드화는 다양한 층위에서 나타날 수 있는데, 예를 들어 기호적 층위에서 말, 문자 등의 다양한 언어기호와 사진, 그림, 동영상 등의 비언어적 기호들이 하나의 텍스트를 구성할 수 있다 (Marx/Weidacher 2014, 73 이하).

(1) 이미지 이모티콘

그림 5

그림 6

그림 5의 이모티콘은 표정과 대상을 이미지화시킨 이미지 이모티콘으로서 동물, 사람 및 노란색 동그라미, 일명 '스마일리'를 활용한 표

17) 인터넷은 여러 매체의 혼종으로서 하이브리드매체로 특징지을 수 있으며, 다양한 적용, 기능 및 의사소통의 양상을 가능케 한다(Beck 2006, 21; Marx & Weidacher 2014, 73 재참조).

정을 나타내고 있다. 실제 표정은 동적인 행위에 속하지만, 웃는 얼굴, 슬픈 얼굴을 하면 일반적으로 떠오르거나 공감할 수 있는 핵심적인 순간을 대상체로 포착하여 이미지화시켜 놓은 것으로서 실제 표정과 일부분 유사성을 갖기 때문에 도상성이 강하다. 웃는 표정은 기쁨을 떠올리고, 째려보는 표정은 화남이나 삐짐으로 해석할 수 있으며, 그 외의 표정 이미지들도 일반적으로 표정 이미지에 상응하는 해석체를 떠올릴 수 있다. 그림 6은 대상을 나타내는 이미지 이모티콘으로서 소주, 와인 잔, 닭다리, 음표 등을 나타낸다. 실제 대상과 동일하지는 않지만 일부의 유사성을 통해 즉시 실제 대상을 떠올릴 수 있다는 점에서 역시 도상적 기호의 성격을 나타낸다.

그림 7

그림 7의 이모티콘들은 표정과 함께 나타날 수 있는 동적인 몸짓 과정에서 표정과 가장 잘 어울릴 수 있는 핵심적인 순간을 대상체로 포착하여 동물 또는 그 외 캐릭터의 표정과 몸짓으로 이미지화시켜놓은 것이다. 이미지에 상응하는 해석체를 유도해내기 위해 두 가지 기법을 활용하고 있는데, 하나는 동그라미로 표시해 놓은 부가적인 기호를 추가함으로써 정적인 표정과 몸짓을 생동감 있게 해주고, 다른 하나는 과장과 축소의 기법을 적절히 배합하여 특징적인 것은 강조하고 그 외의 것들은 축소시켜 표현함으로써 이모티콘에 상응하는 표정과 몸짓을 올바로 파악할 수 있게끔 유도한다. 동작과 부가적인 기호

가 하나의 통일체를 이루어 동작의 유사성을 추구하고 있으므로 역시 도상성이 두드러진다.

(2) 동영상 이모티콘

그림 8

그림 8의 이모티콘들은 얼핏 보기에 이미지 이모티콘과 별반 차이가 없어 보이지만, 클릭하면 이모티콘이 움직인다. 즉, 동적인 이모티콘이다. 이미지도 좀 더 동적으로 바뀌었음을 알 수 있다. 이모티콘에는 행위자가 없음에도 불구하고 움직임을 통해 마치 누군가가 먹기 위해 피자 한 조각을 들어 올리는 것 같은 착각을 불러일으킨다. 이모티콘에 제시된 이미지 대상만을 고려한다면 도상성이 강하지만, 피자에 대한 위와 같은 추론과 해석을 고려한다면 지표적 성격이 더 두드러지게 나타난다.

그림 9

그림 9의 이모티콘들은 이미지 이모티콘의 몸짓과 더불어 행위까지도 포함시켜 움직임을 나타내고 있다. 이 유형에 속하는 이모티콘의 캐릭터로는 주로 동물이 많이 사용되고 있다. 동물 캐릭터들은 앞의 두 이모티콘 유형처럼 단순한 움직임만 보이는 것이 아니라 동작의 연속성을 보여준다. 예를 들어 첫 번째 달려 나오는듯한 이모티콘은 뒤에서 앞으로 나오는듯한 연속적 움직임을 나타내며, 다른 것들도 두세 가지 동작의 연속성을 보인다. 이 이모티콘들은 행위를 대상체로 삼고 있으며, 이모티콘들을 통해 그에 상응하는 행위를 떠올릴 수 있으므로 도상 기호의 성격이 뚜렷하게 나타난다.

앞에서 살펴본 두 종류의 동영상 이모티콘을 보면 대상에서 행위로, 정지로부터 단순한 움직임을 거쳐 연속적인 움직임으로 발전해나감을 알 수 있고, 기호적 속성은 주로 도상성이 강하다는 것을 확인할 수 있다.

(3) 언어요소가 포함된 동영상 이모티콘

'2017년 카카오톡 올해의 베스트 TOP 4 이모티콘'[18]을 포함한 많은 이모티콘들이 여기에 속한다. 이 이모티콘들은 (3-1) 캐릭터 중심적 이모티콘, (3-2) 캐릭터와 언어가 상호보완적 관계에 있는 이모티콘 및 (3-3) 언어 중심적 이모티콘으로 세분화할 수 있다.

18) http://www.asiae.co.kr/news/view.htm?idxno=2017120714151904677.

(3-1) 캐릭터 중심적 이모티콘

그림 10[19)]

그림 11[20)]

이 유형에 속하는 이모티콘들 또한 연속적인 움직임을 갖고 있으며, 동물, 사람 및 기타 캐릭터들을 사용하고 있다. (2) 유형의 이모티콘과 비교할 때 (3) 유형의 이모티콘들은 두 개의 축, 즉 언어와 캐릭터라는 축을 갖고 있다는 점이다. 캐릭터의 동작이 더 다양해지고 화려해질수록 캐릭터의 도상 기호적 속성은 낮아져서 대상체에 대한 해석이 분분해질 수 있다. 그림 10에 동그라미로 표시해 놓은 '활짝', '뿌우'는 의태어로서 이 언어가 포함되지 않으면 캐릭터의 동작이 어떤 행위와 유사한지를 떠올리기가 쉽지 않다. 마찬가지로 의성어 '으쨔'가 있기 때문에 캐릭터가 너무 많이 들어 힘들다는 것으로 해석할 수 있다. 그림 11의 의성어 '캬캬캬캬'는 캐릭터와 상호보완적으로 만들어졌다. 보통 웃음소리를 나타내는 의성어는 '큭큭큭', '깔깔깔', '하하', '호호'

19) 이미지 출처: http://blog.naver.com/PostView.nhn?blogId=modoomoaco&logNo=221567243104.
20) 이미지 출처: https://kor.pngtree.com/freepng/mbe-cartoon-cute-shiba-inu-dog-animal-material_4048204.html.

등인데 캐릭터가 강아지고, 강아지의 동작과 함께 그에 어울릴법한 웃음소리의 의성어 '캬캬캬캬'를 보완한 것이다. 그림 11에서 밑줄로 표시한 '고마왈', '부탁캥'은 이모티콘에서 의미적인 부분을 담당하고 있는데, 강아지 캐릭터에 맞게 언어가 변형됨으로써 유희적 역할도 수행한다(Dürscheid 2016, 106). 그 외의 이모티콘들은 언어와 캐릭터가 하나의 이모티콘을 이루며 독립된 발화체를 이끌어내고 있다. 이 이모티콘들의 유형에서는 어떤 한 행위를 모방하는 도상 기호적 속성을 갖는 캐릭터가 중심이 되고, 여기에 상징 기호인 언어가 보조적으로 캐릭터를 보완함으로써 유사성을 도출해내고, 도상 기호적 성격을 띠는 이모티콘을 구성한다.

(3-2) 캐릭터와 언어가 상호보완적 관계에 있는 이모티콘

그림 12. 오늘의 짤(MOH Inc)

사람을 변형시켜 놓은 캐릭터로 구성된 그림 12의 이모티콘들을 살펴보면, 첫 번째 이모티콘에서 과장된 행위를 나타내는 도상적인 캐릭터와 정서법에 어긋나는 상징 기호인 언어가 상호 보완하는 관계를 이루며 이모티콘을 구성하고 있는 반면, 두 번째는 상징 기호인 언어와 도상적인 캐릭터 그리고 캐릭터 주변의 상징적인 빗살무늬 배경이 함께 작동하여 이모티콘을 구성하며, 세 요소가 상호보완적인 관계를 이루고 있다. 세 번째는 뭔가를 먹고 있는 캐릭터와 웃음을 나타내는 의성어 및 맛을 평가하는 언어기호가 서로 보완하는 관계 속에서

이모티콘을 구성하고 있다.

(3-3) 언어 중심적 이모티콘

그림 13

그림 13의 이모티콘들은 캐릭터만 봐서는 무슨 행위를 나타내는지 도무지 알 수 없다. 이 이모티콘들에서는 상징 기호인 언어가 핵심적인 역할을 담당하고, 도상의 성격을 지닌 캐릭터가 보조적인 역할을 담당한다. 여기서 이모티콘들은 일상적인 행위를 표현하고 있는데, 일상적인 행위라는 것이 실제로 차별화된 두드러진 특징을 나타내지는 않는다. 따라서 이모티콘의 행위가 좀 더 일상적이 되어갈수록 행위는 비슷해지고, 그렇기 때문에 언어기호는 점점 더 지배적인 역할을 담당하게 된다.

그림 14. 긍정왕 따봉춘 (그림왕 양치기)

그림 14의 이모티콘은 직장생활을 주제로 한 캐릭터와 직장생활에

서 자주 나올법한 대화들을 모아 구성한 이모티콘이다. 여기서도 캐릭터의 행위는 보조적 역할을 담당하고, 언어가 핵심적인 역할을 수행한다. 의사소통 시, 사용되는 상황을 고려한다면 그것은 더 명확해짐을 알 수 있다.

(3)의 세 가지 이모티콘 유형들은 모두 상호 보완적 관계를 형성하지만, (3-1) 유형의 이모티콘들은 캐릭터의 행위에 좀 더 중심이 실려 있고, (3-2) 유형의 이모티콘들은 캐릭터와 언어가 상호보완하며 두 중심축을 형성하는 반면에, (3-3) 유형의 이모티콘들에서는 중심적 역할이 분명하게 캐릭터에서 언어로 이동했음을 알 수 있다. 더 이상 캐릭터의 움직임에 언어가 보조적으로 맞춰지는 것이 아니라 언어에 캐릭터의 움직임이 맞춰진다.

지금까지 이모티콘의 기호적 속성을 세 가지 유형으로 분류해서 살펴보았다. 문자 대화에서 억양, 표정, 손짓, 몸짓 등과 같은 비언어적 요소를 보완하는 것이 이모티콘의 본래적 기능이라는 점을 고려한다면 모든 이모티콘은 공통적으로 뚜렷한 도상적 성격을 지녀야 할 것이다. 그러나 이모티콘은 도상 기호의 영역을 벗어나 점점 더 발전하고 다양해지면서 평범하고 섬세한 일상적 행위까지도 표현하게 되었고, 여기서 이모티콘은 캐릭터의 행위만으로는 한계가 있음을 보여준다. 이 한계에서 언어기호를 이모티콘이라는 비언어적 기호에 구성요소로 사용하게 되며, 캐릭터의 행위와 상호 보완관계를 유지하며 이모티콘을 구성하게 된다.

그렇다면 왜 이모티콘으로 일상의 소소한 행위까지도 표현하려 드는 걸까? 요즘은 문자 없이 이모티콘만으로 대화하는 것이 비일비재하기 때문일 것이다. 다음 장에서는 이모티콘의 의사소통적 기능에 대해 다루어보고자 한다.

4. 이모티콘의 의사소통적 기능

카카오톡으로 문자 대화를 할 때, '주로 언제 이모티콘을 사용하는가?'라는 설문조사[21]에서 다음과 같은 결과가 나타났다.[22]

구분	내용
(1) 비언어 요소 보완 (감정 표현)	- 감정 또는 느낌을 간략하게 표현하고 싶을 때 - 말로는 충분치 않은 감정 표현 보충 - (감정)표현 강조 - 기분 좋을 때 - 누군가를 축하할 때 - 약 올릴 때
(2) 친근감 표시	- 친근하고 편안한 분위기 조성을 위해 - 메시지가 건조하게 보이지 않기 위해 - 글자 이상의 느낌으로 공감을 나타내고 싶을 때
(3) 언어 요소 보완	- 인사말과 함께 / 대화 시작 - 대화를 마무리할 때 - 명확한 의사 전달을 위해 - 수시로 / 이모티콘으로 표현할 수 있으면 무조건 - 말로하기 쑥스러운 내용 표현 / 말만으로는 뭔가 아쉬움이 남을 때 - 할 말이 없을 때 - 상대가 이모티콘을 먼저 썼을 때 응답으로 - (재미있는) 상황 등을 묘사하고 싶을 때

21) 설문조사는 10대 4명, 20대 20명, 30대 30명, 40대 8명의 총 62명을 대상으로 실시하였다.
질문은 총 세 가지, '1. 이모티콘을 얼마나 자주 사용하는가, 2. 주로 언제 이모티콘을 사용하는가, 3. 주로 누구에게 이모티콘을 사용하는가'로 구성되었고, 첫 번째 질문은 사지선다형 방식으로 네 개의 답을 제시해주었다; ①빈번히 ②자주 ③가끔 ④전혀. 그 결과 ①번 31명, ②번 19명, ③번 11명, ④번 1명의 순으로 나타났다. 3번 질문에서는 하나가 아닌 여러 개를 답한 경우도 있으므로, 가장 많이 나온 순서대로 나열하면, 친구 > 가족 > 모두 > 지인 > 상사를 제외한 모두> 남자친구 > 여자친구 > 동료 > 기타의 순으로 나타났다.

22) "2. 주로 언제 이모티콘을 사용하는가"의 질문에서 가장 많이 나온 답변 순서대로 배열하였다. 즉, 비언어 요소 보완(감정 표현) > 친근감 표시 > 언어 요소 보완 > 기타.

(4) 기타	- 새로운 이모티콘을 구입했을 때 / 이모티콘 자랑할 때 - 귀엽고 앙증맞은 이모티콘을 보는 것만으로도 기분이 좋아져서 자주 사용 - 심심할 때 - 궁금할 때

위의 결과는 바츨라빅의 의사소통이론 가운데 내용적 측면 및 관계적 측면과 연관 지어 설명해 볼 수 있다. 바츨라빅은 인간의 의사소통과 동시에 의사소통의 모순을 설명하는 다섯 가지 기본규칙[23]을 세웠는데, 그 가운데 두 번째 규칙이 "인간의 의사소통은 늘 내용적 측면과 관계적 측면을 지닌다"(Watzlawick et al. 2011, 61; Urban 2006, 183)는 것이다. 인간의 의사소통에서 내용적 측면은 '정보'를 전달하는 것이고, 이 정보가 어떻게 이해될 수 있는지를 목소리 억양, 표정, 맥락 등을 통해 지시함으로써 내용적 측면을 규정하는 '메타의사소통'의 역할을 하는 것이 관계적 측면이다Watzlawick et al. 2011, 61 이하).[24] 문자 대화에서 문자와 같은 언어 요소는 정보 전달과 관련한

23) https://www.paulwatzlawick.de/axiome.html.
바츨라빅은 인간의 의사소통을 설명하는 동시에 그것의 모순을 보여주는 다섯 가지 기본 규칙, 즉 화용론적 원칙을 세운다;
1. 인간은 의사소통을 안 할 수 없다(Mann kann nicht nicht kommunizieren).
2. 인간의 모든 의사소통은 내용적 측면과 관계적 측면을 지닌다(Jede Kommunikation hat einen Inhalts- und einen Beziehungsaspekt).
3. 의사소통은 항상 원인과 작용이 있다(Kommunikation ist immer Ursache und Wirkung).
4. 인간의 의사소통은 아날로그적 방식과 디지털 방식을 사용한다(Menschliche Kommunikation bedient sich analoger und digitaler Modalitäten).
5. 의사소통은 대칭적이고 보완적이다(Kommunikation ist symmetrisch oder komplementär).

24) 이에 대해 하나의 예시를 들어 설명하고 있다;
한 여자가 다른 여자의 진주 목걸이를 가리키면서 묻는다. "그거 진짜 진주야?"

내용적 측면에 관계하고, 목소리 억양, 표정, 몸짓 등의 비언어적 요소를 나타내는 이모티콘은 정보 전달의 해석과 관련한 관계적 측면에 관계한다.

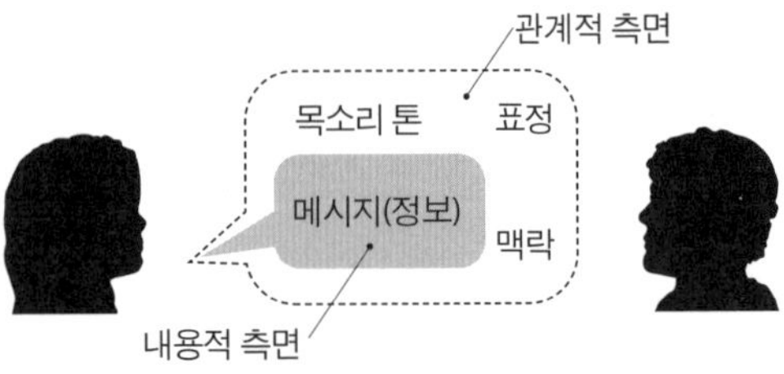

그런데 이모티콘의 기호적 특성과 위의 설문조사 결과에서도 보여주듯이, 이모티콘은 의사소통의 관계적 측면뿐만 아니라 내용적 측면에도 관계하고, 더 나아가 유희적 측면에도 관계한다. 대면 대화의 비언어적 요소를 보완하여 메타의사소통의 역할을 담당하는 이모티콘은 설문조사 결과의 (1)와 (2)에 상응하고, 이것은 바츨라빅이 말하는 의사소통의 관계적 측면에 해당한다. (3)의 경우는 '수시로', '이모티콘으로 표현할 수 있으면 무조건', '말로 하기 쑥스러운 내용 표현' 등은 언어요소를 보완하며, 이모티콘이 직접 정보내용에 관여하므로, 이것은 의사소통의 내용적 측면에 속한다. '새로운 이모티콘을 구입했을 때', '이모티콘 자랑할 때', '심심할 때' 등의 결과를 보이는 (4) 기타 답

의사소통의 내용적 측면에서 볼 때, 이 언어적 발화는 대상의 정보에 대한 질문과 요청을 담고 있다. 여기에 목소리 억양, 표정 맥락 등과 같은 관계적 측면을 고려한다면, 화자의 발화는 여러 가지로 해석될 수 있다. 예를 들어 목소리 억양과 표정이 부드러우면 이는 경탄을 나타내는 것으로, 목소리 억양이 올라가거나 표정이 좋지 않은 경우는 질투를 나타내는 것으로 해석될 수 있으며, 상황적 맥락에 따라서는 진주가 진짜인지 혹은 가짜인지가 궁금한 것이 아니라 대화를 계속해서 이어가고 싶어하는 바램으로 해석될 수도 있다.

변은 특정한 의사소통 목적 없이 그저 이모티콘을 보내는 것에 초점이 맞추어져 있으므로 이는 유희적 측면으로 간주할 수 있다. 따라서 이모티콘의 의사소통적 기능은 세 가지 측면, 즉 관계적 측면, 내용적 측면 및 유희적 측면으로 나눌 수 있다.

4.1. 관계적 측면에서의 의사소통적 기능

이모티콘이 만들어진 본래 목적에 가장 부합하는 기능으로서 표정, 손짓, 몸짓 등의 언어 외적인 요소들을 최대한 보완하여 대면 대화에 가깝게 하는 데 목적을 둔다. 그런데 대면 대화에서의 비언어적 구성요소는 언어 요소와 병행해서 동시에 무의식적으로 나타나므로, 언어 발화의 의도와 감정이 일치하고, 이것을 대화 상대자에게 그대로 드러낸다. 반면에 문자 대화에서의 이모티콘은 문자와는 독립적으로 사용하므로 자신의 감정표현을 의도적으로 조작할 수 있다(Derks et al. 2006; 황화성·박성복 2008, 143). 따라서 이모티콘을 사용하여 솔직한 감정을 표현할 수도 있지만, 자신의 진짜 감정은 숨긴 채 의도된 감정을 표현할 수도 있다. 대화 상대자와의 관계 유지는 이를 선택하는 데 중요한 변수로 작용할 수 있다

예시 1에서 A는 자신의 사전을 아직까지 돌려주지 않은 것에 대해 처음에는 화를 내는 이모티콘과 곧이어 농담 같은 웃음을 나타내는 이모티콘을 사용하여, 언어 발화의 의미를 강조했다가 다시 약화시키고 있다(Marx & Weidacher 2014, 148). 만일 A가 이모티콘 없이 "도대체 내 사전 언제 돌려줄 건데"라는 문자만 보냈다면 B는 A의 감정 상태를 알 수 있는 단서가 아무것도 없으므로 고민에 빠졌을 것이다. B는 우선적으로 A가 몹시 화가 나 있으며, 이 발화는 단순한 질문이 아닌 '빨리 돌려 달라'는 의미를 내포한 간접적인 요구 화행으로 추론

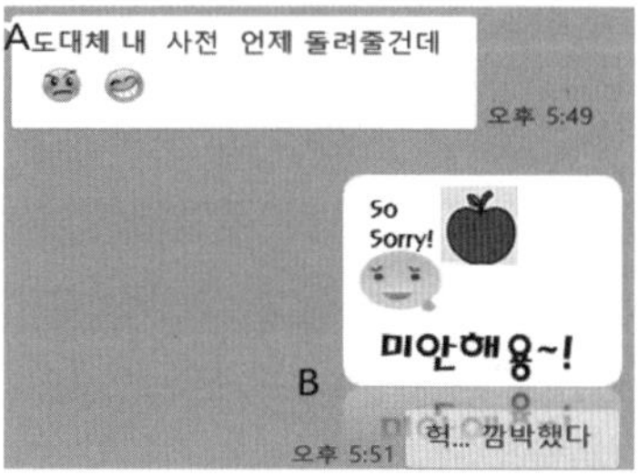

예시 1

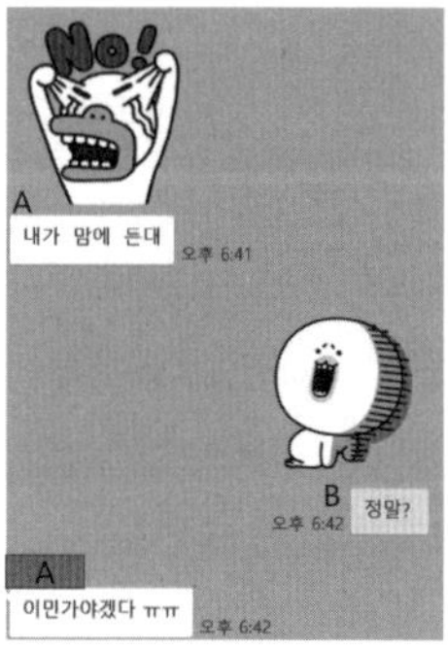

예시 2

할 것이다. 그런데 여기에 첫 번째 이모티콘을 추가함으로써 A의 화남은 더 강조된다. 그러나 뒤이어 두 번째 이모티콘을 추가하면서 A의 화남은 장난임을 알 수 있다. 즉, 마지막 이모티콘이 전체 발화의 의미해석에 결정적인 역할을 한다. 이에 대한 반응으로 B는 돌려주지 못한 이유는 문자로 표현하고, 그에 대한 미안함은 이모티콘을 사용하고 있다. B가 사용한 이모티콘은 의사소통에서 내용적 측면과 관계적 측면 모두에 관여하고 있다고 볼 수 있는데, '말로 하기 쑥스러운 내용 표현'을 이모티콘으로 대체하여 표현한다는 점에서 이모티콘은 어휘로 사용되고 있고(Dürscheid & Frick 2016, 105), 동시에 미안함을 나타내는 한국어, 영어, 과일 '사과' 및 표정으로 구성된 이모티콘의 이미지는 분위기를 부드럽게 하려는데 기여하기 때문이다.

예시 2에서 A의 문자만으로는 A의 발화의미를 화자의 의도와 다르게 해석할 수 있다. 여기서도 이모티콘은 의미해석에 결정적인 역할을 한다. 그 누군가가 맘에 들어 한다는 사실은 일반적으로 기분 좋은 일일 수 있지만, 이모티콘을 통해 A가 그것을 몹시 싫어한다는 것으로 명확하게 이해할 수 있다. 이에 대한 반응으로 B의 문자와 이모티콘의 표정을 통한 강조는 A의 몹시 싫어함을 보다 확연하게 드러내 준다. 마지막 A의 문자는 그 싫어함으로부터 더 나아가 자신의 결심을 나타내 보인다. 여기서 이모티콘은 싫어함을 강조하기 위해, 그리고 그것에 동조하는 문자를 강조하기 위해 사용되고 있으며, 이것은 서로 친밀한 관계에서 나타날 수 있는 유대감을 형성한다.

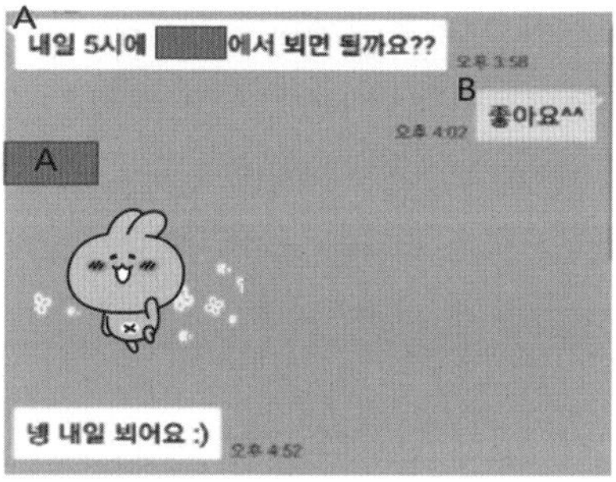

예시 3

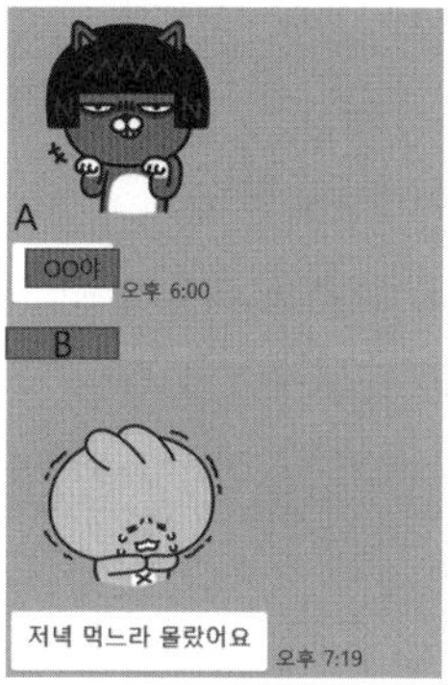

예시 4

예시 3에서 A는 내일 만남에 대한 자신의 제의에 B가 흔쾌히 수락함을 보고, '내일 뵙겠다'는 문자 인사와 함께 위로 점프하면서 웃는 표정의 이모티콘을 사용하고 있다. 이로써 B는 A가 내일의 만남을 몹시 기뻐하고 있는 것으로 해석할 수 있다.

예시 4는 대면 대화의 전형적인 상황을 그대로 재현하고 있다. A는 B를 부르면서 화가 난 표정과 몸짓의 이모티콘을 사용함으로써, B에게 뭔가 불만이 있음을 표출하고 있다. 이에 대해 B는 문자와 함께 울면서 떨고 있는 이모티콘을 사용하여, 변명과 미안함을 동시에 나타낸다. 여기서 이모티콘은 표정, 몸짓과 같은 비언어적 요소로 작동하면서 의미해석에 기여하고 있다.

예시 5

예시 6

예시 5의 문자 대화는 문자의 내용적 측면과 이모티콘의 관계적 측면이 기존과는 다르게 결합되어 있다. 영화에 관한 문자 내용과 더불어 사용된 이모티콘은 문자와 관련한 감정을 담아내는 것이 아니라, 문자가 현재 어디에서 작성되고 있는지를 지시한다. 문자의 내용과 관련하여 이모티콘의 캐릭터가 앉아 있는 의자와 의자 옆에 놓인 팝콘을 통해 화자가 극장에 있음을 알 수 있다. 이로써 이모티콘은 표정, 손짓, 몸짓 등을 나타내는 비언어적 요소에 국한되지 않고 장소를 지시할 수도 있는 기호이며, 여기서는 의미 내용 해석에 영향을 주는 것이 아니라 의미 내용이 발화된 장소를 지시하는 메타의사소통장치로 기능한다.

예시 6에서 사용된 이모티콘은 이모티콘의 의미 내용보다는 대화 상대자에게 좀 더 친근감을 표시하는 관계적 측면에 관여하고 있으며, 이러한 경향은 단톡방에서 자주 나타나는데 알림 공지에 대해 한 사람이 위와 같이 특정한 문자와 이모티콘을 사용하면 다음 사람도, 그다음 사람도 계속해서 그와 비슷한 문자와 이모티콘을 사용하는 동조의 경향을 띠면서, 친근하고 편안한 분위기를 조성하는 데 기여한다.

4.2. 내용적 측면에서의 의사소통적 기능

내용적 측면에서 이모티콘은 메시지가 담고 있는 정보의 일부분을 담당하거나 정보 전체를 담당하기도 한다. '봄의 느낌'이라는 문자와 함께 그에 해당할 수 있는 '해, 새싹, 꽃, 식물, 하트 등'의 이모티콘을 사용하여 언어 발화를 명시적으로 설명하거나 예증할 수 있다. 이것은 언어 발화의 의미를 상세화시키는 것으로 볼 수 있다(Marx & Weidacher 2014, 148). '나는'이라는 문자와 '강아지'라는 이모티콘으로 조합된 발화 구성에서 '나 = 강아지'라는 의미 내용을 만들고, 여기서 이모티콘은 어휘 '강아지'를 대체하며 의미 내용의 일부를 담당한다(Dürscheid & Frick 2016, 105). 이 경우 이모티콘은 문장의 끝에 위치하므로 문장부호인 '마침표'가 생략된다. 그런데 카카오톡에서 제공하는 이모티콘들은 기본적인 스마일리 외에는 주로 문자 위에 놓이기 때문에 마침표 생략과 큰 연관성이 있지는 않다.

예시 7

예시 8

예시 7에서 A는 마트에서 과일을 샀고, 그 과일은 '딸기'라는 것을 이모티콘을 통해 상세화시키고 있다. B의 문자에서는 '다녀왔는데~' 뒤에 '컵케익' 이모티콘을 사용함으로써 다녀오기만 한 것이 아니라 컵케익을 샀다는 것으로 추론할 수 있고, 따라서 이모티콘은 샀다는 행위 동사의 언어적 요소 대체 및 구입한 것에 대한 상세화의 기능을 동시에 담당하고 있다.

예시 8에서는 '나 아파'라는 문자와 함께 이모티콘을 사용하여 화자는 아픔을 상세화시킴과 동시에 '많이 아픔'을 강조하는 것으로 해석할 수 있다. 아픔의 상세화로 이모티콘을 해석하면 콧물이 나고, 몸도 떨려서 이불을 뒤집어쓰고 있으므로 감기 또는 몸살임을 추측할 수 있다. 아픔의 강조로 해석하면 '아프다'라는 문자와 함께 몹시 '아파보이는 이미지'의 이모티콘을 사용함으로써 언어와 도상 기호로서의 이모티콘을 반복하며 강조의 효과를 자아낸다. 전자로 해석할 경우 내용적 측면으로 볼 수 있지만, 후자로 해석할 경우는 내용적 측면보다는 대면 대화에서 나타날 수 있는 아픈 목소리 또는 아파 보이는 얼굴 등을 대신하는 것으로서 메타적 기능을 가진 의사소통의 관계적 측면으로 볼 수 있다.

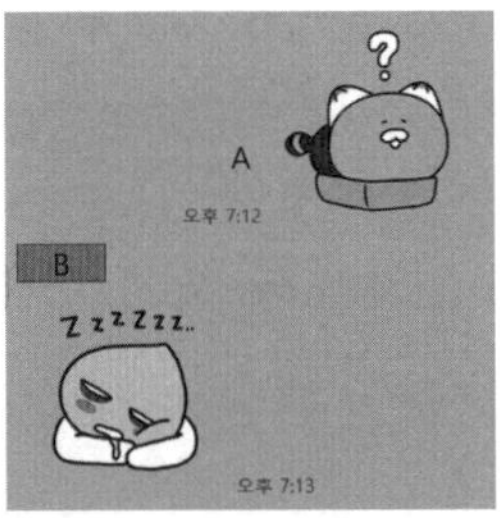

예시 9

예시 10

예시 9와 예시 10은 문자 없이 이모티콘만으로 대화를 진행해나가는 경우이다. 예시 9에서는 '궁금함'을 나타내는 이모티콘을 사용하여 언어 없는 질문의 발화가 만들어진다. 이에 대한 반응으로 침을 흘리고 엎드려 있는 이미지의 이모티콘을 사용하여 마찬가지로 언어 대신 이모티콘만으로 대답 발화를 구성하고 있다. A 이모티콘의 문장부호 '?'와 B 이모티콘에서 코를 고는 소리 '쿨쿨'을 뜻하는 영어 'zzz', 즉 잘 때 내는 의성어가 결정적으로 이와 같은 해석을 가능케 한다. 언어 또는 문장부호와 캐릭터의 이미지가 함께 구성된 이모티콘에서 모든 구성요소가 늘 동일하게 의미해석에 영향을 미치는 것은 아니며, 오히려 의미해석에 더 결정적인 영향을 미치는 구성요소가 있다.

예시 10에서는 '영화 보러 가자'라는 A의 제안에 B는 이모티콘 만으로 대답을 보내고 있다. A의 문자와 연관시켜 B의 이모티콘을 살펴보면, 캐릭터가 노트북으로 뭔가를 열심히 하고 있는 행위와 함께 뒤의 배경인 불은 '지금 무척 바쁜 상태임'으로 해석할 수 있고, 캐릭터의 눈빛과 그 밑의 기호 및 머리에 뿔난 것을 통해 '그래서 신경도 날카롭다'라는 해석을 이끌어 낼 수 있다. 이 둘을 결합하여 결국 '내일 영화 보러 갈 수 없다'라는 결론을 도출해 낼 수 있다.

그런데 위에서 보여주는 것처럼 이모티콘을 내용적으로 사용한 의사소통이 늘 원활하게 진행되는 것은 아니다. 이모티콘으로 인한 의사소통 장애가 일어날 경우, 이모티콘의 의미에 대한 되묻기가 종종

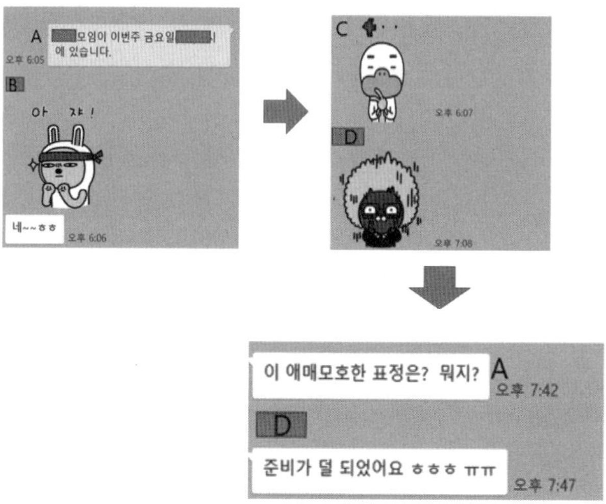

예시 11

발생한다.

예시 11에서 보면 A의 모임 안내 공지에 B, C, D는 저마다 이모티콘을 사용하여 서로 다르게 반응을 나타내 보이고 있다. B의 경우 '네~~ㅎㅎ'라는 문자로 알았다는 의미와 함께 문자를 활용한 웃음 이모티콘을 사용하고 있으며, 거기에 '아 쟈!'가 들어 있는 이모티콘을 추가하여 '열심히 준비해서 가겠다'는 의미로 해석할 수 있다. 반면에 C와 D는 모임 공지에서 일반적으로 예상할 수 있는 답변을 벗어난 이모티콘들을 사용하고 있다. C는 침묵한 채 위로 까마귀가 날아가는 이미지의 이모티콘을 사용함으로써 일단 긍정적이지 않은 반응으로 유추해볼 수 있고, D의 이모티콘은 C보다는 구체적이지만 놀라서 벌벌 떠는 이미지로 공지와 직접적인 관련성을 찾기가 힘들다. 이에 공지자인 A는 이모티콘의 의미를 다시 묻게 되고, D는 이모티콘이 아닌 문자로 이모티콘의 의미를 설명한다. 이와 같이 상황에 맞지 않은 이모티콘으로 의사소통 장애를 일으킬 수도 있지만, 이모티콘에 대한 해석의 차이로도 의사소통 장애가 있어날 수 있다. 예를 들어 이 우리나라에서는 '최고'라는 의미로 해석되지만 일본의 경우는 '남자' 또는 숫자 '5'를 지시하고, 호주에서는 비속어로 사용되기도 한다. 즉 문화에 따라 이모티콘에 대한 해석이 다를 수 있으며(Dürscheid & Frick 2016, 119), 그로 인한 의사소통 장애가 발생할 수 있으므로 언어와 비언어 요소인 이모티콘의 보다 효율적인 사용에 대해서는 깊이 숙고해볼 필요가 있다.

4.3. 유희적 측면에서의 의사소통적 기능

의사소통과 관련한 유희적 측면을 생각하면 "「1」 말이나 글자를 소재로 하는 놀이. 말 잇기 놀이, 어려운 말 외우기, 새말 만들기 따위가 있다. ≒말 짓기 놀이. 「2」 내용 없는 미사여구나 현학적인 말을 늘어 놓는 일."(표준국어대사전)의 의미를 지닌 '언어유희'를 떠올릴 수 있다. 이러한 언어적 유희는 어떤 의미를 암시하거나 전달하기 위해 말이나 단어, 문자 등을 해학적으로 사용하는 표현으로서, 대표적으로 동음이의어를 재치 있게 구사하거나 유사 발음을 이용한다. 언어유희를 사용하는 목적은 풍자와 기지 또는 조롱을 나타내기 위해, 광고의 경우는 소비자의 주의를 끌어당기면서 광고 내용을 쉽게 이해시키기 위해서이다.[25)]

앞에 나와 있는 '주로 언제 이모티콘을 사용하는가'라는 설문조사 결과에서 '(4) 기타'의 응답들 전부 이모티콘의 유희적 측면에 관계한다. 즉 '새로운 이모티콘을 구입했을 때', '이모티콘을 자랑할 때', '귀엽고 앙증맞은 이모티콘을 보는 것만으로도 기분이 좋아져서', '심심할 때', '궁금할 때'와 '(3) 언어요소 보완'에서 '할 말이 없을 때', '상대가 이모티콘을 먼저 썼을 때 응답으로' 등이 또한 이모티콘의 유희적 측면에 관여한다. 위에 열거한 경우들을 보면 의사소통을 하는 목적이 정보 전달에 있지 않지 않고, 오히려 이모티콘을 활용한 놀이에 있다고 볼 수 있다.

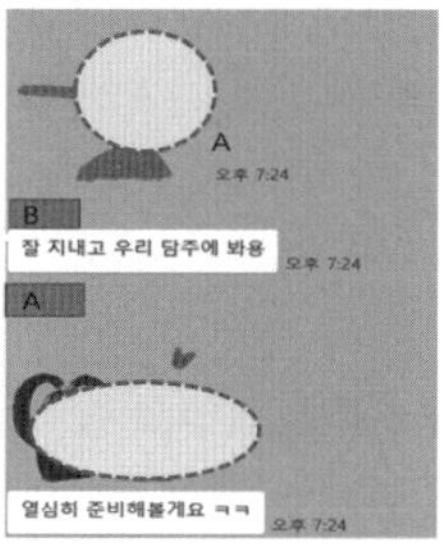

예시 12

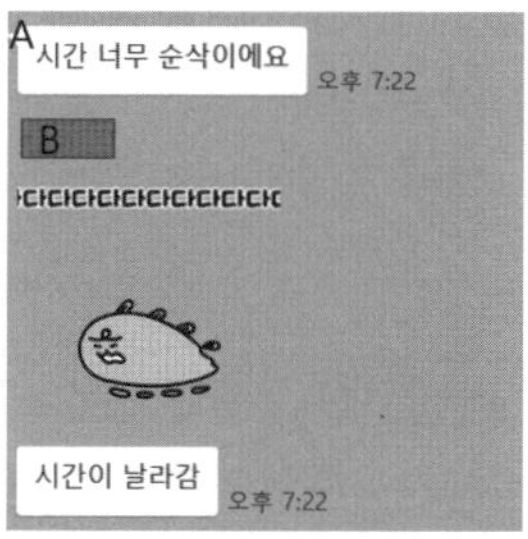

예시 13

25) http://100.daum.net/encyclopedia/view/99XX32100900.

예시 12에서 사용된 이모티콘의 경우 마지막 이모티콘은 '열심히 준비하겠다'는 문자와 함께 '사랑해요'라는 이모티콘을 사용하고 있다. 여기서 이모티콘은 의미보다는 상대방에 대한 친근감을 나타내는 의사소통의 관계적 측면에 기여하고 있다. 그런데 그 위의 이모티콘과 함께 전체적으로 해석해 본다면 A의 이모티콘 사용 목적은 오히려 위의 설문조사 응답 가운데 '새로운 이모티콘을 구입했을 때' 또는 '이모티콘 자랑할 때'로 볼 수 있다. 왜냐하면 처음의 이모티콘만으로는 A의 발화의미를 제대로 해석할 수 없고, 두 번째 관계적 측면에 관여하는 이모티콘과 하나의 세트로 묶여진 이모티콘이기 때문이다. 즉 문자 대화에서 의미 내용의 맥락성보다는 이모티콘 자체에 중심이 놓여져 있다.

예시 13의 카톡대화에서 이모티콘의 유희적 기능은 더 분명하게 드러난다. A의 문자 '시간이 순삭'이라는 언어발화를 그대로 받아서, B는 A의 언어발화를 다른 표현의 언어발화 및 같은 의미를 나타내는 이모티콘을 해학적으로 반복 사용함으로써 언어와 이모티콘이 결합된 복합적인 유희성을 자아낸다.

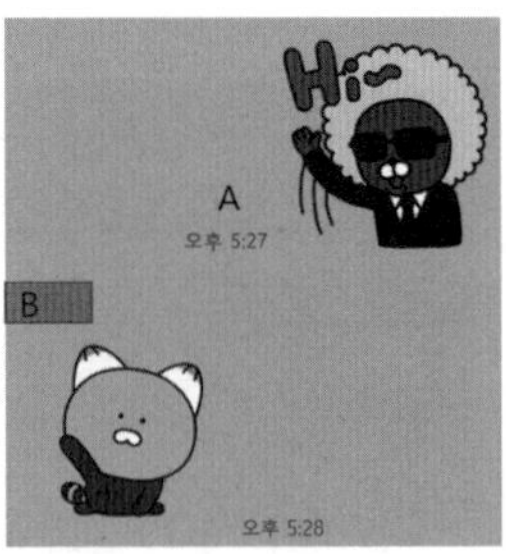

예시 14

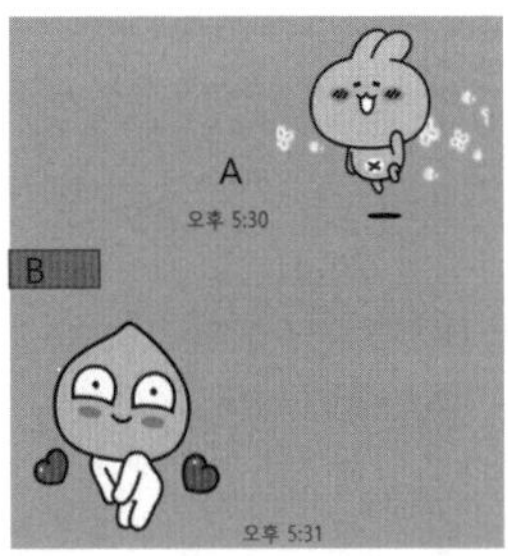

예시 15

예시 14와 예시 15는 이모티콘 만으로 이루어진 문자 대화이다. 예시 14에서 처음에 사용된 이모티콘은 대화 시작을 여는 인사를 대체하고 있다. 즉 의미 내용의 전부를 담당하며 의사소통의 내용적 측면에 관여하고 있으며, 이에 대한 B의 반응은 A의 인사에 화답하는 인사로서 마찬가지로 의사소통의 내용적 측면에 관여한다. 이 둘의 발화는 여기서 끝이므로 개별적으로는 내용적 측면에 관여할지라도 전체적으로는 '심심할 때'의 응답처럼 무료함을 달래기 위하여 이모티콘을 사용했다고 볼 수 있다. 예시 15의 경우도 이모티콘만으로는 A와 B의 발화 맥락을 이해하기가 쉽지 않다. 둘의 이모티콘 사이에 의미 내용의 연결성이 결여되어 있다. 따라서 이 또한 이모티콘의 유희적 측면으로 관찰할 수 있다.

지금까지 이모티콘의 의사소통적 기능을 관계적 측면, 내용적 측면 및 유희적 측면에서 살펴보았는데, 하나의 이모티콘은 두 가지 측면의 기능, 즉 중복된 기능을 가질 수도 있다. 이 경우 지배적 기능과 보조적 기능으로 분류할 수 있다. 또한 세 측면의 기능의 경계가 늘 명확한 것은 아니다. 그럼에도 불구하고 의사소통의 맥락과 상황을 기준으로 최대한 이모티콘의 기능 유형을 분류해볼 수 있을 것이다.

5. 결론

지금까지 카카오톡의 문자 대화에 사용된 이모티콘을 중심으로 기호적 특성과 유형 및 의사소통적 기능을 살펴보았다. 대화에서 언어 발화와 함께 나타나는 표정, 손짓, 몸짓 등의 비언어적 요소를 보완하기 위해 만들어진 이모티콘은 도상 기호에서 출발하지만 의사소통 기능과 관련하여 그 기호성 또한 복합적으로 변해가는 양상을 보인다. 처음에는 이미지 이모티콘이 주를 이루었고, 다음으로 이미지에 움직임이 더해져 동영상 이모티콘들이 나왔으며, 거기에 상징 기호인 언어 요소가 더 추가된다. 이모티콘의 기호적 변화는 문자 대화에서 감정표현을 담당하는 부분적인 역할에서 시작하여, 일상적으로 나타나는 간단한 행위까지 문자를 대체하며 역할을 넓혀갔고, 더 나아가 일상의 섬세한 행위 부분까지도 언어 대신 재현하려는 시도를 이어가고 있다. 그러한 시도에서 의사소통 구성요소에 나타난 새로운 변화를 발견하게 된다. 문자 대화를 통한 의사소통에서 지금까지는 언어와 비언어 요소를 보완하는 이모티콘이 함께 표현수단으로 구성되었다면, 이모티콘의 발전으로 인하여 문자 대화의 표현수단은 점점 더 이모티콘만으로 되어가고, 언어는 이모티콘 안의 캐릭터와 함께 이모티콘의 구성요소로 되어간다는 점이다. 이러한 이모티콘의 기호적 특성은 이모티콘의 의사소통 기능에도 영향을 준다.

이모티콘의 의사소통 기능은 크게 세 가지 측면, 즉 관계적 측면, 내용적 측면 및 유희적 측면으로 분류해볼 수 있다. 관계적 측면에서 이모티콘은 비언어적 요소를 대신하는 감정표현으로 작용할 뿐만 아니라 친근한 분위기 조성 및 관계유지를 위해서도 작용한다. 이모티콘을 사용한 감정 표현에 있어서 기존의 대면 대화에 나타나는 자연스러운 감정표현과는 달리 감정을 자유자재로 조작할 수 있다. 그 외에 발화 장소를 지시하는 메타의사소통적 기능은 문자 대화에서 이모티콘이 갖는 특징으로 볼 수 있다. 내용적 측면에서는 어휘를 대신하거나 어휘 집단을 대신함으로써 이모티콘이 언어 요소로 의미 내용을 전달한다. 그리고 이모티콘 기호의 발전은 이 기능과 밀접한 관련을 맺으면서 성장하고 있다. 그런데 이모티콘의 종류는 방대하고 개인의 기호와 취향이 각기 다르므로, 예를 들어 같은 의미 내용을 전달할 때 서로 다른 이모티콘을 선택할 수 있고, 게다가 문화적 차이도 있기 때문에 이모티콘의 사용이 많아질수록 의사소통 장애도 그만큼 더 커질 수 있다. 마지막으로 유희적 측면에서 이모티콘은 기존의 언어유희 확장으로, 언어유희보다 더 다양한 목적으로 유희적 측면에 기여하고 있다.

이모티콘의 사용은 문자 대화만이 아니라 그 영역을 넓혀 '모비딕(Moby Dick)'과 같은 이모지-소설로도 출간되었는데(Dürscheid & Frick 2016, 119), 소설에 대한 해석이 분분하여 영국 런던의 한 회사는 이모지 번역자 구인 광고를 내기도 했다.[26] 어찌 되었든 이모티콘의 사용은 앞으로도 더 늘어날 것이고 그만큼 문자에 대한 의존도는 줄어들 수도 있을 것이다. 그러나 자유로운 의사표명과 원활한 의사소통을 위한 표현수단으로 언어와 견줄 수 있는 것은 아직까지 아무것도 없다. 따라서 의사소통에서 언어와 이모티콘의 조화로운 사용을 위해 끊임없는 노력과 연구가 필요할 것이다.

---

26) https://www.srf.ch/kultur/netzwelt/das-ist-der-erste-emoji-uebersetzer-der-welt.

참고문헌

김경용. 1994. 『기호학이란 무엇인가』. 민음사.

김미주. 2008. “퍼스의 기호학 연구.” 『예술연구』 14: 5-18.

김선진. 2014. “모바일 메신저의 이모티콘 특성에 관한 비교 연구: 국내, 해외 대표 앱(카카오톡, 라인, 페이스북, 왓츠앱)을 중심으로.” 『디지털디자인학연구』 14 (1): 87-96.

김승연. 2102. "이모티콘(Emoticon)의 표현 양상에 관한 연구.” 『한국어 의미학』 38: 1-25.

나은영. 2002. 『사회심리학적 관점에서 본 인간커뮤니케이션과 미디어』. 한나래.

문보경 외. 2011. 『톡톡! 국민앱 카카오톡 이야기』. 머니플러스.

박현구. 2005. “온라인 환경의 이모티콘과 비언어 행위의 관계: 관계통제 기제로서의 이모티콘.” 『언론과학연구』 5 (3): 273-302.

서은아. 2007. 『글쓰기로써 말하기 또는 네티즌의 펌글, 댓글, 베플, 악플, 아이디 그리고 이모티콘의 언어학적 분석』. 커뮤니케이션북스.

엄기서, 신순범. 2004. “인터넷 시각언어 이모티콘의 기호학적 해석과 분석.” 『디지털디자인학연구』 8: 153-161.

이견실, 윤정원. 2014. “희로애락 이모티콘의 의미생성 가능성 탐색: 모바일 메신저 이모티콘을 중심으로.” 『일러스트레이션 포럼』 41: 25-34.

이은지. 2017. "이모티콘 사용자의 이용 동기에 대하여.” 『한국HCI 학회 논문지』 12 (2): 5-12.

이혜경, 고은영. 2015. “인스턴트 메신저 이모티콘 사용에 있어 20대와 장년층의 특성비교연구: 카카오톡 이모티콘을 중심으로.”

『브랜드디자인학연구』 13 (2): 145-156.

정혜욱. 2018. "구술성과 문자성을 결합한 모바일 언어로서의 이모티콘의 특성." 『Archives of Design Research』 31 (4): 125-135.

황화성, 박성복. 2008. "문자메시지의 이모티콘 활용에 관한 연구: 이용 동기와 사회적 현존감의 상관성을 중심으로." 『미디어, 젠더 & 문화』 9: 133-162.

Beißwenger, Michael. 2015. "Sprache und Medien: Digitale Kommunikation." In: *Studikurs Sprach- und Textverständnis.* E-Learning-Angebot der öffentlich-rechtlichen Universitäten und Fachhochulen und des Ministeriums für Innovation, Wissenschaft und Forschung (MIWF) des Landes Nordrhein-Westfalen.

Chandler, Daniel. 2000. *Semiotics for Beginners.* Wales: University of Wales. (『미디어기호학』. 대니얼 챈들러 지음/강인규 옮김. 서울: 소명출판, 2006.)

Coulmas, Florian. 1996. *The Blackwell Encyclopedia of Writing Systems.* Oxford: Blackwell Publishers.

Derks, D., A. H. Fischer, and A. Bos. 2006. "The Role of Emoticon in Computer-Mediated Communication: A Review." *Computer in Human Behavior* 19: 324-347.

Dürscheid, Christa. 2004. *Einführung in die Schriftlinguistik.* Göttingen: Vandenhoeck & Ruprecht. (『문자언어학』. 뒤르샤이트 크리스타 지음/김종수 옮김. 서울: 유로서적, 2007.)

Dürscheid, Christa. 1999. "Zwischen Mündlichkeit und Schriftlichkeit: die Kommunikation im Internet." *Papiere zur Linguistik* 60 (Heft 1). Tübingen: Gunter Narr Verlag. 16-30.

Dürscheid, Christa and Karina Frick. 2016. *Schreiben digital: Wie das Internet unsere Alltagskommunikation verändert.* Stuttgart: Kröner Verlag.

Eco, Umberto. 1976. *A Theory of Semiotics.* Bloomington: Indiana University Press.

Günther, Hartmut. 1988. Schriftliche Sprache. Strukturen geschriebener Wörter und ihre Verarbeitung beim Lesen. Tübingen: Niemeyer.

Koch, P. and W. Oesterreicher. 2007. "Schriftlichkeit und kommunikative Distanz." Zeitschrift für germanistische Linguistik 35 (3): 346-375.

Lyons, John. 1977. *Semantics*, vol. 1. Cambridge: Cambridge University Press.

Maas, Utz. 2004. Geschriebene Sprache/Written Language. In: Ammon, Ulrich et al. (Hrsg.): *Soziolinguistik: Ein internationales Handbuch zur Wissenschaft von Sprache und Gesellschaft* 2, Berlin/New York: de Gruyter, 633-645.

Marx, Konstanze and Georg Weidacher. 2014. *Internetlinguistik: Ein Lehr- und Arbeitsbuch.* Tübingen: narr Verlag.

Urban, Adrian. 2006. *Mein Lieblingspsychologe.* Gütersloh: Gütersloherverlagshaus.(『내가 사랑하는 심리학자』. 아드리안 우어반 지음/조희진 옮김. 서울: 도서출판 말글빛냄, 2007).

Watzlawick, Paul, Janet Beavin, and Don Jackson. 2011. *Menschliche Kommunikation: Formen, Störungen, Paradoxien.* 12. Aufl. Bern: Verlag Hans Huber.

인터넷사이트

http://m.gametoc.hankyung.com/news/articleView.html?idxno=48341

http://news.ebs.co.kr/ebsnews/allView/10454456/N

http://www.fnnews.com/news/201702240819569844

https://www.paulwatzlawick.de/axiome.html

http://www.asiae.co.kr/news/view.htm?idxno=2017120714151904677

http://100.daum.net/encyclopedia/view/99XX32100900

https://www.srf.ch/kultur/netzwelt/das-ist-der-erste-emoji-uebersetzer-der-welt

V

소셜 미디어 시대, 바이럴 광고
- 유튜브 동영상 광고를 중심으로

윤재연

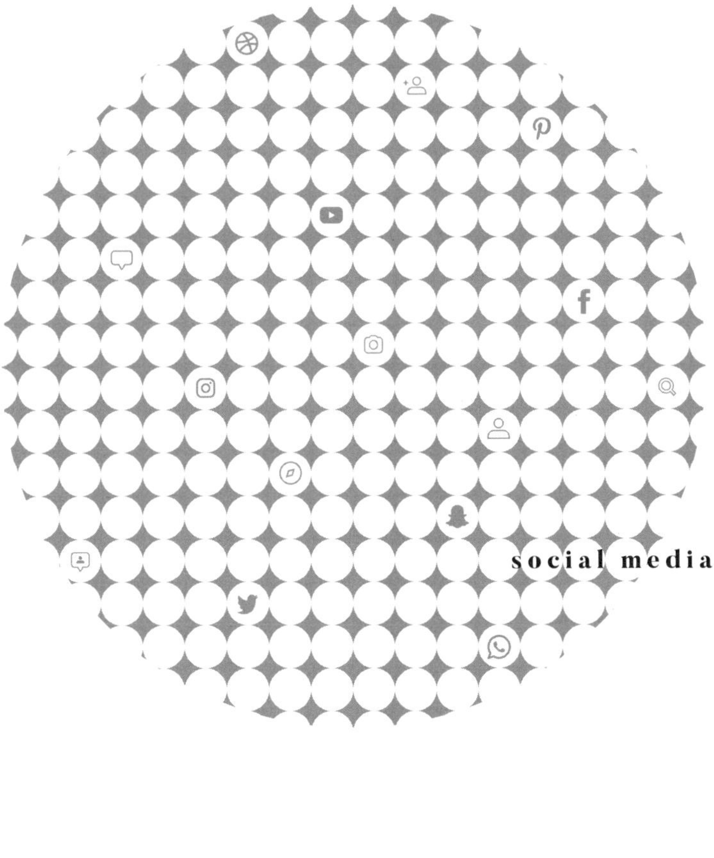

5

소셜 미디어 시대, 바이럴 광고

- 유튜브 동영상 광고를 중심으로

윤재연

1. 머리말

현대 사회는 소셜 미디어의 사회이다. 소셜 미디어(social media)는 사용자들 간 의견이나 정보를 공유하는 온라인 기반의 미디어로, 사용자가 콘텐츠를 생산하고 교환하는 것을 가능하게 하는 미디어이다. 소셜 미디어의 등장으로 미디어 환경이 변화하면서, 사람들의 행동 양식에도 많은 변화를 가져왔다. 소셜 미디어의 등장으로 사람들은 타인과 보다 쉽게 관계를 맺고, 관계(네트워크)를 확장할 수 있게 되었으며, 확장된 네트워크를 통해 자유롭게 의사소통을 하고, 정보를 공유하며, 이를 쉽게 확산할 수 있게 되었다. 이러한 소셜 미디어의 발전은 소비 패턴에도 큰 변화를 가져왔으며, 사람들의 행동 양식이나 소비 방식의 변화는 마케팅 방식에도 큰 영향을 끼쳤을 뿐만 아니라 광고에도 큰 변화를 가져왔다.

기존의 TV 광고, 라디오 광고, 신문 광고 등은 제작자나 방송사에 의해 일방적으로 전달되는 방식임에 비해, 소셜 미디어상의 광고는 더 이상 일방향성을 띠지 않는다. 소셜 미디어를 통해 수용자는 광고에 능동적인 참여가 가능해지고, 이로써 광고를 적극적으로 향유하는 시대가 되었다. 소비자들은 광고의 수용자인 동시에 이미 만들어진 정보를 다른 사람과 공유, 전달하는 매개체의 역할을 담당한다. 또 소비자들은 스스로 서비스나 제품의 정보를 만드는 생산자의 역할을 하기도 한다. 이처럼 인터넷을 기반으로 하는 소셜 미디어를 중심으로 수용자의 자발적인 참여와 빠른 확산을 유도하는 광고를 바이럴 광고라고 한다.

본고에서는 소셜 미디어 중에서도 최근 가장 영향력 있는 매체로 부상하고 있는 동영상 플랫폼인 유튜브를 대상으로, 유튜브에서 확인되는 바이럴 광고, 즉 동영상 바이럴 광고의 내용적 특성을 살펴보고자 한다. 기존의 바이럴 광고 연구들은 대체로 마케팅 전략 차원에서 바이럴 광고를 분석해 왔다. 이에 비해 본고는 바이럴 광고의 구체적 내용 분석을 통해 그 특성을 실증적으로 살피는 연구라는 점에서 연구의 가치를 지닐 수 있을 것으로 본다.

2. 소셜 미디어, 바이럴 마케팅, 바이럴 광고

2.1. 소셜 미디어

사람들은 소셜 미디어를 페이스북이나 인스타그램 등의 SNS와 동일한 개념으로 이해하는 경향이 있는 것으로 보인다. 하지만 서구원(2015)은 소셜 미디어(social media)와 소셜 네트워크 서비스(SNS, Social Network Services, Social Network Sites)는 동일한 개념이 아니라고 하면서 각 개념을 구분하고 있다. 다만, 소셜 미디어와 SNS에 대한 표준화된 정의는 아직 없으며, 분류 기준에 대한 공통적인 견해도 존재하지 않는다고 하면서 다양한 정의를 살피고 있다.

소셜 미디어는 웹 2.0의 이념적 및 기술적 기반 위에 구축되어 사용자 제작 콘텐츠(UGC,[1] user-generated content)를 창조하고 공유하는 것을 가능케 하는 일단의 인터넷 기반 어플리케이션(Kaplan & Haenlein 2010)이라고 정의되기도 하고, 누구나 정보를 출판하고, 접근할 수 있으며, 공동으로 협력하고 관계를 수립할 수 있는 전자적인 수단(Murthy 2013)이라고 정의되기도 한다. 사용자가 온라인 정보 교환에 참여하고, 사용자 제작 콘텐츠에 기여하고, 온라인 커뮤니티에 참여할 수 있는 광범위한 분야의 인터넷 기반 및 모바일 서비스(Dewing 2010)라고 정의되기도 하며, 온라인상 정보의 커뮤니케이션과 참여와 축적을 가능케 하는 온라인상의 도구와 프로그램(Newson, Houghton, & Patten 2009)을 의미하기도 한다.[2]

소셜 네트워크 서비스(이하 'SNS')는 소셜 미디어의 한 종류로, 소셜 미디어는 블로그, SNS, 위키, 공유 사이트(또는 UGC), 마이크로블로그 등으로 분류할 수 있으며 최근에는 소셜 태깅, 소셜 북마킹, 가상 세계, 팟캐스팅과 비디오 캐스팅 등을 추가하기도 한다. 각 분류에 해당하는 구체적인 미디어를 살펴보면, 블로그는 텀블러(Tumblr), 블로거(Blogger), 워드프레스(WordPress) 등을 포함하고, SNS에는 페이스북(Facebook), 링크드인(LinkedIn) 등이 포함된다. 위키에는 위키피디아(Wikipedia), 공유 사이트(sharing sites), UGC에는 유튜브, 핀터레스트(Pinterest), 인스타그램(Instagram), 플리커(Flickr) 등이 포함된다.[3]

1) 우리나라에서는 UGC보다는 UCC(User-Created Contents)가 더 일반적인 용어로 사용된다.
2) 소셜 미디어에 대한 다양한 정의는 서구원(2015, 20-21) 참고.
3) 소셜 미디어의 유형 분류는 서구원(2015, 22)의 분류 참고.

2.2. 바이럴 마케팅

소셜 미디어가 발달함에 따라 마케팅 분야에도 큰 변화를 가져왔다. 마케팅 분야에서는 소셜 미디어를 통해 거미줄처럼 연결되어 있는 소비자들 사이에 정보가 바이러스와 같이 빠르게, 그리고 자발적으로 확산되는 점을 적극적으로 이용하려는 새로운 마케팅이 등장하게 되었는데, 이를 바이럴 마케팅이라 한다.

미국마케팅학회(AMA, American Marketing Association)의 정의에 따르면, 바이럴 마케팅(viral marketing)은 사람들이 마케팅 메시지를 퍼트리는 것을 촉진하는 마케팅 현상이다. 바이럴은 많은 사람이 메시지에 노출되는 현상이 사람들 사이에 바이러스나 병이 전파되는 것과 닮았기 때문에 붙인 이름이다. 바이럴과 유사한 용어로 구전(WOM, word-of-mouth)이 있는데, 미국마케팅학회에서는 구전을 사람들이 제품이나 프로모션에 대한 정보를 소비자, 친구, 동료, 지인 등과 공유하는 것이라고 정의하고 있다. 구전은 기업이 아니라 소비자나 개인에 의해 전파되는 정보이며, 바이럴은 일반적으로 온라인 구전으로 취급되고 있다(Henke 2011).[4)]

Justin Kirby(2006, 50)에서는 바이럴 마케팅은 브랜드 인지를 증대시키기 위해 소비자 간에 전달될 수 있는 전염성이 강한 광고 메시지나 소재를 기하급수적으로 확산하는 것이 마케팅의 핵심 요소라고 주장하였다. 즉, 제품이나 서비스 정보 대신 독창적인 매개체나 전염성이 강한 메시지를 생성하여 인터넷 미디어를 통해 기업이 기하급수적인 확산으로 브랜드 인지도를 제고하고 검색, 공유, 공감, 구매와 같은 반응을 이끌어 낼 때 보다 전략적인 바이럴 마케팅이 될 수 있다고

---

4) 미국마케팅학회의 바이럴 마케팅의 개념 정의는 서구원(2015, 52)에서 재인용.

주장한다.[5)]

한편, 다수의 관련 논의들을 검토한바, 기존 논의에서는 바이럴 마케팅의 마케팅 활동이 이루어지는 공간(매체)이 정확히 소셜 미디어에 국한되는 것인지, 소셜 미디어를 포함하는 인터넷 미디어 전체를 의미하는 것인지, 이에 대한 명확한 기술이 부족한 것으로 보인다. 따라서 본고에서는 이에 대해 좀 더 명확한 개념 정리를 하고자 한다. '바이럴 마케팅'에서 사용자 사이에서 정보를 '공유하고 전달'하는 '직접적인' 바이럴 행위를 가능케 하는 것은 소셜 미디어이다. 따라서 사용자 사이의 정보 공유와 확산이라는 점에 초점을 두면 바이럴 마케팅은 소셜 미디어를 통한 마케팅 활동에 국한된다고 볼 수 있다. 그러나 고전적인 '구전(입소문)' 마케팅은 구독자를 많이 확보한 파워 블로거에게 제품 리뷰를 의뢰하여 소비자들이 이를 통해 정보를 취하도록 유도하는 것이었다. 그리고 인터넷 댓글이나 이메일[6)] 등을 이용하는 방식으로도 구전 마케팅이 가능하다. 이러한 점에서 바이럴 마케팅은 다양한 인터넷 미디어를 통한 마케팅 활동이라 할 수 있다. 따라서 바이럴 마케팅은 좁은 의미로는 소셜 미디어를 활용하여 직접적인 정보의 공유와 확산을 도모하는 마케팅 활동이고, 넓은 의미로는 소셜 미디어를 포함한 다양한 인터넷 미디어를 통해 구전 효과를 도모하는 마케팅 활동으로 정의할 수 있을 것으로 본다.

---

5) Justin Kirby(2006)의 바이럴 마케팅의 정의는 김성균(2019, 19)에서 재인용.

6) 버거킹은 새로운 치킨 샌드위치를 판촉하기 위한 마케팅 캠페인으로 방문자의 요구에 우스꽝스러운 닭 의상을 입은 사람이 반응을 보임으로써 버즈를 유발하고 "tell a friend"라는 이메일을 보낼 수 있는 확산 유도 툴을 제공하였다. 이에 4천 6백만 명의 사람들이 이를 이용했으며, 이 캠페인이 진행되는 동안 치킨 샌드위치의 판매수입이 매주 9% 증가한 것으로 나타났다고 한다(Anderson 2005. 김은희(2010, 261)에서 재인용.)

2.3. 바이럴 광고

마케팅은 생산자가 상품 또는 서비스를 소비자에게 유통하는 데 관련된 모든 체계적 경영 활동이고, 광고는 상품의 판매를 촉진하기 위한 마케팅의 한 방법이다. 따라서 바이럴 광고는 바이럴 마케팅의 구체적 실현 방법으로 사용된 광고라 할 수 있을 것이다. 그런데 기존의 연구들에서는 바이럴 광고를 바이럴 마케팅과 동일한 개념으로 파악하는 경향이 있고, 바이럴 광고와 인터넷 광고를 동일한 것으로 보는 경우도 있는 것으로 보인다. 일례로, 백제훈(2014)는 연구 대상이 국내 바이럴 광고 영상임에도 불구하고, 논문에는 '바이럴 마케팅'에 대한 개념만 다루어졌을 뿐, '바이럴 광고'에 대한 정확한 개념 정의는 제시되어 있지 않다.

그러나 바이럴 마케팅은 광고뿐만 아니라, 이벤트, 게임 등의 다양한 콘텐츠를 활용하는 마케팅이다. 그리고 생산된 제품을 사용만 하던 단순한 사용자에서 능동적이고 생산적인 참여자로 소비자를 변모시킴으로써, 수용자의 적극적 관여를 유도하고 활용하는 방식의 마케팅 기법이다. 따라서 바이럴 광고와 바이럴 마케팅을 동일 개념으로는 볼 수 없다고 본다.

또 바이럴 광고와 인터넷 광고를 완전히 동일한 것으로 보기도 어렵다. 인터넷 광고의 광고 방법으로는 웹 사이트의 광고주 사이트에 링크를 설정한 화상을 게재하는 배너 광고, 광고주 웹 사이트의 선전을 게재하는 메일 광고, 스플래시 스크린(splash screen),[7] 스폿 리싱

7) '스플래시 스크린'은 프로그램을 시작했을 때 로딩 중에 표시되는 대형 이미지를 말하고, '스폿 리싱'은 검색엔진 사이트 등 홈페이지 내 일부 공간을 계약 기간만큼 임대하는 것이며, 'URL'은 광고 수단으로 웹 사이트 URL을 이용하는 것이다.

(spot leasing), URL(Uniform Resource Locator), 채팅룸(chatting rooms) 등이 포함되는데, 이들 광고 모두를 바이럴 광고라 하긴 어렵기 때문이다.[8)]

황준호 외(2016)에서는 온라인 광고는 크게 검색 광고(텍스트), 노출형 광고(이미지, 동영상)로 구분할 수 있으나, 최근 광고의 전달 방식 및 기술적 특성이 계속 발전함에 따라 온라인 광고의 종류나 유형을 구분하는 것은 더욱 복잡해지고 있다고 하면서, 이를 '매체 형태, 광고 형태, 전달 방식, 운용, 지불 방식'의 다섯 유형으로 분류하여 제시하고 있는데, 이때 바이럴 광고를 전달 방식으로 분류한 온라인 광고의 하위 유형 중 하나로 보고 있다.

참고 1. 온라인 광고 유형 구분(황준호 외(2016, 54-56)의 표 2-8 중 '전달 방식' 부분만 발췌)

광고 유형			특징
전달 방식별	Push형	SMS/LMS/MMS	텍스트, 멀티미디어 형태의 메시지 광고
		Alerts 광고	메신저, 앱 Alerts 기능을 이용한 광고
		DM	이메일을 이용한 광고
	Pull형	바이럴 광고	광고주의 흥미로운 콘텐츠나 정보를 홍보성과 전문성을 가진 커뮤니티를 형성한 누리꾼을 통해 자발적으로 홍보하게 유도하는 광고
		게임 활용 광고	게임을 둘러싼 모든 요소, 혹은 그 자체를 매체로 활용하여 광고를 함

본고에서는 광고의 일반적 정의에 바이럴 마케팅의 개념을 반영하여 바이럴 광고의 개념을 정의하고자 한다. 김광수(1999:18-19)에서는 광고에 대한 다양한 정의를 바탕으로, 다음의 여섯 가지 속성을 지

8) 인터넷 광고의 광고 방법에 대한 정보는 매일경제 용어 사전 참고. https://terms.naver.com/entry.nhn?docId=16118&cid=43659&categoryId=43659

니는 대상을 '광고'라 정의하였다.

참고 2. 광고의 정의(김광수(1999, 19))

첫째, 광고는 대중 매체를 통하여 전달되는 커뮤니케이션이다. 둘째, 광고는 다수의 수용자를 대상으로 하는 커뮤니케이션이다. 셋째, 광고는 유료 커뮤니케이션이다. 광고주는 광고를 전달하는 매체의 지면이나 시간에 대한 비용을 지불해야 한다. 넷째, 광고는 송신자를 밝혀야 한다. 물론 티저 광고와 같이 광고주를 숨기는 경우도 있다. 다섯째, 광고는 유형의 상품, 무형의 서비스, 공익성 아이디어를 대상으로 한다. 여섯째, 광고는 상품, 서비스, 아이디어를 선호하거나 선택하도록 만들기 위한 설득적 속성을 지닌다.

참고 2의 광고의 정의 요소 가운데, 바이럴 광고와 일반적인 광고가 가장 큰 차이를 보이는 부분은 첫째에 명시된 '매체' 부분이다. 바이럴 마케팅은 인터넷, 웹, 소셜 미디어, 휴대폰 등 다양한 미디어를 이용하는 마케팅이다. 이 점에서, 바이럴 광고의 매체도 인터넷, 웹, 소셜 미디어, 핸드폰 등의 뉴미디어라 할 수 있다. 또한 기존의 광고 정의에서는 수용자를 광고의 일방적 수혜자로 이해하고 있으나, '바이럴'이라는 용어는 수용자가 광고의 적극적인 전파자이자 향유자라는 점에서 붙여진 이름이므로, 이러한 점을 정의에 포함할 필요가 있다. 이상의 내용을 종합하면, 바이럴 광고는 '명시적인 광고주가 유형 또는 무형의 상품, 서비스, 아이디어를 소셜 미디어를 중심으로 하는 뉴미디어를 통해 노출하고, 수용자가 이를 적극적으로 퍼트리는 것을 촉진하도록 만들어진 설득 커뮤니케이션'이라고 정의할 수 있을 것이다.

지금까지의 대중 매체를 통해 전달되는 광고들은 매체의 유형에 따라 TV 광고, 라디오 광고, 신문 광고 등으로 분류할 수 있다. 그리고 이러한 매체별 분류는 곧 표현 방식의 차이에 따른 분류가 된다. 즉, 시청각 매체인 TV의 광고는 곧 동영상 광고를 의미하고, 청각 매체인

라디오의 광고는 곧 음성(소리) 광고를 의미하며, 인쇄 매체인 신문의 광고는 곧 인쇄 광고를 의미한다. 그러나 소셜 미디어를 통해 전달되는 광고들은 소셜 미디어라는 매체가 곧 광고의 표현 유형이 되지는 않는다. 소셜 미디어상에 노출되는 광고들은 동영상 광고, 인쇄 광고 등이 모두 포함될 수 있다. 그런데 바이럴 광고의 내용 분석을 목표로 하는 본고에서 이들 유형을 모두 살피기에는 여러 한계가 있다. 이에 본고에서는 유튜브에 노출되는 바이럴 광고로 대상을 한정하고자 한다.

유튜브의 바이럴 광고를 대상으로 삼은 것은, 다양한 소셜 미디어 중에서 최근에 가장 영향력 있는 매체로 떠오르는 것이 유튜브이기 때문이다. 백승혁(2018, 11)에 따르면, 2018년 4월 10대 콘텐츠 채널의 총 사용 시간은 유튜브 76억 분(min.), 카카오톡 24억 분, 페이스북 16억 분, 네이버 11억 분, 네이버웹툰 2억 분으로, 유튜브가 압도적인 점유율을 차지했으며, 2018년 8월 유튜브 사용 시간은 333억 분이나 된다. 이에 따라 2018년 유튜브의 기업 가치는 180조 원이나 되는 것으로 판단하고 있다. 이와 같이 유튜브의 영향력이 커진 만큼 유튜브에서 노출되는 동영상 바이럴 광고의 파급력이나 효용성에 대한 관심도 높아질 것으로 기대할 수 있다. 따라서 현재 유튜브를 통해 노출되고 있는 바이럴 광고들이 어떤 방식으로 구성되고 있는지 그 텍스트 특성을 살피는 것은 향후 바이럴 광고의 제작 및 운영에 있어서 참고가 될 만한 유용한 작업이 될 것으로 생각한다. 이에 본고에서는 유튜브에서 확인되는 바이럴 광고를 분석함으로써 바이럴 광고의 특성을 살필 것이다.

3. 선행 연구

본고의 내용은 바이럴 광고의 내용 분석과 관련된다. 이에 '선행 연구'로 바이럴 광고의 내용 연구라고 할 만한 것들을 중심으로 살펴보겠다. 참고할 만한 것으로 김은희(2010), 김성군·장청건(2018), 백제훈(2014), 이운형(2016) 정도가 있다.

김은희(2010)은 최근에 새롭게 등장한 바이럴 마케팅의 수단인 바이럴 광고의 개념적 정의를 살펴보고, 내용 분석을 통해 바이럴 광고에 지배적으로 나타나고 있는 '광고 소구 유형과 크리에이티브 전략'이 무엇인지 살펴봄으로써 실무자들에게 보다 효율적이고 효과적인 바이럴 광고 메시지 전략이 무엇인지를 제시해 주는 데 그 목적을 둔 연구이다. '광고 소구, 메시지 내용(의례적/정보적), 메시지 전략(자아/사회적/감각적/일상적/긴급 필요/이성적 영역)'의 세 차원에서 코더 분석한 결과를 제시하고 있다. 연구자 스스로 밝혔듯이 한국 바이럴 광고를 분석한 최초의 실증 연구라는 점에서 가치가 있다고 하겠다. 하지만 2009년 6월부터 2010년 2월까지 총 146개의 바이럴 광고를 수집하였다고는 하나 구체적인 대상 광고의 목록을 확인할 수 없다는 점, 대부분의 코더 분석 연구가 그러하듯, '분석 유목과 조작적 정의'를 한 페이지의 표로 간단히 정리하였을 뿐, 이에 대한 보다 자세한 설명이 되어 있지 않아 조작적 정의에 대한 충분한 이해가 부족한 점 등은 아쉬운 점이다. 또 Taylor의 6분할 메시지 전략의 효용성은 충분히 기술하였으나, 정확하게 그것이 무엇인지에 대한 구체적인 설명이 빠져 있는 점도 아쉬운 점이다. 마지막으로 바이럴 광고의 정의에 있어서도 납득하기 어려운 점이 있다. 연구자는 "바이럴 광고란 명확한 광고주에 의해 만들어진 자극적인 광고 메시지를 돈을 지불하지 않고 인터넷을 이용하여 사람과 사람들 사이(peer-to-peer)에 이루어지는 설득 커뮤니케이션이라고 정의 내릴 수 있다."라고 하였다. 그러나 인터넷 광고도 매체비가 전혀 들지 않는 것은 아니므로, '돈을 지불하지 않는다.'라는 부분은 동의하기 어렵다.

김성균·장청건(2018)은 유튜브 사이트의 통계를 근거로, 2012년 1월 1일부터 2016년 12월 31일까지 매년 전 세계에서 공유 횟수[9)]가 높은 유튜브 바이럴 영상광고 TOP 20을 선정, 총 100편의 바이럴 영상광고에 대하여, '선호되는 광고 유형, 많이 사용되는 소구 유형, 메시지 전략'에 대해 살핀 연구이다. 연구자는 연구 문제로 '국내 소비자들은 어떤 표현 전략을 사용한 유튜브 바이럴 영상광고를 선호할 것인가?(연구 문제1)', '전 세계에서 공유회수가 높은 유튜브 바이럴 영상광고의 표현전략에서 많이 사용되는 소구 유형은 무엇인가?(연구문제2)', '전 세계에서 공유회수가 높은 유튜브 바이럴 영상광고의 표현전략에서 많이 사용되는 메시지 전략은 무엇인가?(연구문제 3)'를 선정한 뒤, 연구 문제1에 대하여 설문 조사를 실시하여 응답자의 경향을 파악하고, 소구 유형과 메시지 전략을 직접 분석하여 그 결과를 비교함으로써 응답자의 광고 수용 경향성과 연구자의 내용 분석 결과가 대체로 일치함을 확인하고 있다.

전 세계에서 공유 횟수가 높은 유튜브 바이럴 영상 광고에서 많이 사용되고 있는 광고 소구 유형은 유머 소구와 감성 소구이며, 이는 수용자의 선호 경향성과 일치한다는 점을 실증적으로 확인할 수 있다는 점에서 가치가 있는 연구라 하겠다. 다만 애초에 선정된 광고들이

9) 김성균·장청건(2018)에서는 이를 '공유회수'로 표기하고 있다. 그러나 '회수'는 어법에 맞지 않고, '공유회수'가 한 단어도 아니므로, 한글맞춤법에 따라 '공유회수'를 '공유 횟수'로 수정하여 기술하였다. 다만 직접 인용의 경우에만 '공유회수' 표현을 그대로 두었다. 그 밖에도 어법에 맞지 않는 띄어쓰기의 경우, 본문의 직접 인용, 또는 그에 준하는 경우에는 원문의 띄어쓰기를 그대로 두었다.

유튜브 공유 횟수 TOP 20 광고라는 점은, 연구 대상이 이미 응답자들의 선호도가 반영된 대상이 된다는 점에서, TOP 20 광고의 소구 방식이 응답자(유튜브 이용자)의 선호도와 일치하는 것은 당연한 결과가 아닌가 하는 생각이 든다. 또 김은희(2010)과 마찬가지로, 테일러(Taylor)의 6분할 메시지 전략에 대한 구체적인 개념 설명이 부족한 면은 아쉬운 점이다.

백제훈(2014)는 <TVCF>[10)]를 통해 수집한 2013년 1월부터 3월까지의 바이럴 광고 총 25편을 대상으로, '소구 유형, 표현 유형, 비디오, 오디오'에 대한 내용 분석을 실시한 연구이다. 광고의 구체적 내용을 분석하고 있다는 점에서 본고에서 다룰 내용과 가장 유사한 연구라고 할 수 있을 것이며, 광고의 구체적인 특성을 확인할 수 있다는 점에서 가치가 있는 연구이다. 하지만 다음과 같은 점에서 아쉬움을 준다. 우선 '소구 유형에 따른 표현 유형'으로 '티저형, 시범형, 라이프스타일형, 유머/패러디형, CM송형, 모델형'으로 나누고 있는데, 이때 분류 기준이 되는 '소구 유형에 따른 표현 유형'은 논리적인 분류 기준이라 하기 어렵다. 소구 유형은 일반적으로 '이성, 감성, 유머, 공포, 성' 등으로 나눈다는 점에서 '티저형, 시범형, 라이프스타일형, 패러디형' 등이 어떻게 소구 유형에 따라 분류되는 유형인지 납득하기 어렵다. 또 '티저형'이 광고의 전략과 관련된 분류 유형이라면, '라이프스타일'은 광고의 내용과 관련된다는 점에서 이들을 동일한 기준의 분류 항목으로 다루는 것이 합리적인가 하는 점도 의문이다. 또한 '시범형', '모델형' 등 보편적 개념이라 보기 어려운 유형에 대한 구체적인 설명이 덧붙지 않은 점도 아쉬운 점이다.

한편, 백제훈(2014)에서 연구 대상으로 삼은 25편의 광고를

10) <TVCF>는 국내 최대 광고 포털 사이트이다.

<TVCF>에서 수집하였는데, <TVCF>상의 바이럴 광고들은 어느 정도 브랜드 인지도가 높아서 잘 알려진 브랜드의 광고에만 국한된다는 점에서, 연구 대상 자료가 다소 한정적[11]이라는 문제를 지적할 수 있을 것으로 생각한다. <TVCF>상의 바이럴 광고가 인지도 높은 브랜드의 광고라는 점은 동일한 브랜드의 광고를 지상파 광고에서도 찾아볼 수 있다는 점에서 찾을 수 있다.[12] 실제로 2019년 3월 한 달 동안 제공된 <TVCF>상의 바이럴 광고들을 살펴본 바에 따르면, '크린토피아, 동인비, SK텔레콤, 마몽드, 맥도날드, 맘스터치, 브롤스타즈' 등 거의 대부분의 브랜드가 지상파 광고로도 만들어지는 브랜드였다. 그뿐만 아니라, 바이럴 광고로 분류된 광고 중에는 동일한 광고가 지상파 광고로 분류된 경우들도 있다. 그런데 유튜브에서 노출되는 바이럴 광고 가운데는 지상파에서는 볼 수 없는 중소기업의 브랜드 광고들도 상당히 많다는 점에서, <TVCF>상의 바이럴 광고들은 실제로 유튜브상에서 확인되는 다양한 광고의 모습을 모두 아우르기에는 부족한 면이 있다.

이운형(2016)은 유튜브에서의 온라인 영상 광고는 영상 광고의 특징뿐만 아니라 인터넷 광고의 특성도 가지고 있어 기존의 TV 광고의 제작과는 다른 방식으로 접근해야 할 필요성이 있으므로, 기존의 영상 매체를 이용한 광고와는 다른 형태의 크리에이티브에 관한 연구를

11) 물론 백제훈(2014)에는 정확한 연구 대상 목록이 제시되어 있지 않기 때문에, 백제훈(2014)의 연구 대상이 인지도 높은 브랜드의 바이럴 광고에 치우쳐 있다고 단정하기 어려운 측면이 있기는 하다. 하지만 연구자가 살펴본 바에 따르면, <TVCF>에서 제공되는 바이럴 광고들은 어느 정도 인지도가 있는 브랜드 광고인 경우가 대부분이다.

12) 상대적으로 제작 단가가 비싼 지상파 광고를 만들 수 있다는 것은 해당 브랜드가 그만큼 자본력이 뒷받침되는 기업의 제품이라는 뜻이 되고, 자본력이 있다는 것은 그만큼 광고를 노출할 확률이 높다는 것을 의미한다. 광고가 많이 노출된다는 것은 그만큼 브랜드 인지도가 높을 가능성을 지닌다.

해야 한다는 점을 강조한 연구이다. 광고 크리에이티브 측면에서 성공적인 유튜브 광고 영상들의 경우, 시청자들의 주목을 끌고 광고 회피 현상을 최소화하기 위해 유머러스한 내용과 영상을 많이 채택하고 있으며, 이는 시청자들 사이에 공유를 통해 광고 효과를 누리는 결과로 이어진다고 분석하였다. 바이럴 마케팅, 바이럴 광고, 유튜브 광고의 종류 등에 대한 개념이 비교적 명료하게 잘 정리되어 있다는 점에서 매우 유용한 연구이다. 그런데 유튜브 온라인 영상 광고는 기존의 TV 광고 제작과는 다른 방식으로 접근해야 한다고 하였으나, 구체적으로 어떻게 접근해야 하는지에 대해 연구자 스스로 입증하는 바가 없이, 선행 연구의 검토에 그치고 있는 점은 아쉽다. 또한 연구의 제목이 '유튜브 온라인 동영상 광고 트렌드 분석'이라는 점에서, 해당 연구의 중심 내용은 유튜브 온라인 동영상 광고의 트렌드 분석이 되어야 할 것으로 생각되는데, 이운형(2016)에서 연구자가 실제로 검토한 대상은 광고 세 편에 불과하다. 광고 세 편의 사례를 검토한 결과를 가지고, 과연 '트렌트 분석'이라 할 수 있는지도 의문이다.

4. 바이럴 광고의 특성

바이럴 광고의 특성을 일반적인 지상파 TV 광고[13](이하 '지상파 광고')와 차별되는 측면을 중심으로 살펴보도록 하겠다. 지상파 광고는 지상파 방송에서 사용하기 위해 만들어진 광고이다. 그런데 지상파 광고와 똑같은 광고가 유튜브 등의 소셜 미디어에서도 노출되는 경우를 종종 확인할 수 있다. 이러한 점은 지상파 광고나 바이럴 광고나 결국 같은 것이 아니냐 하는 의문을 유발한다.[14] 하지만 바이럴 광고는 분명 지상파 광고와는 다른, 바이럴 광고만의 독특한 특성이 있다. 따라서 본고에서는 지상파 광고와의 차이에 주목하여 바이럴 광고의 특성을 살피고자 하는 것이다.

본고에서 살필 바이럴 광고들은 유튜브에서 수집하였다. 광고의 수집 과정을 간단히 설명하면 다음과 같다. 첫째, 유튜브 검색 창에서 '바이럴 광고'로 검색되는 광고를 모두 검토하였다. 수집된 바이럴 광고들은 최근의 광고들부터 5~6년 전 광고들로 매우 다양했다. 둘째, 연구 대상은 되도록 최신의 광고를 살피고자 하였다. 광고는 시대의

13) 일반적인 지상파 TV 광고란, 지상파 방송에서 흔히 볼 수 있는 15~20초짜리 광고를 의미하며, 지상파 방송이란 무선국을 통해 대기 중의 전파를 이용하는 방송을 의미한다. KBS, MBC, SBS, EBS와 같은 방송들이 이에 해당된다. 한편, 본고에서 간단히 'TV 광고'라는 표현을 사용하지 하지 않고, 굳이 '지상파 TV 광고'라 하여 '지상파'라는 점을 강조한 이유는, 지상파 광고와 케이블 광고를 명확히 구분하고자 하였기 때문이다. 이 두 광고 사이에도 광고의 형식이나 내용에 있어 약간의 다름이 있다.

14) 앞에서 바이럴 광고와 일반 광고와 가장 큰 차이점은 인터넷을 기반으로 하는 소셜 미디어를 통해 방영된다는 매체적 차원에 있다고 하였다. 그런데 지상파 광고와 똑같은 광고가 유튜브와 같은 소셜 미디어에서도 노출된다면, 이 지상파 광고는 지상파 광고인 동시에 바이럴 광고가 된다. 따라서 이런 경우는 결국 지상파 광고나 바이럴 광고가 똑같은 것이 되어 버리는 문제가 되는 것이다. 이러한 문제를 어떻게 명료하게 설명할 수 있을지에 대해서는 추후 논의에서 좀 더 깊이 있게 논의해 보고자 한다.

거울이다. 광고가 대체로[15] 제품을 그 대상으로 하는 만큼, 광고에는 그것이 만들어진 시기의 유행, 트렌드, 분위기 등이 반영되어 있다. 따라서 너무 오래된 광고들은 최근의 바이럴 광고와는 다소 차이가 있을 것으로 생각한다. 이에 본고에서 살필 바이럴 광고는 2017년 이후의 광고로 한정하였다. 다만, 유튜브의 특성상 광고가 만들어진 정확한 시기는 확인할 방법이 없어서, 해당 광고가 유튜브 채널에 올려진 게시일[16]을 근거로 광고의 시기를 판단하였다. 연구 대상은 총 40편을 확보하였으며, 목록[17]은 아래 표 1과 같다.

표 1. 바이럴 광고 목록(브랜드: 가나다순)

NO	연도	Brand
1	2017	Gmarket_동료에게 이성으로 보이는 법 편
2	2018	기아 레드크리에이터_A路 편
3	2019	닥터캡슐_류상균 편
4	2018	당뇨병인식개선_치매 엄마 편
5	2018	동서 차_연인 싸움 편
6	2018	라씨엘르_직접 시연 편

15) '대체로'라는 표현을 사용한 것은, 광고가 반드시 특정 제품을 대상으로 하지 않는 경우들이 있기 때문이다. 공익광고나 기업 PR 광고, 정부 캠페인 등은 특정 제품의 판매를 목적으로 하지 않는다.

16) 아래 그림의 네모로 표시해 둔 바와 같이, 유튜브 게시물은 '게시일'을 확인할 수 있다.

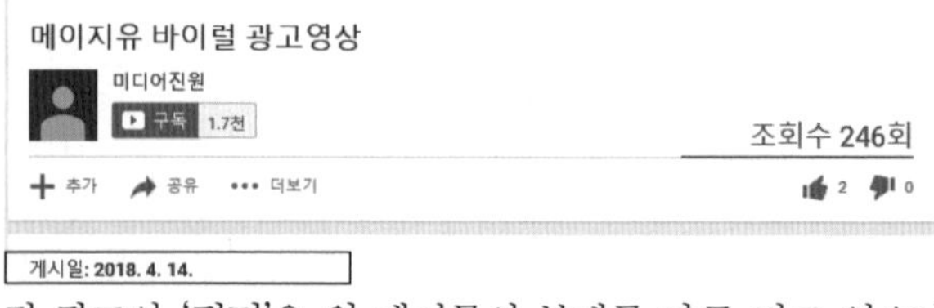

17) 각 광고의 '편명'은 원 게시물의 부제를 따른 것도 있으나, 대체로 연구자 임의로 붙인 것이다.

NO	연도	Brand
7	2019	로로스키니_시연 편
8	2017	롯데마트_엄마의 고기 반찬 편
9	2017	메디폼_상처뿐인 드라마 편
10	2018	메디폼_듀얼 액션 편
11	2018	메이지유_이별 편
12	2017	멜사본 바디클렌저_대결(애니메이션) 편
13	2017	바슈롬 _한국화가 김현정 편
14	2018	버틀러 버블클리너_시연 편
15	2019	빙그레 슈퍼콘_끝까지 바삭하다 편
16	2018	산다화 페이스오일_수분 vs 오일 편
17	2017	서울시×이마트24_힘을 내 영(young)수증 편
18	2019	서원당 참기름_리마리오 편
19	2018	셀라피 화장품 SNS바이럴영상_시연 편
20	2019	스노우마이스타일 뷰티_관종의 난 편
21	2019	스킨아이 기초루틴 6종_시연 편
22	2019	아워홈 후레쉬햄_햄파이이어 편
23	2018	아이스크림홈런_엄마와 아들 편
24	2017	아차_중고상 편
25	2018	오다킹_절 편
26	2018	오뚜기 케찹_닭다리 편
27	2018	우루오스_기억의 세척 편
28	2019	웅진 싱크빅_공부방 편
29	2018	이마트_세상에 없던 하루 편
30	2019	인플루언스 아이콘_심문 편
31	2019	잇츠스킨_속삭임 편
32	2018	좋은데이_안티에이징 편
33	2018	좋은데이_고양이 편

NO	연도	Brand
34	2019	G스윙_김수미 욕 편
35	2018	케이뱅크_허세 대세 편
36	2018	클렌징타올_시연 편
37	2018	클리오 킬커버_추락 편
38	2018	하나 통커 카드_소개팅 편
39	2018	핫식스_목욕탕 편
40	2019	휴대폰 케이스_시연 편

한편, 본고에서 바이럴 광고의 특성에 주목하는 만큼, 그러한 특성들이 바이럴 광고만의 독특한 특성인지를 명확히 하기 위해서 일반적인 지상파 광고와의 비교가 필요하다고 생각한다. 이에 바이럴 광고의 비교·대조군으로 지상파 광고도 함께 분석하였다. 비교의 준거는 바이럴 광고의 특성으로 주목되는 각 항목에 대한 지상파 광고의 직접 분석 결과 및 졸고의 성과들을 바탕으로 할 것이다. 비교·대조군 광고를 선정함에 있어 필자의 주관적 편향이 개입되는 것을 최대한 배제하기 위해, 광고는 무작위로 선정하는 것을 원칙으로 하였으며, 그 방영 기간만 임의로 선정하였음을 밝히는 바이다. 지상파 광고는 광고 포털 사이트인 <TVCF>[18]를 통해서 얻었으며, 바이럴 광고와 비교 대상이 되는 지상파 광고들은 2019년 3월(2019-03-01~2019-03-31) 한 달간 방영된 지상파 광고 총 177개 가

18) <TVCF>(www.tvcf.co.kr)는 국내 및 해외 광고 자료들을 상당히 많이 보유하고 있는 것으로 유명한, 대표적인 광고 전문 포털 사이트이다. 광고 품목별 자료 검색과 다운로드가 가능하며, 70년대 이후의 동영상 자료를 다량 확보하고 있어 매우 유용한 사이트이다. TV 광고를 대상으로 하는 많은 연구들에서도 <TVCF>에서 연구 자료를 확보하고 있는 것을 자주 확인할 수 있다.

운데, 동일 브랜드 광고를 제외한 최신순으로 40편을 뽑아 살펴보았다. 비교·대조군으로서의 지상파 광고 목록은 다음 표 2와 같다.

표 2. 지상파 광고(바이럴 광고 비교군: 최신순)

no.	Date	Group A	no.	Date	Group B
1	2019-03-31	대한항공	1	2019-03-31	펫퍼민트
2	2019-03-31	펫퍼민트	2	2019-03-30	반올림피자샵
3	2019-03-30	반올림피자샵	3	2019-03-30	KT 5G
4	2019-03-30	KT 5G	4	2019-03-29	롯데 저출생 극복 프로젝트
5	2019-03-29	네이버	5	2019-03-29	유니클로 에어리즘
6	2019-03-29	롯데 저출생 극복 프로젝트	6	2019-03-29	이자녹스 UV선프로
7	2019-03-29	쏘나타	7	2019-03-29	커피코카콜라
8	2019-03-29	유니클로 에어리즘	8	2019-03-29	LG유플러스 5G
9	2019-03-29	이자녹스 UV선프로	9	2019-03-28	뱅크샐러드
10	2019-03-29	커피코카콜라	10	2019-03-28	아이더
11	2019-03-29	테라	11	2019-03-28	테라
12	2019-03-29	LG유플러스 5G	12	2019-03-27	뱅키스
13	2019-03-29	SK텔레콤	13	2019-03-27	셀리턴 넥클레이
14	2019-03-28	뱅크샐러드	14	2019-03-27	칠성사이다
15	2019-03-28	아이더	15	2019-03-27	MBC
16	2019-03-28	제시제이 첫 단독 내한공연	16	2019-03-27	MBC 1919-2019, 기억.록 캠페인
17	2019-03-27	뱅키스	17	2019-03-26	굿네이버스
18	2019-03-27	셀리턴 넥클레이	18	2019-03-25	동인비 자생원액에센스
19	2019-03-27	칠성사이다	19	2019-03-25	파라다이스시티
20	2019-03-27	MBC	20	2019-03-24	맥도날드 상하이 버거 맥올데이

no.	Date	Group A	no.	Date	Group B
21	2019-03-27	MBC 1919-2019, 기억.록 캠페인	21	2019-03-23	셀블룸 드래곤 리제너레이트 크림
22	2019-03-26	경상남도 페스티벌	22	2019-03-23	외교부
23	2019-03-26	굿네이버스	23	2019-03-23	인사돌 플러스
24	2019-03-26	생일	24	2019-03-22	AHC 더블 쉴드 선블록
25	2019-03-25	동인비 자생원액에센스	25	2019-03-21	칠성스트롱사이다5.0
26	2019-03-25	파라다이스시티	26	2019-03-21	SK텔레콤 5GX
27	2019-03-24	맥도날드 상하이 버거 맥올데이	27	2019-03-20	서울우유 나 100%
28	2019-03-23	셀블룸 드래곤 리제너레이트 크림	28	2019-03-20	테일러메이드 M5·M6
29	2019-03-23	외교부	29	2019-03-20	K2 하이킹타이즈
30	2019-03-23	인사돌 플러스	30	2019-03-19	영진 구론산 바몬드
31	2019-03-23	한화와 함께하는 2019 교향악축제	31	2019-03-19	SBS 인기가요 슈퍼콘서트 2019 광주 세계수영선수권대회 성공기원
32	2019-03-22	AHC 더블 쉴드 선블록	32	2019-03-18	브롤스타즈
33	2019-03-22	KBS 봄꽃음악회	33	2019-03-18	아이폰 XR 아이폰 XS
34	2019-03-21	칠성스트롱사이다5.0	34	2019-03-18	커브스
35	2019-03-20	2019 교향악축제	35	2019-03-18	테팔 에어포스 360
36	2019-03-20	서울우유 나 100%	36	2019-03-18	G마켓
37	2019-03-20	테일러메이드 M5·M6	37	2019-03-16	오뚜기카레
38	2019-03-20	K2 하이킹타이즈	38	2019-03-16	힐크릭
39	2019-03-19	영진 구론산 바몬드	39	2019-03-15	광동헛개차
40	2019-03-18	브롤스타즈	40	2019-03-15	롯데하이마트

표 2에서 'Group A'와 'Group B'의 목록에 차이가 있는 것은 광고의 '등장인물'에 따른 구별을 하였기 때문이다. 'Group A' 목록은 2019년 3월(2019-03-01~2019-03-31) 한 달간 방영된 지상파 광고 총 177개 중에서 광고 모델의 등장 여부와 상관없이 최신순으로 40편을 가려낸 목록이고, 'Group B' 목록은 광고에 반드시 인물이 등장하는 경우만을 따로 고려하여 최신순으로 40편을 가려낸 목록이다.

4.1. 광고의 형식

4.1.1. 러닝 타임

바이럴 광고의 형식적 측면에서 제일 먼저 눈에 띄는 특성은, 광고의 '길이' 즉, '러닝 타임'이다. 바이럴 광고의 러닝 타임은 지상파 광고에 비해 상대적으로 매우 길다. 표 1의 바이럴 광고 40편의 평균 러닝 타임은 126.425초(약 2분 6초)이다. 지상파 광고의 러닝 타임이 대체로 15초~20초 정도라는 점을 생각하면, 이는 매우 긴 시간이다. 심지어 이 가운데는 러닝 타임이 10분이 넘는 것(이마트 (no.29))도 있었다. 아래 표 3은 바이럴 광고의 러닝 타임을 시간대별로 나누어 확인한 것이다. 이를 좀 더 구체적으로 살펴보면, 2분(120초)을 초과하는 광고가 15편(37.5%)으로 가장 많은 비율을 차지하며, 1분(60초)을 기준으로 하는 경우에도 1분이 넘는 광고가 65%(26편)를 차지한다. 31초 이상을 기준으로 하게 되면 러닝 타임이 31초 이상 되는 광고가 총 92.5%(37편)나 된다.[19)]

19) 백제훈(2014, 109)에서도 이와 비슷한 결과를 확인할 수 있다. 해당 논문에서는 초기의 바이럴 광고는 5분이 넘는 경우가 많았지만 영상 콘텐츠의

표 3. 바이럴 광고 러닝 타임

<table>
<tr><th>구분</th><th>개수</th><th>%</th><th>구분</th><th>개수</th><th>%</th><th>구분</th><th>개수</th><th>%</th></tr>
<tr><td>30초 이하</td><td>3</td><td>7.5</td><td>30초 이하</td><td>3</td><td>7.5</td><td>30초 이하</td><td>3</td><td>7.5</td></tr>
<tr><td>31~60초</td><td>11</td><td>27.5</td><td>31~60초</td><td>11</td><td>27.5</td><td rowspan="3">31초 이상</td><td rowspan="3">37</td><td rowspan="3">92.5</td></tr>
<tr><td>61~120초</td><td>11</td><td>27.5</td><td rowspan="2">61초 이상</td><td rowspan="2">26</td><td rowspan="2">65</td></tr>
<tr><td>120초 초과</td><td>15</td><td>37.5</td></tr>
<tr><td>계</td><td>40</td><td>100</td><td>계</td><td>40</td><td>100</td><td>계</td><td>40</td><td>100</td></tr>
</table>

한편, 표 1의 광고를 분석하는 과정에서 여러 편의 에피소드를 하나로 묶은 형태의 광고들이 발견되었다. 예를 들어, ‘우르오스, 기억의 세척 편(no.27)’은 ‘#나의 첫 유혈사태’, ‘#나의 첫 사내 이벤트’, ‘#나의 뜻밖의 퇴사’ 세 개의 에피소드로 구성되어 있으며, 각 에피소드는 독립된 하나의 광고로 보아도 무방할 만큼 구성의 완결성을 갖추고 있다.

‘우르오스, 기억의 세척 편(no.27)’[20]은 지우고 싶은 기억과 관련된 에피소드를 보여주고, 이를 지우고 싶은 마음을 제품(우루오스)으로 세수를 하며 해소하는 에피소드 세 개로 구성되어 있다. ‘#나의 첫 유혈사태’에서는 주인공이 이성 선배를 보고 반가워하며 다가가다가 유리창에 얼굴을 부딪쳐 코피를 흘리는 망신을 당하게 되고, ‘#나의 첫 사내 이벤트’에서는 회장님 생일 축하 플래카드 문구를 잘못 써 회장님의 심기를 불편하게 하는 난감한 상황을 겪게 되며, ‘#나의 뜻밖의

폭발적인 증가와 정보의 양으로 현대인은 5분 넘는 영상에 집중하지 않으므로 바이럴 광고 영상의 길이도 줄어들고 있는 것이 추세라고 하였다. 또한 분석 결과 3분 미만으로 제작되는 것이 최근의 경향이라고 하였다.

20) 본문에 제시된 <예 1>~<예 4>는 기존 광고를 연구자가 발췌하여 정리한 것으로, 오른쪽 칸의 ‘M’은 ‘모델’, ‘NA’는 ‘내레이터’, ‘자’는 ‘자막’의 약호이며, ‘CM’은 ‘CM song’을 의미한다. 화자가 여럿인 경우, ‘M1, M2, M3, … / NA1, NA2, …’과 같이, M 또는 NA 뒤에 일련번호를 붙여 구분하였다. 한편, <예 1>의 광고 이미지 및 카피의 인용과 관련하여, 광고주로부터 광고의 사용 허가를 받았음을 밝히는 바이다.

예 1. 우르오스, 기억의 세척 편 (no.27)

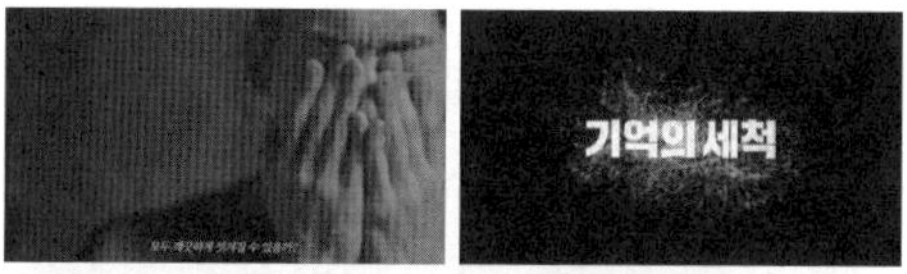

M1: 모두 잊고 싶다. 나의 모든 기억들.
모두 깨끗하게 씻겨질 수 있을까?
자: 기억의 세척

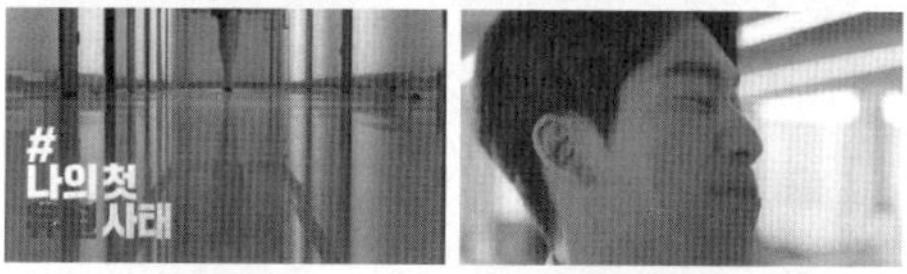

자: #나의 첫 유혈사태
M1: 아 선배님.
아 괜찮아요. 아 예 뭐 사무직 하다 보면 다치기도 하고 그러는 거야 …
- 중략 -

M1: 코피… 아 괜찮아요.. - 중략 -

자: #이불킥
M1: 아 이 기억 모두 지워버리고 싶다.

M1: 이 초농밀한 거품으로.
피지, 각지, 블랙헤드까지도.. 쏴!
NA: All clear

자: #나의 첫 사내 이벤트
M2: 회장님.
M(모두): 생일 축하드립니다.
회장님, 건강하게 오래 사…
자: 회장님 건강하게 오래 사네요.

자: #흑역사
M1: 아 이 기억 모두 지워버리고 싶다.

M1: 이 초농밀한 거품으로.
피지, 각지, 블랙헤드까지도.. 쏴!
NA: All clear

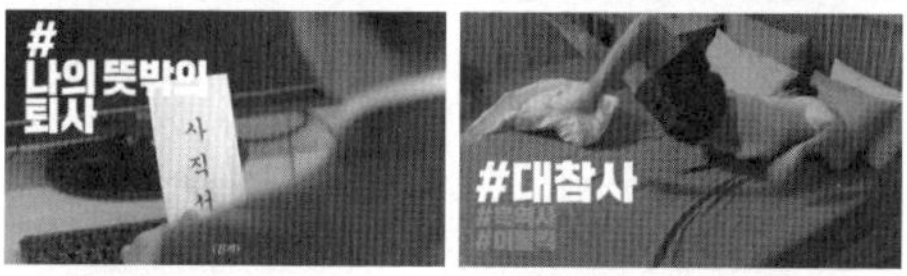

M1: 진짜 그럴 생각은 아니었는데...
자: #흑역사
M3: 오늘 회식이나 하자구.. - 중략 -

M1: 아악~ 초농밀한 거품이 되어 사라져 버리고 싶다.
피지, 각질, 블랙헤드와 함께 모두 지워져 버려.
NA: 당신의 완벽한 워시 우루오스 페이스 워시. - 중략 -
M4: 젊은 사람이 어쩌다 저렇게 됐대?
M5: 세수하다가 기억을 다 잃어버렸대.

퇴사'에서는 사직서를 가슴에 품고 다니던 주인공이 회식 자리에서 격하게 춤을 추다가 사직서를 흘려서 상사에게 읽히게 되고 결국 퇴사 처리를 당하게 된다. 각 에피소드에서 주인공은 이들 기억을 지우고 싶은 마음을 제품(우루오스)으로 세수를 하면서 씻어 버리는 것으로 구성되어 있는데, 에피소드별로 따로 보더라도 개별 에피소드 각각이 완결된 의미를 전달하는 데 부족함이 없다. 따라서 <예 1>은 마치 여러 개의 광고를 하나로 합쳐 놓은 형태로 보이며, 이처럼 여러 편의 에피소드를 한꺼번에 보여주고 있으므로 광고가 길어질 수밖에 없다.[21)]

표 1 광고를 살피는 과정에서 <예 1>처럼 여러 편의 에피소드를 하나로 묶은 형태로 구성된 광고들을 여럿 확인하였다. 이에 따라 바이럴 광고의 러닝 타임이 지상파 광고에 비해 긴 이유가 혹시 이러한 구성에서 비롯된 것은 아닌지 살펴보았다. 확인한 결과 에피소드 형태의 광고들로 구성된 경우는 전체 40편 가운데 11편(27.5%)에 불과했다. 따라서 바이럴 광고의 러닝 타임이 지상파 광고에 비해 긴 이유가, 바이럴 광고에서 여러 편의 에피소드를 하나로 묶어 제시하는 유형이 있다는 데서 찾기는 어려울 것으로 보인다.

그렇다면, 바이럴 광고가 지상파 광고에 비해 러닝 타임이 긴 이유

21) 한편, 이 광고는 전체 구성상으로는 각 에피소드가 점진적 내용으로 구성되어 있다. 지우고 싶은 기억의 강도가 점점 세지고, 주인공은 결국 자기 이름조차 모를 정도로 모든 기억을 지우게 된다. 이러한 점은 영상에서도 확인된다. 얼핏 보면 각 에피소드의 후반부가 동일한 영상으로 구성되어 있는 것처럼 보이지만, 자세히 보면 영상으로 표현되는 내용도 점진적으로 강도가 세진다. 에피소드가 진행될수록 세수를 할 때 비누의 양은 점점 많아지고, 거품을 헹굴 때의 행동도 점점 과격해진다. 이러한 점은 <예 1>에서 웃음을 유발하는 하나의 요소가 되는데, <예 1>을 에피소드별로 따로 분리해서 보게 된다면, 전체 광고를 통해 제시되는 이 유머 코드는 제대로 살리기 어렵게 될 것이다.

는 무엇일까? 그 이유는 바이럴 광고가 지상파 광고에 비해 제작비가 상대적으로 싸다는 경제적 이유와 지상파 광고에 비해 시간의 제약이 덜하다는 점에서 찾을 수 있는 것으로 보인다. 지상파 TV 광고는 단가가 매우 높다. TV 광고의 매체비는 방송국마다 다소 차이가 있고, 방송이 노출되는 지역 권역에 따라서도 차이가 있지만, 그 자체 금액만 놓고 본다면 상당히 비싸다. 방송사별 편성표와 광고 요금표는 한국방송광고공사(www.kobaco.co.kr)에서 확인할 수 있는데, 2017년 1월 기준, 평일 15초짜리 프로그램 광고의 기본 단가는, KBS 2TV의 경우, 오전 5시가 750,000원인데 비해, 프라임 시간이라고 알려진 오후 10시는 13,500,000원이다. MBC의 경우에도 오전 5시가 780,000원으로 가장 낮았고, 오후 10시가 13,485,000원으로 상대적으로 가장 높았다. 참고로, 일일 드라마 시간대의 광고비도 상당히 높았는데, KBS 2TV의 경우, 평일 오후 7시 50분 일일드라마 시간의 15초짜리 프로그램 광고 단가가 10,950,000원, 아침 드라마라 할 수 있는 'TV 소설' 시간대의 15초짜리 프로그램 광고 단가는 5,100,000원이다. MBC도 이와 비슷한 양상을 보이는데, 15초짜리 프로그램 광고 단가가 아침 드라마를 하는 오전 7시 50분에는 4,920,000원, 일일 드라마를 하는 오후 7시 50분에는 10,050,000원이다.

한편 광고에는 지나친 상업화를 방지하고 공정한 경쟁을 도모하기 위한 규제들이 적용된다. 지상파 TV의 방송 광고는 누구나 제한 없이 시청할 수 있기 때문에 전파성이 높고 사회문화적 영향력도 높기 때문이다. 염성원(2014, 8)에서도 한국은 경쟁 정책상 지상파 방송을 유료 방송에 비해 엄격하게 규제하고 있으며, 광고 판매 대행 등에 관한 법률에 따른 결합 판매, 광고 종류, 시간, 횟수 등도 나열식으로 규제하고 있어 다른 국가에 비해 규제 강도가 매우 강한 편이라고 할 수 있다고 하였다. 방송법 시행령 제59조에서는 지상파 TV의 방송 프로그램의 광고 시간은 방송 프로그램 시간의 100분의 10을 초과할 수 없도록 하고 있으며, 중간광고 금지, 토막광고, 자막광고, 시보 광고 등의 횟수 및 시간 등에 대해 제한적 규정을 두고 있다. 또한 간접 광고와 가상 광고의 허용에 대한 제한적 조건도 명시하고 있다. 이에 비해 인터넷 방송의 경우, 중간광고를 포함하여 토막광고, 자막광고 등의 광고를 시간당 평균 10분, 매시간 12분을 초과할 수 없도록 하는 광고를 총량 범위 내에서 허용하고 있다. 또한 중간 광고 횟수는 45분 이상 60분 미만인 방송 프로그램은 1회(회당 1분씩) 등 방송 프로그램 시간에 따라 최대 6회까지 허용하고 있어 지상파 광고에 비해 규제가 느슨한 편이다.

4.1.2. 대사 자막

'대사 자막'이란 등장인물의 발화(또는 내레이션)를 그대로 옮겨 적은 자막을 의미한다. 단, 단순히 등장인물의 발화와 자막의 내용이 동일한 경우라고 해서 모두 '대사 자막'에 해당하지는 않는다. 외국 영화나 드라마를 볼 때 우리말 번역이 화면 하단에 자막으로 제공되는 것처럼, 광고에서도 모델의 발화나 내레이션과 동시에 화면의 하단에 자막이 제시되는 경우들이 있는데, 본고에서는 이를 '대사 자막'이라 할 것이다. 바이럴 광고에서 눈에 띄는 특징 가운데 하나는 바로 이러한 '대사 자막'이 사용되는 경우가 매우 많다는 것이다.[22] 표 4는 바이럴 광고의 대사 자막의 유무를 살펴 정리한 표인데, 표 1의 광고 40편 중 등장인물의 발화를 그대로 옮겨 적은 '대사 자막'이 나오는 광고는 65%(26편)나 된다. 이 중에는 발화가 없이 자막만 나오는 경우(기타)가 5편이 있으므로, 이를 제외하고 발화가 등장하는 35편만을 대상

22) 이때 '대사 자막' 이외에 광고의 내용 전개를 위해 들어가는 다른 유형의 자막은 논외로 한다.

으로 하면, '대사 자막'이 나오는 광고의 비율은 74.29%로 높아진다.

표 4. 바이럴 광고 '대사 자막' 유무

구분	광고 수	%	광고 수	%
대사 자막 ○	26	65	26	74.29
대사 자막 ×	9	22.5	5	25.71
기타 (무발화 광고)	5	12.5		
계	40	100	35	100

물론 지상파 광고에서도 매우 많은 경우[23)]에 모델 발화나 내레이션과 '내용이 동일한' 자막이 사용된다. 하지만 지상파 광고에서 모델의 발화(또는 내레이션) 전부를 단순히 '대사 자막' 형태로 그대로 전사하여 보이는 경우는 좀처럼 사용되지 않는 방식이다. 지상파 광고의 경우, 자막과 발화의 내용이 동일한 경우라도 자막은 대체로 다양한 타이포그래픽을 적용하여 시각적 효과를 살린 형태로 제시된다.

'대사 자막'의 사용과 관련하여 바이럴 광고와 지상파 광고가 어떠한 차이를 보이는지를 직접 확인하기 위하여, 표 2의 'Group A'의 지상파 광고 40편을 살펴보았다. 발화 없이 자막으로만 된 광고가 4편이 있었으므로 이를 제외하면, 지상파 광고 36편 중 26편에서 등장인물의 발화가 자막으로 표현되지 않았다. 등장인물의 발화와 일치하는 자막이 사용된 경우는 27.37%(36편 중 10편)에 불과하다. 그리고 등장인물의 발화와 일치하는 자막이 사용되었다고 하더라도 자막을

23) 이현우·변서형(2010)에 따르면, 내레이션, 멘트, 음향 효과 등의 사운드 요소와 '부분 또는 완전 중복'되는 자막은 전체의 80%에 해당한다. (이현우·변서형(2010)에는 이에 대한 정확한 통계가 나타나 있지는 않다. 이 통계는 이현우·변서형(2010, 69)에 제시된 표 1을 바탕으로 연구자가 직접 통계를 낸 것이다.)

'대사 자막'의 형태로 제시하는 경우는 이 중 5편에 불과하다. 나머지 5편의 경우, 자막은 아래의 <예 2>과 같이 수용자의 눈에 잘 띄도록 제시된다.

표 5. 지상파 광고 '대사 자막'

<table>
<tr><th colspan="2">구분</th><th>광고 수</th><th>%</th><th>광고 수</th><th>%</th><th>구분</th><th>광고 수</th><th>%</th></tr>
<tr><td rowspan="2">발화
1:1 자막</td><td>대사 자막</td><td>5</td><td>12.5</td><td rowspan="2">10</td><td rowspan="2">25</td><td rowspan="2">발화
1:1 자막</td><td rowspan="2">10</td><td rowspan="2">27.73</td></tr>
<tr><td>대사 자막 ×</td><td>5</td><td>12.5</td></tr>
<tr><td colspan="2">대사 자막 ×</td><td>26</td><td>65</td><td>26</td><td>65</td><td>대사 자막 ×</td><td>26</td><td>72.22</td></tr>
<tr><td colspan="2">기타(무발화 광고)</td><td>4</td><td>10</td><td>4</td><td>10</td><td>기타</td><td></td><td></td></tr>
<tr><td colspan="2">계</td><td>40</td><td>100</td><td>40</td><td>100</td><td>계</td><td>36</td><td>100</td></tr>
</table>

<예 2> 지상파 광고_이자녹스 UV 선프로 (2019-03-29)

M: 피부에 착붙
빠르게 착붙
산뜻하게 착붙

M: 착붙 엘로썬

M: 올해의 선크림은
착하고 바로 붙는

M: 이자녹스
UV선프로

<예 2>은 이자녹스 UV 선프로 광고를 정리한 것으로, "올해의 선크림은~"이하는 발화와 영상을 생략하지 않고 모두 제시하였다. 광고의 진행 순서는 '왼쪽 위→아래→오른쪽 위→아래' 순이다. <예 2>에서 보는 바와 같이, "올해의 선크림~"이하는 발화와 자막의 내용이 동일하다. 하지만 자막은 '대사 자막'의 형태로 제시되지는 않았다. 자막의 배치, 글씨 모양, 제시 방식 등에 적절한 효과를 주어 수용자가 메시지에 주목하도록 돕는다. 자막이 이렇게 표현되는 이유는 그 내용

이 제품의 핵심 내용과 관련되어 있기 때문이다. 따라서 이러한 방식으로 제시되는 자막은 발화와 동일한 내용을 표현하고 있다고는 하나, 바이럴 광고의 '대사 자막'과 동일한 경우라 보기 어렵다.

이처럼 지상파 광고에서는 '대사 자막'은 잘 사용되지 않는 방식이다. 영상의 발화가 불분명하여 메시지가 분명하게 전달되지 않는다고 판단되는 일부 경우, 청각장애인을 배려하기 위한 특수한 경우를 제외하고는 등장인물의 모든 발화를 그대로 전사하여 보이는 경우는 많지 않은 것으로 보인다. 한국 사람이 한국어로 만들어진 영상을 보면서 자막을 따로 읽을 필요가 없다는 당연한 이유 때문이다. 그럼에도 불구하고, 바이럴 광고에서 등장인물의 모든 발화를 그대로 옮겨 적는 자막이 사용되는 경우가 많다는 점은 매우 특이한 점이라 할만하다.

4.1.3. 게시물 제목

바이럴 광고가 일반 지상파 광고와 다른 점은 제목을 사용함으로써 수용자의 자발적 선택을 유도하고, 광고에 대한 호기심을 더욱 적극적으로 유발할 수 있다는 점이다. 대중 매체를 통해 일방적으로 전달되는 지상파 광고에서는 수용자가 광고의 내용을 미리 확인할 수 있는 별도의 제목을 노출하는 것이 불가능하다. 하지만 바이럴 광고에는 게시물에 '제목'을 붙이는 것이 가능하다. 제목을 붙이는 것이 가능한 것은 유튜브나 SNS 매체의 특성이 반영된 결과이며, 이때 이들 제목은 게시된 영상에 대한 궁금증을 유발한다. 다만, 이러한 흥미로운 제목이 모든 바이럴 광고에 다 붙는 것은 아니다. 단순히 브랜드 정도를 명시한 제목이 사용되는 경우도 많다. 하지만 바이럴 광고 게시물의 제목은 동영상의 내용을 요약적으로 제시하는 동시에 사람들의 관심을 끌기 위한 수단으로 사용된다. 이러한 점은 바이럴 광고가 지상파 광고와 구별되는 가장 큰 특징이라 할 것이다.

4.2. 광고의 내용

4.2.1. 언어 표현 ; 욕설, 비속어, 은어

바이럴 광고의 내용과 관련하여 언어 표현상의 특성은 지상파 광고에서는 볼 수 없는 욕설, 인터넷 용어, 비속어 등의 사용이 비교적 자유롭게 사용되고 있다는 것이다.

예 3. G스윙, 김수미 욕설 편 (no.34)

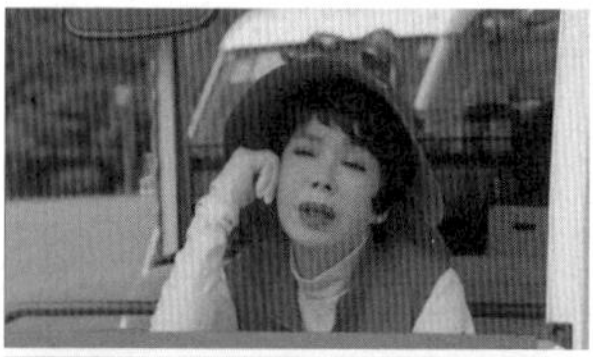

M : 아이 씹팔홀 오늘 개고생하겠네.
쪼루, 가라이, 뒷땅에, 이C 전자발찌 아주 쎄트로 왔네.
오늘 조카 씹팔홀 씨× 색연필 가~족 같네. 씨×. / 아! C 니들은 지스윙에서 연습도 안 하냐!

자: 스크린 콜프는 G G G
CM: G스윙, 스크린 골프 ~
자: 실력이 매너를 만듭니다.
- 이하 생략

<예 3>[24]은 'G스윙'의 바이럴 광고로, 주인공은 연기자 김수미이다. 김수미는 욕을 차지게 잘하는 이미지를 가진 연기자이다. 일명 '국민 욕쟁이' 이미지를 가지고 있는 배우로서, '욕' 배틀을 소재로 한 코미디 영화 '헬(hell)머니'[25]의 주인공을 맡기도 했다. 그렇다고 '국민 욕

---

24) <예 3>의 광고 이미지 및 카피의 인용과 관련하여, 광고주로부터 광고의 사용 허가를 받았음을 밝히는 바이다.

25) '헬머니'는 고등학교 일진부터 디스 전문 래퍼, 자갈치 할매, 욕쟁이 경찰, 지하철 막말녀 등 전국 각지 욕의 고수들이 한자리에 모여 최고를 가리는 욕 배틀을 소재로 한 코미디 영화이다.

쟁이' 이미지가 '욕'이라는 단어가 갖는 부정적 연상을 유발하지는 않는다. 오히려 대중에게 대리 만족을 선사하는 긍정적 이미지를 가지고 있다.

<예 3>은 이러한 이미지를 가진 김수미를 주인공으로 하여 광고의 처음부터 마치 욕설을 하는 듯한 발화로 광고를 시작하고 있다. 골프 코스는 일반적으로 18홀을 한 단위로 구성되는데, <예 3>에서는 18홀의 '십팔'을 '씹팔홀'로 좀 더 세게 발음함으로써 마치 욕을 하는 것처럼 보이도록 한다. 그뿐 아니라 이를 발음할 때의 억양과 발화 태도가 이를 욕처럼 들리도록 한다. 그리고 골프를 준비하고 있는 사람들을 '쪼루, 가라이, 뒷땅, 전자발찌'로 지칭하고 이를 자막으로도 크게 제시하고 있는데, 이때 '쪼루', '뒷땅', '전자발찌'는 비속어로 사용된 것이 아님[26]에도 불구하고 비속어처럼 오해되는 측면이 있다. '쪼루'는 조금 어리석고 모자라 제구실을 못 하는 사람 또는 그런 태도나 행동을 속되게 이르는 말인 '쪼다'를 연상하게 하고, '뒷땅'은 흔히 '뒷

---

26) '쪼루'는 드라이버 티샷의 악성 볼을 의미하는 골프 용어이다. 이는 골퍼라면 누구나 아는 용어라고 한다. 또한 이는 한 이탈리아인의 이름에서 따온 말이라고 한다(2018-12-06 골프타임즈 http://www.thegolftimes.co.kr/news/articleView.html?idxno=37937). '뒷땅'의 정확한 명칭은 '더프(duff)'이다. 더프는 타구 때 볼의 지면을 때리는 것을 의미하는데, 골퍼들 사이에서는 일반적으로 이를 '뒷땅을 친다'라고 표현한다고 한다. 전자발찌는 특정 범죄자에게 착용하도록 하는 위치추적 장치로, 특정 범죄자에 대한 보호관찰 및 전자장치 부착 등에 관한 법률에 따라, '전자발찌'는 성폭력 범죄자, 미성년자 대상 유괴 범죄자, 살인 범죄자, 강도 범죄자 등의 특정 범죄자가 그 착용 대상자가 된다('전자발찌'의 착용 대상자에 대한 법률적 정보는, 변호사 이재호 씨의 '네이버 지식in' 답변을 참고하였음.). 해당 광고에서의 '전자발찌'는 골프장에서 캐디들에게 성희롱이나 성추행을 하는 골퍼를 비유한 것으로 해석할 수 있다. '가라'는 일본어 'から[空·虛]'를 발음 그대로 한국어로 적어 사용하는 것으로, 골프에서 '가라'는 볼을 치기 전 '빈 스윙'을 한다는 것이며, '가라 십분'은 빈 스윙을 10분 동안 한다는 것을 의미하는 것으로 볼 수 있다.

담화'를 속되게 줄여 표현하는 '뒷땅 (까다)'을 연상케 하며, '전자발찌'는 단어 자체가 환기하는 부정적 의미가 있기 때문이다. 또 그 억양이나 발화 태도도 이를 마치 노골적인 욕설처럼 보이게 한다. 게다가 "오늘 조카 씹팔홀 씨× 색연필 가족같네. 씨×"에는 '씨×'과 같은 직접적인 욕설도 노출되어 있다. 한편, '조카 씹팔홀 색연필 가족 같네'도 마치 욕설과 같은 느낌을 주는데, 이것이 욕설을 의미한다는 것은, 욕을 순화하여 재밌게 표현할 때, 그 발음의 유사성을 이용하여 '조카 십팔색 크레파스, 가~족 같네.'와 같은 표현이 사용된다는 것을 알고 있는 수용자들에게는 충분히 이해 가능한 부분이다. 그리고 이것은 수용자에게 오히려 재미를 느끼게 할 수도 있다. 그런데 이러한 욕설 표현이나 욕설 유사 표현은 지상파 광고에서는 허용되지 않는다. 지상파 TV에서도 똑같은 콘셉트(김수미가 캐디 역할로 골프를 제대로 하지 못하는 사람들을 응징하는 내용)의 '지스윙' 광고를 확인할 수 있으나, 지상파 광고에서는 <예 3>처럼 노골적인 욕설 표현은 전혀 나오지 않는다.

지상파 광고에서는 욕설이나 비속어의 사용은 엄격히 제한되어 있다. 우선 「방송 심의에 관한 규정」 제51조[27] 3항에서는 '방송은 바른 언어생활을 해치는 억양, 어조 및 비속어, 은어, 유행어, 조어, 반말 등을 사용하여서는 아니 된다.'라고 규정되어 있다.

---

27) http://www.law.go.kr/LSW/admRulLsInfoP.do?admRulSeq=2200000075996#J51:0 (국가법령정보센터)

참고 3. 방송 심의에 관한 규정 | 제51조(방송언어)

① 삭 제 <2015. 10. 15.>
② 방송언어는 원칙적으로 표준어를 사용하여야 한다. 다만, 프로그램의 특성이나 내용전개 또는 구성상 불가피한 경우에는 예외로 하되, 이 경우에도 특정 지역 또는 인물을 희화화하거나 부정적으로 묘사하여서는 아니 된다. <개정 2014. 1. 15., 2015. 10. 15.>
③ 방송은 바른 언어생활을 해치는 억양, 어조, 비속어, 은어, 저속한 조어 및 욕설 등을 사용하여서는 아니된다. 다만, 프로그램의 특성이나 내용전개 또는 구성상 불가피한 경우에는 예외로 한다. <개정 2014. 1. 15., 2014. 12. 30.>

「방송 광고 심의에 관한 규정」 제4조(품위 등)[28]에서도 방송 광고 언어 표현의 규제에 대한 내용을 확인할 수 있다. 일반 방송 광고에서는 타인을 조롱, 희화하거나 불쾌감이나 혐오감을 일으키는 표현, 욕설에 대해 엄격히 규제하고 있다.

참고 4. 방송 광고 심의에 관한 규정 | 제4조(품위 등)

방송광고는 방송의 품위를 유지하기 위하여 시청자의 윤리적 감정이나 정서를 해치는 다음 각 호의 어느 하나에 해당되는 표현을 하여서는 아니 된다. <개정 2014. 12. 30.>

1. 인간의 존엄성 및 생명을 경시하는 표현
2. 폭력, 범죄, 반사회적 행동을 조장하는 표현
3. 지나친 공포감이나 혐오감을 조성하는 표현
4. 과도한 신체의 노출이나 음란·선정적인 표현
5. 신체적 결함, 약점 등을 조롱 또는 희화화하는 표현
6. 삭 제 <2014. 12. 30.>
7. 특정 성을 비하하거나 성적 수치심을 느끼게 하는 표현
8. 신체 또는 사물 등을 활용한 욕설 등의 표현
9. 혐오감이나 불쾌감을 유발할 수 있는 성기·음모 등 신체의 부적절한 노출, 생리작용, 음식물의 사용·섭취 또는 동물사체의 과도한 노출 등의 표현
10. 그 밖에 불쾌감·혐오감 등을 유발하여 시청자의 윤리적 감정이나 정서를 해치는 표현

28) http://www.law.go.kr/LSW/admRulLsInfoP.do?admRulSeq=2200000076003#J4:0 (국가법령정보센터)

이에 비해 바이럴 광고는 이러한 제약에서 자유로운 것처럼 보인다. 국가법령정보센터에서 확인한 '인터넷 광고에 관한 심사지침'[29]에는 '표현'에 관한 항목은 따로 존재하지 않았고, 「인터넷 멀티미디어 방송법 시행령」에서도 관련 규제를 찾아볼 수 없다.[30] 다만, 「인터넷 멀티미디어 방송사업법 시행령」 제20조 제1항[31]에서는 인터넷 방송 프로그램의 내용심의에 관한 규정을 확인할 수 있다. 제1항에는 '방송프로그램의 내용심의에 관하여는 「방송법 시행령」 제21조 및 제66조의 2를 준용한다.'라고 되어 있는데, 「방송법 시행령」 제21조 및 제66조의 2는 '표현'에 대한 규제가 아니다. 또 방송 광고에 관한 규제에 대한 제6항에서도 '「방송법 시행령」 제59조를 준용'한다고 되어 있으나, 이 또한 방송 표현에 대한 규제는 아니다.

---

29) http://www.law.go.kr/LSW/admRulInfoP.do?admRulSeq=2100000070477 (국가법령정보센터)

30) 황준호 외(2016, 56)에서는 현재 정보통신망법에는 온라인 광고 또는 인터넷 광고라는 법적 개념 자체가 존재하지 않으며, 법적 개념이 존재하지 않기 때문에 광고에 특화된 규제 사항을 명시할 수도 없을 뿐만 아니라, 온라인 광고에 특화된 유해성과 불편성 여부를 검토, 분석할 수 있는 데이터의 구축도 불가능하다고 하였다. 한편 황준호 외(2016, 55-67)에서는 온라인 광고에 대한 규제에 대하여 매우 다양한 규제를 구체적으로 살피고 있는데, 이때 검토·정리된 온라인 광고에 대한 규제 사항 중에서도 '표현'에 대한 것은 찾아볼 수 없었다.

31) http://www.law.go.kr/LSW/lsInfoP.do?lsiSeq=195447&efYd=20170726#0000

참고 5. 인터넷 멀티미디어 방송법 시행령 | 제20조(「방송법 시행령」의 준용)

① 인터넷 멀티미디어 방송 콘텐츠사업자가 제공하는 실시간 방송프로그램의 내용심의에 관하여는 「방송법 시행령」 제21조 및 제66조의2를 준용한다. 이 경우 "방송사업자 · 중계유선방송사업자 및 전광판방송사업자"는 "법 제18조제2항 본문 및 단서에 따라 신고(제16조제1항제3호에 따라 신고한 자는 제외한다) 또는 등록하거나 승인을 받은 인터넷 멀티미디어 방송 콘텐츠사업자"로 본다. <개정 2014. 12. 3.>
⑥ 인터넷 멀티미디어 방송 콘텐츠사업자의 방송광고에 관하여는 「방송법 시행령」 제59조를 준용하되, 제16조제2항 및 제18조제1항 단서에 따라 등록하거나 승인을 받은 인터넷 멀티미디어 방송 콘텐츠사업자의 방송광고의 허용범위 등에 관하여는 「방송법 시행령」 제59조제2항제2호를 준용한다.

4.2.2. 영상: 무명 모델

광고의 내용과 관련하여 영상을 구성하는 세부 요소들은 모델, 배경 등 직접적인 영상 표현 요소와 카메라 워크, 색, 톤 등의 영상미 구현 요소 즉, 기술적 요소로 나누어 살필 수 있을 것이다. 이들 요소 가운데 바이럴 광고에서 주목되는 점은 특히 '모델'이다.

바이럴 광고의 모델은 주로 무명 모델인 경우가 많은 것으로 보인다. 표 1의 바이럴 광고 40편의 인물 유형을 정리하면 표 6과 같다. '무명' 모델은 일반인인지 전문 광고 모델인지 정확하지 않은 유형의 모델을 의미한다. '유명' 모델은 이름이 널리 알려진 유명 연예인, 이름이 알려지진 않았더라도 드라마나 영화를 통해 연예인이라는 인지도는 있는 유명인,[32] 자신의 이름을 직접 내세운 전문 분야의 인물이 모델로 등장하는 경우[33]를 의미한다. 특히 특정 분야의 전문가들은 보편적인 인지도가 있는 것은 아니지만, 해당 분야에 관심이 있는 사람에게는 인

32) 예를 들어, '스노우마이스타일, 관종의 난 편 (no.20)'에 등장하는 왕은 탑 연예인급의 인지도가 있는 것은 아니지만, 다수의 드라마에서 많이 등장한 연예인이다. 그리고 신하로 등장하는 인물들도 일일이 그 이름을 댈 수 있을 정도의 인지도는 없으나, 드라마에서 많이 본 익숙한 얼굴들이다. 이들은 완전한 무명은 아니기에 유명 모델로 분류하였다.
33) 예를 들어, '바슈롬, 한국화가 김현정 편 (no.13)'의 모델이 이에 해당한다.

표 6. 바이럴 광고의 모델

<table>
<tr><th>모델 유형</th><th>광고 수</th><th>(%)</th><th>상댓값</th><th>모델 유형</th><th>광고 수</th><th>(%)</th><th>상댓값</th></tr>
<tr><td>유명인</td><td>7</td><td>17.5</td><td>1</td><td>유명인</td><td>7</td><td>17.5</td><td>1</td></tr>
<tr><td>무명인</td><td>32</td><td>80</td><td>4.51</td><td rowspan="2">무명인</td><td rowspan="2">33</td><td rowspan="2">82.5</td><td rowspan="2">4.71</td></tr>
<tr><td>기타</td><td>1</td><td>2.5</td><td></td></tr>
<tr><td>계</td><td>40</td><td>100</td><td></td><td>계</td><td>40</td><td>100</td><td></td></tr>
</table>

지도가 높은 인물일 수 있다는 점에서 '유명' 모델로 분류하였다. '기타'로 처리한 1편은 '좋은데이, 고양이 편(no.8)'인데, 해당 광고의 '주인공'은 사람이 아니라 '고양이'라는 점에서 이를 '기타'로 처리하였다. 바이럴 광고 40편에서 유명인이 모델로 나오는 광고는 17.5%(7편), 무명인이 모델인 경우는 80%(32편), 기타의 경우가 2.5%(1편)로, 무명인이 모델인 경우가 상당히 높은 비율을 차지한다. 무명인이 모델인 경우가 유명인이 모델인 경우에 비해 약 4.57배 많다. 한편, '기타'의 경우에도 주인공이 사람이 아닐 뿐 다른 등장인물도 있으며, 이때 등장인물은 역시 무명 모델이므로 '기타'의 경우까지 '무명' 모델로 처리하면, 무명인이 모델인 경우는 82.5%(33편)로, 유명 모델의 4.71배가 된다.

표 6에서 확인되는 바처럼 바이럴 광고에는 무명인이 모델인 경우가 상당히 많다. 바이럴 광고의 모델이 무명인인 경우가 많은 것은, 바이럴 광고는 지상파 광고에 비해 상대적으로 제작비가 저렴하다는 점, 비전문가에 의한 광고 제작도 많다는 점에서 그 원인을 찾을 수 있을 것이다. 지상파 광고의 제작비가 높은 이유는 여러 가지가 있겠으나, 그중에서도 빅 모델을 기용하는 데서 발생하는 몸값을 무시할 수는 없다.[34] 따라서 바이럴 광고에서 빅 모델을 기용하지 않는다면, 그것

34) 예를 들어, '5000억 원 규모로 커진 국내 LED 마스크 시장을 선점하기 위해 업체들이 억대의 몸값을 자랑하는 유명 연예인을 모델로 기용'하고 있다는 내용의 <한국경제>의 기사에 따르면, LED 마스크 모델들은 모

만으로도 광고비를 상당 부분 줄일 수 있다.

한편, 지상파 광고는 바이럴 광고에 비해, 유명인 모델이 등장하는 경우는 상대적으로 많고, 유명인이 나오지 않는 경우는 상대적으로 적을 것으로 예상된다. 지상파 광고의 경우 매우 짧은 시간 내에 수용자의 흥미를 끌어야 하는데, 이때 가장 손쉽게 수용자의 호기심을 끌 수 있는 방법은 유명 연예인을 등장시키는 것이기 때문이다. 호감도 높은 연예인이 광고에 등장하는 것만으로도 수용자의 시선을 쉽게 붙들 수 있다. 물론 지상파 광고가 늘 유명인만을 모델로 삼는 것은 아니다. 지상파 광고에서도 무명인이 광고로 등장하는 경우들을 쉽게 확인할 수 있다. 하지만 무명 모델이 등장하는 경우는 유명 모델이 등장하는 경우보다는 많지 않다.

바이럴 광고와 지상파 광고의 모델 유형의 차이를 좀 더 구체적으로 살펴보기 위해 지상파 광고의 모델도 별도로 살펴본바, 지상파 광고에서는 유명인이 모델인 경우가 훨씬 많았다. 표 7은 표 2 'Group A'의 지상파 광고(2019년 3월 지상파 광고 177편 중 브랜드 중복을 제외한 최신순 40편)를 살펴본 결과이다. 유명인이 모델인 경우는 52.5%(21편), 무명인이 모델인 경우는 25%(10편)로, 유명인이 모델인 경우가 2.1배 더 높은 빈도를 보였다. 이때 모델이 등장하지 않는 9편을 제외하고 모델이 나오는 31편의 경우로만 따져 보면, 유명인이 모델로 등장하는 비율은 52.5%에서 67.64%로 상승한다. 한편, 표 8은 표 2 'Group B'의 지상파 광고(2019년 3월 지상파 광고 177편 중 모델이 등장하는 광고 최신순 40편)를 살펴본 결과인데, 이 결과도 표 7의

두 억대의 몸값을 자랑한다. 연간 기준으로 송혜교 8억 원, 이나영 7억 원, 최지우 5억 원, 염정아 4억 원, 강소라 4억 원 수준의 모델료를 받는 것으로 알려졌다고 한다. (기사 출처 : https://www.hankyung.com/economy/article/201904173266g 한국경제 2019.04.17.)

표 7. 지상파 광고의 모델 (표 2 'Group A' 40편)

모델 유형	광고 수	(%)	상댓값	광고 수	(%)
유명	21	52.5	2.1	21	67.64
무명	10	25	1	10	32.26
인물 ×	9	22.5			
계	40	100		31	100

표 8. 지상파 광고의 모델 (표 2 'Group B' 40편)

모델 유형	광고 수	(%)	상댓값
유명	26	65	1.86
무명	14	35	1
계	40	100	

결과와 크게 다르지 않다. 유명인이 모델로 등장하는 경우는 65%(26편), 무명인이 모델인 경우는 35%(14편)로, 유명인이 모델인 경우가 무명인이 모델인 경우의 약 2배(1.86배) 높은 빈도를 보였다.

4.3. 광고의 구성

광고 텍스트의 생산자는 사람들의 시선을 끌기 위해 다양한 텍스트 생산의 방식을 고민한다. 의도적인 카메라 조작을 가하여 사물을 새롭게 보이게 한다거나, 제품이 가진 독특한 기능을 전면에 내세울 수도 있다. 맥락이 배제된 특정 발화를 들려줌으로써 궁금증을 유발한다거나, 어떤 질문을 던짐으로써 수용자의 주목을 끌 수도 있다. 그런데 이러한 다양한 방법들 가운데, 무엇보다도 손쉽게 수용자의 관심을 끄는 방법은 바로 어떤 '이야기'[35]를 시작하는 것이다. 광고의 구성 차원에서 두드러지는 바이럴 광고의 특성은 바이럴 광고에 '이야기 광고' 즉, '드라마/영화형 광고'가 많이 보인다는 점이다. '이야기 광고' 또는 '드라마/영화형 광고'란 우리가 흔히 보는 드라마나 영화처럼 구성된 광고를 말한다. 예를 들어 앞서 살펴본 <예 1>(우르오스 기억의 세척 편(no.27))이나 뒤에서 살펴볼 <예 4>(스노우마이스타일 관종의 난 편(no.20))와 같은 유형이 전형적인 '드라마/영화형' 광고에 해당한다.

우리는 드라마나 영화를 볼 때, 전개되는 이야기를 쭉 따라가면서 극에 몰입하여 보게 된다. '드라마/영화형 광고'도 우리가 드라마나 영화를 볼 때와 같이, 그 자체의 이야기에 몰입하여 보게 된다. 표 1의 바이럴 광고 40편 중에서 '드라마/영화형'으로 구성된 광고는 45%(18편)나 된다. 표 2의 지상파 광고 40편 중에는 '드라마/영화형 광고'가 거의 없었다[36]는 점에서 매우 대조적인 특징이라 하겠다.

---

35) 기존 연구에서 '이야기'는, 보편적 '이야기' 즉, 인물, 사건, 배경으로 구성된 '서사'를 의미하기도 하고, 브랜드 및 제품과 관련된 이야깃거리를 의미하기도 한다. 심지어 광고의 메시지 자체를 이야기로 보는 견해가 발견되기도 한다. 그런데 우리는 보편적으로 '이야기'라 할 때, '인물, 사건, 배경'으로 구성된 '서사'를 떠올린다. 그리고 '이야깃거리'와 '광고 메시지'와 '서사'는 분명히 다르다. 이에 윤재연(2013)에서는 '스토리'라는 이름으로 불리는 광고가 너무 다양해서 개념 정리가 필요하다는 점을 지적하면서, 인물, 사건, 배경을 기본 요소로 하는 보편적인 '서사'의 개념이 적용된 스토리 광고를 '서사 텍스트로서의 스토리 광고'라 정의하였다. 그리고 이를 다른 유형과 구분하는 기준(조건)을 제안한 뒤, 광고의 표현 유형을 A~D로, 서사성을 1~4로 구분하고, 이들의 조합 가능성에 따라 서사성이 드러나는 경우를 'A1, A2, A3, B1, B2, B3, C2, D2, E3'의 9가지 유형으로 나눈 바 있다. 본고에서 말하는 '이야기 광고'란 윤재연(2013)의 'A1'에 해당한다. A1은 '발화'와 '영상' 모두 사건의 전개 과정을 보여주고, 이때 사건을 진행하는 발화는 인물 간의 대화인 경우이다.

36) 물론 지상파 광고에서 '드라마/영화형 광고'가 전혀 만들어지지 않는 것은 아니다. 그리고 공교롭게도 표 2의 지상파 광고에서 '드라마/영화형 광고'가 유난히 적었을 가능성도 배제할 수는 없다. 하지만 지상파 광고에서는

바이럴 광고에 드라마식 구성이 많은 이유는 방송국에서 일방적으로 노출되는 지상파 광고와는 달리, 바이럴 광고는 소셜 미디어상에서의 적극적인 유포를 기대하는 광고라는 점에서 찾을 수 있다. 소셜 미디어의 기본 속성은 공유에 있다. 유튜브, 페이스북, 인스타그램 등은 감정과 일상의 공유와 소통의 공간이다. 감동적인 것, 재미있는 것은 상대방과 쉽게 소통하게 만들어 줄 좋은 소재가 된다. 바이럴 광고가 드라마나 영화와 같은 '이야기 형식'으로 만들어지는 경우가 많은 이유도 이러한 소셜 미디어의 속성과 무관하지 않은 것으로 보인다. 인간은 기본적으로 이야기를 좋아하는 존재이다.

4.4. 소구 방식

바이럴 광고는 대체로 유머 소구가 주를 이루는 것으로 보인다. 표 1의 바이럴 광고에서 유머 소구가 사용된 광고는 65%(26편)나 된다. '유머 소구'란 유머를 통해 좋은 기분이나 감정을 유발하여 제품을 호의적으로 평가하게 하는 효과를 얻고자 하는 광고의 소구의 한 방식이다. 일반적으로 사용되는 광고 소구 방식은 이성 소구, 감성 소구, 위협 소구, 유머 소구 등으로 나눌 수 있으며, 이러한 소구 방식은 제품의 성격에 따라 다양하게 사용된다. 이에 비해 바이럴 광고에서는 제품에 상관없이 상당히 많은 경우에 '유머 소구'가 사용된다는 점은 바이럴 광고만의 특성이라 할 것이다. 그리고 바이럴 광고의 유머는 우아하고 재치가 있는 유머라기보다는 다소 유치하고, 촌스러우며, 저급하지만 원초적인 재미를 느끼게 하는 일명 'B급 감성'을 표현한 경우들이 많다. 또한 지상파 광고에 비해 매우 과장되어 있다.

'드라마/영화형 광고'가 바이럴 광고처럼 두드러지게 높은 빈도로 나오지는 않는다.

<예 4> 스노우마이스타일, 관종의 난 편 (no.20)

M1(왕): 내 아버님 얼굴을 그린 그림이오. 어떻소?
M2(동인): 선왕의 볼살이 빵빵한 것이 아주 보기 좋사옵니다.
M1: 아 그런가?

M3(서인): 무슨 소리요? 선왕께서는 원래 갸름하셨는데, 야식으로 라면을 즐기시어 그렇게 된 것이오.
M2: 무슨 소리요! 선왕께선 국물만 안 마시면 안 붓는다 하시며 짜장라면만 드셨단 말이오. - 중략 -

M4(남인): 그놈의 라면 얘기 좀 그만하시오. 저 넓은 미간을 보고도 태평하게 그런 소리가 나오시오? 예로부터 미간이 넓으면 단명할 팔자라고…
M5(북인): 이미 돌아가셨잖소.

M4: 아…
M5: 저 콧볼이 제일 문제요. - 중략- 저건 삼대가 빌어먹을 코요!
M1: 난 양자였소. - 중략 -
M(단체): 죄를 물어야 하옵니다.

M1: 내가 그렸느니라.
NA: 그렇게 왕을 빡치게 한 자들은 형장의 이슬로 사라지고, 이를 뷰티사화라 하니, 때는 관종 5년의 일이었다.
- 이하 생략.

<예 4>는 한 왕이 신하들을 모아놓고, 선왕의 초상화에 대한 감상을 묻는 장면으로 시작한다. 동인, 서인, 남인, 북인 등으로 나뉜 신하들은 마치 조선 시대 당쟁을 연상시키듯 서로의 의견에 이의를 제기하며 열띤 설전을 벌인다. 그런데 설전의 내용은 전혀 진지한 내용이 아니다. 초상화 그림을 두고 '선왕이 라면을 먹어서 얼굴이 부었다.', '아니다. 선왕은 짜장라면만 드셨다.'라고 하는 등, 광고에 구현된 시·공간을 바탕으로 예측되는 맥락과는 전혀 맞지 않는 '라면 논쟁'이 이어진다. 게다가 신하가 왕에게 선왕의 코는 '3대가 빌어먹을 코'라는 망발을 내뱉기도 하며, 급기야 초상화를 불태워 버리고 그것을 그린 자에게 죄를 물으라고 한다. 하지만 이 초상화는 '왕'이 그린 그림

이고, 신하들은 결국 처형을 당하고 만다. 도대체가 상식적으로 말이 안 되는 상황이 계속된다. 그런데 이처럼 수용자의 예측을 벗어난 전개 과정과 발화들은 다소 황당하지만, 연신 웃음을 유발한다. 그리고 도대체 무슨 광고이기에 이런 이상한 내용이 나오는 건지, 브랜드가 나올 때까지 수용자를 광고에 계속 집중하게 만든다.[37)]

바이럴 광고에 이러한 유머 소구가 사용되는 주된 이유는 소셜 미디어의 특성과 긴밀하게 연관되는 것으로 보인다. 공감을 바탕으로 하는 수용자의 참여와 확산에 기반을 두는 소셜 미디어의 속성상, 인간의 기본 감정인 '희로애락'을 자극하는 소재들은 쉽게 공감을 유발할 수 있다. 지상파 프로그램에서 골든 타임에 예능 프로그램이 배치되는 것만 보아도 '웃음'이라는 코드가 인간에게 매우 선호되는 감정이라는 것은 굳이 강조할 필요가 없을 것이다. 그리고 특히 즐거움이나 재미는 확산의 속도도 빠르다. Lewis et al.(2005, 62-63)에서도 슬픔, 공포, 유머 등과 같은 강한 감정 반응을 일으키는 광고 메시지는 다른 소비자들에게 전파될 가능성이 제일 높은 것으로 나타났다. 그리고 아주 유머러스한 메시지나 깜짝 놀랄 만한 바이러스 경고나 제품 경고, 슬픈 메시지는 여간하여서는 구전 행동을 하지 않는 소비자들조차 광고 메시지를 공유하는 행동을 할 수 있다는 것을 볼 수 있다고 하였다.[38)] 김병희 외(2015, 55)에서도 '공유와 확산에 기반을 두는 소셜 미디어의 효과를 높이기 위해서는 기업이 말하고 싶은 정보가 아닌 사람들이 필요로 하는 정보를 발신해야 한다. 이를 위해 소비자가 흥미를 느낄 만한 것, 공감할 수 있는 것, 재미있어할 만한 소재

37) 해당 광고에서 브랜드는 러닝 타임 2분 57초를 거의 다 채운 광고의 마지막에 등장한다. 바이럴 광고에서 브랜드의 노출은 대체로 이렇게 광고의 마지막에 드러나는 것으로 보이는데, 이에 대해서는 추후의 논의에서 좀 더 구체적으로 확인하도록 하겠다.

38) Lewis et al.(2005, 62-63)은 김성균(2019, 15)에서 재인용.

를 찾는 것이 중요하다.'라고 하였다. 바이럴 광고에서 유머 소구가 주로 사용된다는 점은 앞서 살펴본 선행 연구에서도 대부분 확인된다.

5. 맺음말

기존의 연구를 검토한 바에 따르면, 바이럴 광고는 형식적으로 '이것이 바이럴 광고다.'라고 규정하기는 어려운 측면이 있는 것으로 보인다. 이에 본고에서는 사람들 사이의 입소문을 기대한다는 전파 또는 전달 형식의 차원에서의 '바이럴'이 아니라, 광고 자체의 형식, 내용적 차원에서 '바이럴 광고'를 규정할 수 있는 특징이 없는지, 이를 규정하기 위한 제언적 차원에서 바이럴 광고를 살펴보았다. 유튜브에서 검색되는 바이럴 광고 40편을 대상으로 바이럴 광고의 형식적, 내용적 특성을 살펴보았으며, 그 결과 '바이럴 광고'는 몇몇 차원에서 바이럴 광고이기 때문에 허용될 수 있는, 독특한 특성이 있는 것으로 확인되었다.

참고문헌

김광수. 1999. 『광고학』. 한나래.

김병희 외. 2015. 『소셜 미디어 시대의 광고』. 커뮤니케이션북스.

김병희·한상필. 2011. "기업 커뮤니케이션에서 소셜 미디어의 활용 가능성." 『광고학연구』 22 (4): 91-113.

김성군·장청건. 2018. "유튜브 공유회수 높은 바이럴 영상광고의 표현전략에 관한 연구." 『기초조형학연구』 19 (2): 57-69.

김성군. 2019. "바이럴 영상광고의 인게이지먼트에 관한 연구." 부경대학교 박사학위논문.

김은희. 2010. "바이럴 광고의 크리에이티브 전략에 관한 연구." 『한국광고홍보학보』 12 (3): 255-282.

김지혜. 2016. "소셜 미디어를 활용한 정부 PR 효과 연구." 중앙대학교 박사학위논문.

백승혁. 2018. "숫자로 보는 2018년 콘텐츠산업." 『대한민국 콘텐츠 산업』. 문화체육관광부·한국콘텐츠진흥원 세미나 자료집. 3-17.

백영호. 2008. "Web 2.0 시대의 광고 커뮤니케이션의 변화." 『Brand Forum』 54: 35-45.

백제훈. 2014. "국내 바이럴 광고영상의 크리에이티브 표현 연구." 『조형미디어학』 17 (2): 103-109.

서구원. 2015. 『소셜 미디어와 SNS마케팅』. 커뮤니케이션북스.

염성원. 2014. "지상파TV의 광고활성화를 위한 제도 개선방안 연구." 『광고학연구』 25 (7): 7-27.

윤재연. 2013. "서사 텍스트로서의 스토리 광고, 그 개념과 유형." 『사회언어학』 21 (1): 153-183.

이운형. 2016. "유튜브 온라인 동영상 광고 트렌드 분석." 『한국디자인포럼』 51: 95-103.
이현우·변서영. 2010. “자막형 TV광고의 유형과 표현전략.” 『디자인학연구』 23 (1): 66-75.
정유진·유세경. 2018. “광고비 자원의 매체별 경쟁에 관한 연구.” 『한국언론학보』 90: 154-184.
최승우·박보람. 2015. “인터넷 동영상 인스트림 광고 유형에 따른 광고 회피에 대한 연구.” 『한국디자인문화학회지』 21 (3): 665-673.
황준호 외. 2016. 『매체별 광고 규제체계 개선방안 연구』. 방송통신위원회 정보통신정책연구원 연구보고서.
Anderson, M. 2005. “Dissecting ‘Subservient Chicken’.” *Adweek* 46 (March): 24-25.
Boyd, D. M., and N. B. Ellison. 2008. “Social Network Sites: Definition, History, and Scholarship.” *Journal of Computer-Mediated Communication* 13 (1): 210-230.
Dewing, M. 2010. *Social Media: An Introduction.* Publication No. 2010-03-E, awa, Canada: Library of Parliament.
Henke, L. L. 2011. “Viral Marketing & Music Videos: When Shock Tactics Backfire.” *Journal of Behavioral Studies in Business* 4: 1-8.
Kaplan, A. M., and M. Haenlein. 2010. “Users of the World, Unite! The Challenges and Opportunities of Social Media.” *Business Horizons* 53 (1): 59-68.
Kirby, J., and P. Marsden. 2006. 『바이럴 버즈 입소문 마케팅 혁명』, 구자룡 역, 지아이지오커뮤니케이션즈.
Lewis, R., J. E. Phelps, L. Mobilio, and N. Raman. 2005.

"Understanding Pass-Along Emails: Motivation and Behavior of Viral Consumer." In C. P. Haugtvedt, K. A.

Murthy, D. 2013. *Twitter: Social Communication in the Twitter Age*. Cambridge: Polity.

VI

소셜 미디어와 색의 미디어화
- 화장품 산업을 중심으로

고경난

6

소셜 미디어와 색의 미디어화

- 화장품 산업을 중심으로

고경난

1. 들어가며

21세기 디지털 테크놀로지 사용의 일상화는 민족지적 방법론을 사용하는 인류학과 사회학을 비롯한 사회문화 연구자들에게 새로운 문제의식과 연구 방법을 요구한다. 인류학에서는 미디어 인류학(media anthropology)과 디지털 인류학(digital anthropology)이라 불리는 새 연구 분야가 등장했고, 민족지적 질적 연구는 게임 커뮤니티와 같은 온라인 가상세계(Boellstorff et al. 2012), 트위터 해시태그 운동과 상징적 정치 참여(Bonilla & Rosa 2015), 뉴미디어에서의 언어사용 문제(Tannen & Trester 2013), 페이스북을 통한 자아와 관계의 재구성(Dalsgaard 2008) 등 다양한 연구를 시도하고 있다. 마을과 같은 전통적인 민족지적 환경에서 발전된 이론과 개념은 여전히 이와 같은 미디어 사용자의 문화 실천을 이해하는 데 유용하다. 그러나 새로운 '뉴' 미디어 사용자의 경험과 활동이 민족지적 연구 맥락에서의 그것과 다른 양상으로 전개되는 만큼 미디어 사용을 다루는 연구는 온라인 참여, 디지털 환경에서의 소통 관찰, 그리고 디지털 미디어에서의 기록 등의 다양한 디지털 에스노그라피(digital ethnography) 연구 방법을 면대면 인터뷰나 관찰과 병행하며 새로운 방법론을 모색한다.

디지털 환경에서의 인류학적 연구주제는 전통적 민족지 연구에서 만큼이나 다양하다. 하지만 디지털 미디어 사용자에 대한 관찰이 기존 맥락에서의 그것과 대비 명확히 보여줄 수 있는 것은 문화 과정(cultural process)에서 미디어가 담당하는 사회문화적 기능 그리고 미디어를 통한 매개됨(mediated)이다. 그래서 홀스트와 밀러(Horst & Miller 2013, 14)와 같은 디지털 인류학 연구자들은 디지털 미디어 연구가 문화적 삶의 매개 구조(framework)를 더 온전히 드러낼 수 있도록 해야 할 것이라 했을 것이다. 이 연구자들은 디지털 미디어로 인해 인류가 더 문화적이지 않은 것처럼 사회 또한 더 매개된 것이 아니라고 하고 디지털 미디어 연구의 유용성을 디지털 세계에 대한 이해를 토대로 비디지털 세계의 매개됨과 구성됨을 더 잘 드러내는 데에서 찾았다(ibid., 13). 이들은 인문사회과학 탐구가 디지털 대 비디지털을 부각한다면 실패("fail")라며 이분법적 구분의 재생산을 경계하였다(ibid.). 연구가 부각해야 할 것은 오히려 디지털 미디어 사용의 세계가 더 매개됐다는 환상("illusion")이 만들어지는 경위라는 것이다(ibid., 14).

소셜 미디어에서의 기호사용에 관한 인류학 내 논의는 이제 시작되고 있는 터라 누적된 연구는 많지 않다. 또 소수의 논의 중 기호학을 응용하는 언어·기호인류학 연구들은 주제 측면에서 정치 담론에 대한 연구, 특히 미국의 경험적 사례들에 집중돼 있다. 이 연구들은 비디지털 맥락에서의 의사소통에 관한 연구에서도 관심 주제들인 미디어 텍스트의 메시지 구성, 메시지의 재현적이거나 상호관계적 함의, 기호 사용과 참여구조(participant framework)와 같은 기호-화용론적 문제가 디지털 미디어 맥락에서는 어떠한 양상으로 전개되는지에 주목해 왔다. 예로 스톨리와 케이튼(Lempert 2009; Stolee & Caton 2018)은 최근 트위터(Twitter)에 대한 첫 언어 인류학적 연구를 발표했는데, 이 연구는 이전 텔레비전 미디어에서의 정치적 의사소통, 특히 미국 대선 후보 토론회에서의 언어사용을 분석한 아가(1997)나 렘퍼트와 실버스틴(Lempert & Silverstein 2012)의 접근 및 방법론을 잇는 것이다. 스톨리와 케이튼은 미국 정치인 도널드 트럼프(Donald Trump)의 트위터 계정을 관찰하고 그의 트위터 사용 방식을 하나의 말하기 방식(speech practice)으로 다룬다. 트럼프의 트위터 텍스트, 즉 "트윗(tweet)"에서 자주 발견되는 오타와 통사적 오류의 언어학적 문제를 비롯하여 트윗의 등록 시기(timing), 빈도, 그리고 "리트윗(retweet)" 기능의 사용을 관찰하고 트럼프가 정치인으로서 어떻게 지지자에게 다가가는지를 분석했다. 분석 결과, 트럼프는 다른 미국 정치인들과 확실하게 구별되는 메시지와 메시징 방식을 구사하고 있었는데 그의 지지자들은 이것을 트윗 글의 진실성과 그의 사람됨을 재확인하는 계기로 이해하고 있다고 한다. 트위터라는 상호작용 미디어는 트럼프와 지지자 간 독특한 대화법("dialogism")을 형성하는 데 기여한다는 설명이다(Stolee & Caton 2018, 161).

소셜 미디어에 대한 언어·기호인류학적 관심은 이렇게 특정 미디어의 특수한 성격이나 효과에 관심을 둔다기보다 현시대 의사소통 매체의 하나로서 소셜 미디어 사용이 사회문화적 차원의 그 무엇을 (재)구성하는 양상, 또는 그로 인한 매개 등의 언어·기호-화용론적 측면에 관심을 둔다. 본 논의 또한 이와 같은 관점 및 접근법을 공유하는데 여기서는 홍보와 브랜딩 목적의 페이스북(Facebook) 사용 사례를 살펴본다. 특히 한국의 대표적 화장품 기업이 소유하는 네 개의 독자적 브랜드 라인에서 색 기호가 다른 기호들과 더불어 어떻게 사용되는지를 텍스트 분석하고, 페이스북이라는 소셜 미디어상에서 색이 기호로서 어떻게 생산자와 소비자간 기호학적 의사소통과 사회관계 맺기에 작용할 수 있는지를 알아본다. 이 논의에서의 관심 또한 페이스북의 고유한 매체적 특징이나 네트워킹 기능에 있다기보다 다양한 기호가 어떻게 매체상 의사소통 구조 디자인과 유지에 사용되며, 이것이 어떻게 다시 브랜드와 상상된 소비자 집단 간 비 면대면적이자 사회경제적 관계의 구성과 재귀적으로 관련되는지 텍스트 분석을 통해서나마 탐구하는 데 있다.

한국 화장품 업계는 페이스북뿐 아니라 트위터, 유튜브(YouTube), 인스타그램(Instagram) 등 다양한 온라인 네트워킹 채널을 기업-소비자 간 의사소통에 활용한다. 이 논의가 페이스북에 집중하는 것은 다뤄지는 사례가 한 기업의 네 개 자회사 브랜드이고, 기업의 특정 미디어 활용 여부는 제품의 주된 소비자 계층의 매체 이용 성향과 연관된 것인데 비교 사례들이 모두 꾸준히 유지하고 있는 소셜 미디어가 페이스북이기 때문이다. 본문에서는 우선 화장품 브랜드들의 페이스북, 더 정확히 페이스북 "페이지(Page)"가 색과 여러 기호학적 구성요소를 어떻게 의사소통의 매개체로 사용하려 하는지 알아보고, 특히 매개하려는 이미지가 무엇이며 페이스북 매체상 기호와 그 대상적 의미가 어떻게 재편 혹은 편제(regimentation, 編制)되는지를 분석한다. 이를 토대로 후반에는 페이스북에서 생산자가 특정 소비자 집단의 호응과 참여를 유도하는 의사소통 기제, 그리고 온라인 의사소통과 참여구조의 디자인에 대해 고프만(Goffman 1974)의 애니메이터(animator) 개념을 사용해 논의해 본다.

2. 화장품 브랜드 비교군의 페이스북 사용 특징

여러 경영학 연구가 소셜 미디어는 기업의 관점에서 기존의 소통 방식과 다른 전략을 요구한다고 적는다(Shin et al. 2013). 이는 한편으로 소셜 미디어 운영에 필요한 소위 문화 내부자의 에스노-기호학적(ethnosemiotic) 지식과 노동이 기존의 마케팅, 광고, 기업 홍보 실천에 필요한 그것과 기술적 측면에서 다르다는 것을 함의한다. 소셜 미디어 콘텐츠의 생산과 유지에 요구되는 지식이 지면이나 화면 형식의 홍보 미디어에 필요한 그것과 차이가 있을 것이니 말이다. 하지만 기업 홍보와 소통의 실천 차원에서 더욱 중요한 것은 소셜 미디어 운영의 기술적 지식보다 그것이 의사소통 채널로 제공하는 방향성과 시간성 문제를 어떻게 다뤄야 할지의 문제일 것이다.

소셜 미디어를 두고 흔히 실시간 양방향 교류(real time exchange)를 가능케 하는 의사소통 채널이라고 표현한다. 그런데 기업의 경우를 생각해보면 소셜 미디어의 실시간성이라는 특징은 다소 퇴색한다. 기업뿐 아니라 그룹이나 단체의 소셜 미디어 계정은 대개 개인의 그것처럼 한 사람이 계정에 싣는 콘텐츠를 소유, 관리하며 그의 목소리(voice)를 담아 교류하는 채널로서 운영되지 않고, 다른 페이스북 사용자 또한 그것을 기대하지 않기 때문이다. 오히려 단체의 소셜 미디어 계정은 관리되는 의사소통 채널이고 따라서 상호관계적 교류 또한 앞서 언급된 논의가 시사하는 바와 같이 전략적 의사소통의 성격을 지닌다고 보는 게 더 적절하다. 기업의 경우 소셜 미디어를 통한 의사소통에의 '전략'은 주로 브랜딩과 마케팅의 목적을 지닌 전략을 말한다.

물론 실시간 자유로운 의견 교환 채널로서 기능하지 않는다고 해서 소셜 미디어가 지면이나 화면으로 이루어지는 다른 홍보 매체들과 다른 점이 없는 것은 아니다. 시간의 차원을 살펴보면 소셜 미디어 매체의 콘텐츠는 생산, 송신, 혹은 "업로드" 시점과 콘텐츠 소비 및 수신의 시점 사이의 시차가 종이, 영상, 혹은 웹사이트와 같은 매체에서의 그것보다 짧고, 또 이미 생산된 콘텐츠의 변경도 더 즉각적으로, 쉽게 이뤄질 수 있다. 또한 의사소통 측면에서 생각해봤을 때 지면, 화면, 웹사이트 등과 달리 소셜 미디어는 생산자가 콘텐츠를 전달받고 소비하는 소비자가 누구인지 조금 더 구체적으로 상상할 수 있고(예: 페이스북 "친구," 트위터 "팔로워"), 이 조건이 표현을 제약하고 관리하는 맥락적 상황으로 작용할 수도 있다. 이러한 차이점이 기업의 소셜 미디어 운영 관점에서 기존 홍보 채널들과 다른 점이고, 실제 소셜 미디어를 통해 실시간 양방향 교류가 발생하는 지와는 별개로 계정의 콘텐츠 관리자, 생산자, 또는 운영자가 민감하게 고려하고 전략적으로 대응할 수 있는 점들이다.

그렇다면 경험적 사례를 통해 실제 기업의 페이스북 운영을 살펴보도록 하겠다. 여기서 검토하는 사례는 거대 화장품 주식회사가 소유하는 네 개 여성 화장품 자회사 브랜드의 페이스북 페이지이고 네 페이지 모두 동일하게 2011년 개설됐다. 2019년 6월 확인한 각 페이지를 "라이크"하거나 "팔로우"한 페이스북 계정의 수는 아래와 같다. 여기서 회사명/브랜드명은 인류학적 민족지 연구 관습을 따라 가명으로 처리한다. 자료로 제시하는 공개된 페이스북 게시글 캡처에서 또한 브랜드나 상품 명칭이 드러나는 부분은 가려서 사용한다.

익명의 A, B, C, D 브랜드들은 모두 여성 화장품 브랜드이고, 2018년 실시된 한 설문조사에 따르면 네 개 모두 국산 화장품 선호도 상위 15위 내에 포함되는 등, 한국 소비자들 사이에서 비교적 인지도가 높은 편이다(리얼미터 2018). 이들의 소셜 미디어 계정은 따라서 브랜드의 존재를 알리고 인지도를 높이려는 방식의 마케팅에 집중한다기보

표 1. 한국 여성화장품 브랜드 페이스북 페이지 비교 사례군(2019년 5월 기준)

	좋아요(Like)	팔로워(Follower)
A	1,174,023	1,174,385
B	334,385	333,697
C	235,099	227,440
D	781,190	777,680

+연령 +가격

다 이미 어느 정도 형성돼있고 소비자 사이에서도 친숙한 기존 브랜드 이미지를 더 강화하거나, 주력하는 제품을 홍보, 또는 고객 관리에 집중하는 양상이다.

페이스북 사용자의 참여가 가장 높은 A 브랜드의 주된 고객층은 다른 브랜드에 비하여 가장 나이가 어리고, 화장품 가격 또한 상대적으로 가장 낮다. A 브랜드 페이지를 보면 대표 "프로필" 사진으로 회사 로고를 사용하고 있고 페이지 "커버"라 불리는 상단 프레임에는 제품 홍보 이미지나 동영상을 바꾸어가며 사용한다. 이 두 가지는 구성 방식은 B, C, D 브랜드의 페이지도 동일하다.

그림 1. A브랜드 페이스북 상단 구성 사례
(출처: A 브랜드 페이스북 공개 페이지)

그런데 페이스북 용어로 "타임라인(timeline)"이라 하는 순차적으로 등록된 게시물들을 살펴보면 A가 타 브랜드의 페이지들에 비해 상대적으로 두드러지는 점들이 있다. 우선 A의 "포스트(post)" 또는 게시글은 형식적 차원에서 페이스북이 기본적으로 제공하는 그림 문자, 즉 이모티콘(emoticon)을 매우 빈번하게 사용한다. 2019년 등록된 글들만 보아도 이모티콘을 포함하지 않은 게시글은 찾기가 힘들고, 대개 한 게시글에 적어도 3개 이상 사용된다. 또 그림2와 같이 게시글이 여러 문장으로 구성될 경우, 각 줄은 반드시 이모티콘을 포함한다. 비교군의 타 브랜드와 대비되는 지점이다. 이모티콘의 사용은 A가 가장 많고, B와 C 브랜드 글에서도 흔히 발견되지만, 그 횟수가 게시글 당 1~2회 정도로 낮으며 D의 경우에는 글의 제목을 표시하려는 경우를 제외하고는 거의 발견되지 않는다. 문자 형식의 글을 그림 문자로 장식하는 양상이고, 그래서 A 페이지의 타임라인은 전반적으로 더 화려하고 역동적으로 느껴진다.

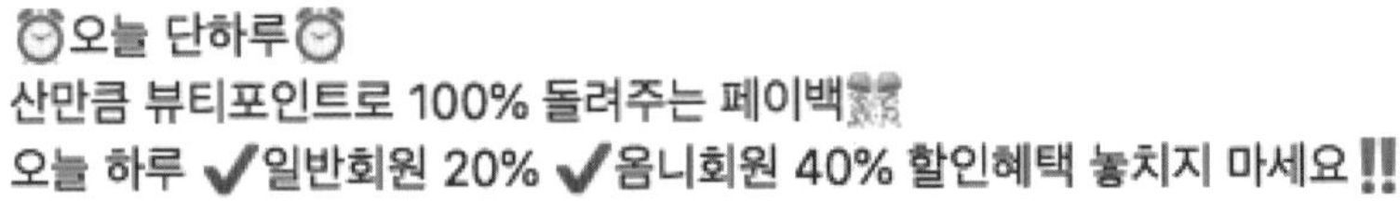

그림 2. A 브랜드의 이모티콘 사용
(출처: A 브랜드 페이스북 공개 페이지)

A 브랜드 페이스북 게시글의 두 번째 특징은 주된 메시지가 가격할인에 관한 정보와 소비 경험 기회의 제공에 편중돼있다는 점이다. 그림3의 좌측 게시글은 신제품 출시에 앞서 소비자들이 미리 화장품을 미리 체험할 기회를 제공한다는 내용이고, 우측의 경우는 특정 할인 이벤트에 관한 정보와 가격 할인을 받을 수 있는 방법을 안내한다.

페이스북을 통해 일반 사용자에게 시시각각 자주 할인과 체험 기회를 알리고, 그 사용자를 A 브랜드를 소비하는 소비자 집단, 예로 그림 3(좌)에서 말하는 "핑크슈머"의 일원으로 유입시키려는 시도이다. 그런데 A 브랜드뿐 아니라 B, C, D 또한 페이스북을 사용자들에게 제품 가격할인에 관한 정보와 상품 체험 기회를 알리는 채널로 사용하고 있고 소비 체험 기회 안내는 모든 브랜드가 공통으로 페이스북을 통해 홍보하는 내용이다. 하지만 A의 페이스북은 이 두 메시지의 전달에만 집중한다는 것이 눈에 띄는 점이다.

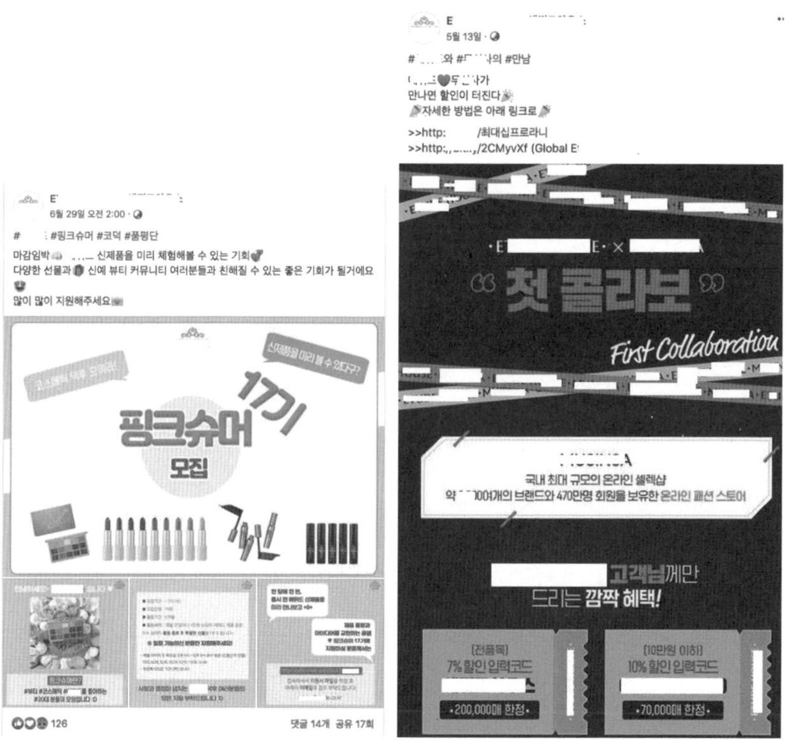

그림 3. A 브랜드 페이스북 게시글 캡처
(출처: A 브랜드 페이스북 공개 페이지)

그렇다면 B, C, D 브랜드들과 A를 비교해 어떻게 기업이 페이스북을 통해 사용자의 참여를 유도하고 소비자로의 전환을 시도하는지 좀 더 자세히 살펴본다. B 브랜드는 대략 10대부터 20대까지의 여성 소비자를 제품의 주된 고객층으로 삼고, C는 20~30대, 그리고 D는 40대 이상의 여성을 마케팅 언어로 소위 타깃(target)한다. 앞서 논의했듯이 10대를 겨냥하는 A 브랜드 페이스북 타임라인에는 제품 가격할인에 대한 게시글이 아주 빈번히, 적어도 2~3일에 한 번 게시되는 반면, B, C, D 순으로 이와 같은 가격할인에 관한 내용을 담은 글은 줄어든다. 대신 다른 브랜드들은 특정 화장품 제품의 특징이나 성분을 강조하는 글, 또는 사용법 안내를 하는 글을 좀 더 게시한다. 그리고 고가화장품이자 고급화장품으로 아시아권 다른 나라에서도 인지도가 있는 것으로 평가되는 D 브랜드 타임라인의 경우에는 특정 제품의 우수성과 선호도에 관한 증명과 같은 메시지를 담은 글을 상대적으로 더 자주 게시된다.

이렇게 한 기업의 서로 다른 네 개 브랜드의 페이스북은 그들이 내세우는 브랜드의 특성과 내부적으로 논의됐을 소통 전략에 따라 조금씩 다른 점을 강조한다. 하지만 네 페이지 모두에서 발견되는 공통된 페이스북 게시글 콘텐츠가 있다면 앞서 언급했듯 페이스북 사용자를 브랜드 소비자로 모집하려는 시도이고, 이러한 게시글의 메시지는 화장품 제품 체험 기회를 알리는 글이나 더 명시적으로는 특정 브랜드의 소비자 그룹의 일원을 모집한다는 게시글에서 드러나고 있다.

이러한 내용의 게시글은 사실 필수적으로 전달하는 정보가 브랜드별로 크게 차이 나지 않는다. 즉, 페이스북의 게시글을 보거나 읽는 사용자가 어디에서 무엇(즉, 제품)을 어떻게(또는 어떤 경로를 통해), 또 언제 체험해 볼 수 있는지를 간략히 기술하는 정도인 것이다. 비교군의 A, B, C, D 모두 이런 소비자 모집을 위한 글을 자주 게시하는데 이 유형의 게시글을 비교했을 때, 이 기본적 소비 경험에 관련된 세부 안내는 모두 문자 입력 칸에 먼저(즉, 상단에) 그리고 중복적으로 제공된다. 다시 말해 직접적인 소비 경험 및 체험에 관한 단순하고 기본적인 안내는 글 형식의 텍스트로 제공되고, 이 텍스트 구성은 네 개 다른 브랜드일지라도 크게 차이가 없다는 것이다.

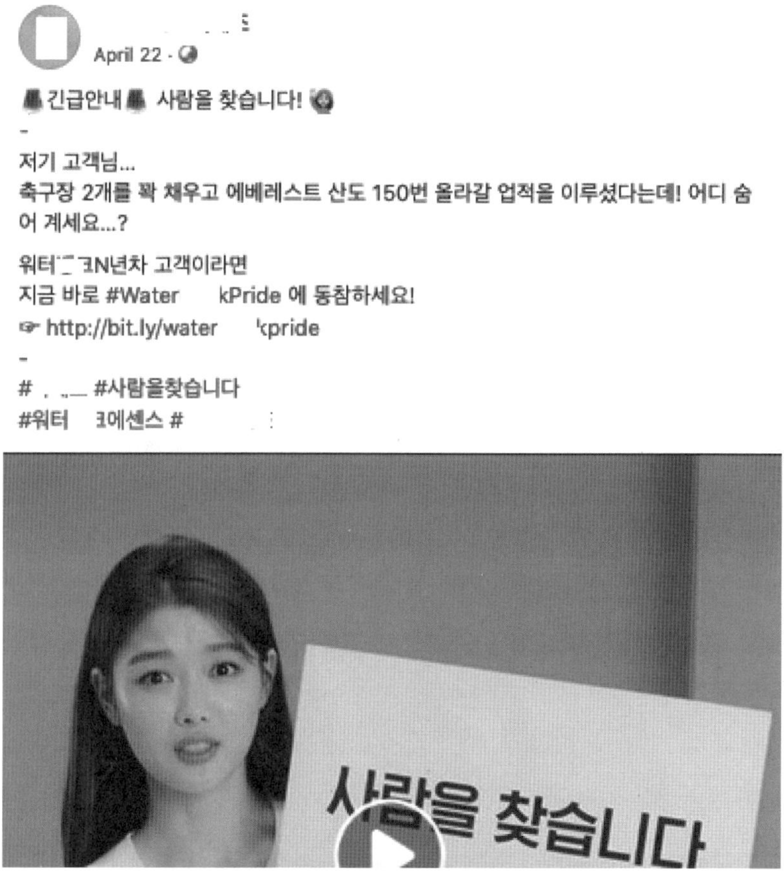

그림 4. B 브랜드 페이스북 게시글 캡처
(출처: B 브랜드 페이스북 공개 페이지)

페이스북 사용자를 소비자로 전환하는 게시글에서 브랜드 간 차이

5월 31일 ·

#5월의_ 단장

궁중과 사대부, 미인도까지
전통한복을 가장 아름답게 체험하신
5월의 베스트 _ 을 발표합니다.

<베스트 단장>
@
@

매달 선정되신 분께는
이달의 제품을 드립니다.
(*5월의 제품 : 에센스)

:: _ 단장 체험 안내
✔ 일시: 매주 토, 일요일 2시, 4시 30분 중 택1
✔ 장소: _ . . 플래그십 스토어
✔ 예약방법: 홈페이지를 통해 사전 예약
https://bit.ly/2vvNRfo

※신청일자 자정 기준으로 2주 후부터 2개월 후 날짜까지 예약 오픈
※ 이벤트 참여 이미지는 당첨 시 공식 계정에 올라갈 수 있습니다.
※ 제품과 예쁘게 단장하신 모습을 함께 사진으로 담아주시면 선정 확률이 높아집니다.

#_ # 단장 #_ 플래그십스토어

그림 5. D 브랜드 페이스북 게시글 캡처
(출처: D 브랜드 페이스북 공개 페이지)

를 더욱 확연히 드러내고 구분이 쉽게 하는 것은 상대적으로 언어가 아닌 비언어적 기호 구성이다. B 브랜드의 게시글인 그림4의 경우, 글 칸에서 제목으로 매우 투명하게 "사람을 찾습니다!"라고 쓰고 있다. 그리고 특정 제품("워터 에센스," 가명 처리) "고객님"의 "동참"을 호소하는 내용을 적고 참여 방법(링크)을 알린다. 그런데 이 글의 주된 메시지인 "사람," 즉 소비자를 모집한다는 내용은 다시, 그리고 더 큰 글자로, 게시글의 동영상 부분에서 발견된다. 모델이 같은 문구를 담은 포스터를 들고 있는 장면이 정지 화면으로 지정돼 게시되고 있기 때문이다. 이 정지 화면은 그런데 (흑백 프린터에서 확인이 어려우나) 동영상의 배경색이자 브랜드의 대표색인 하늘색과 배치돼있다. B 브랜드는 '깨끗하고' '맑은' 이미지의 젊은 여성상/남성상을 이상적인 여성상/남성상으로 표현하고 있는데, 이 대상적 이미지를 하늘색과 도상적으로 사용하는 것이다(그림 7 또한 참조). B 브랜드의 로고 색 또한 하늘색이 주된 색이다.

페이스북은 게시글에 문자를 입력할 수 있는 공간뿐 아니라 사진이나 동영상을 선택적으로 함께 게시할 공간 또한 제공하기에 사용자는 다양하게 메시지를 표현할 수 있고, 비교군의 페이지들은 동영상이나 포스터 이미지를 포함한 게시글들을 통해 브랜드의 성격을 더 선명히 드러내고 있다. 이 페이지들이 모두 한 화장품 기업 법인이 소유하는 각기 다른 자회사 브랜드들의 것임을 다시 언급할 필요가 있다. 비슷한 효과를 기대하는 유사한 콘텐츠라도 각 페이지는 브랜드별로 그것을 서로 달리, 구별 가능한 형식으로 표현해야 하고, 그 형식은 언어뿐 아니라 (혹은 언어보다도) 비언어적 구성 요소에 의존하고 있으며 그 대표적인 예가 색이다.

앞서 본 그림 3의 A 페이지의 게시물 역시 포스터 이미지에 A의 대표색 분홍을 두드러지게 사용했다. A 브랜드의 분홍색 "핑크"는 '귀여운' 여성상을 대신하는 도상으로 사용된다. 또 그림5는 D 브랜드의 사례인데, 여기서는 호박색 혹은 그것과 유사한 색이 이미지 배경색으로 사용되고 D가 이상적으로 표현하는 '우아함'의 이미지와 관계를 맺는다. 서로 다른 화장품 브랜드를 구별 짓는 소위 "시그니처 컬러"가 페이스북에서도 브랜드를 브랜딩 하는데 사용되는 것이다.

3. 색의 미디어화

색 사용은 이렇게 본 논의에서 비교하는 한 회사의 네 개 브랜드의 페이스북 페이지를 서로 구분 짓고 전달하려는 메시지를 보다 특별한, 즉 브랜드의 메시지로 포장하는 기호작용을 돕는다. 이 절에서는 그 과정을 더 면밀하게 살펴본다. 페이스북이라는 특정 소셜 미디어는 기본적으로 하나의 게시글에 글과 이미지를 함께 작성할 수 있도록 하는데 여기서 논의하는 계정들은 이 두 공간을 항상 함께 사용하며 일정한 색과 언어의 배치와 조합을 통해 게시글과 타임라인을 기호학적으로 '디자인'한다. 이러한 게시글을 지속해서 등록함으로써 운영자는 게시글이 전달하는 내용이 특정 화장품 브랜드의 것임을 구독자와 방문객이 확인할 수 있도록 하고, 이를 통해 계정의 브랜드 이미지 또한 꾸준히 재생산된다.

소셜 미디어에서의 색을 비롯한 다양한 비언어적 기호사용의 문제는 단순히 표현의 문제, 또는 생산자의 무엇을 대신해 재현하는 차원에 국한된 문제로만 볼 것이 아니다. 다른 홍보 채널보다 소셜 미디어를 통한 홍보는 사용자의 반응과 의견을 비교적 단시간에 구할 수 있고, 홍보 콘텐츠에 관심을 두거나 가질만한 다수의 잠재적 소비자가 누구이며 그들이 선호하는 것이 무엇인지 또한 조금 더 수월하게 짐

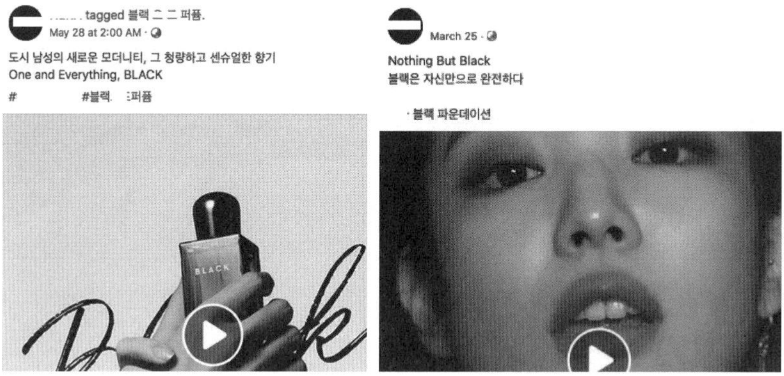

그림 6. 색을 중심으로 한 다양한 형식의 기호 간 관계 재편
(C 브랜드 페이스북 게시글 캡처)

작할 수 있다. 따라서 이러한 소셜 미디어의 매체적 특징에 따라 기업의 페이스북 홍보에 더 적절한 콘텐츠가 있을 수 있고 이것은 표현과 재현의 문제뿐 아니라 해석과 사회적 상호작용에 관한 문제인 것이다.

앞 절에서 비교군 브랜드들이 공통으로 게시하는 홍보 콘텐츠 중 눈에 띄는 것이 소비 체험 기회를 안내하는 성격의 글임을 이야기했다. 타 홍보 채널과 비교해 페이스북과 같은 소셜 미디어를 통한 홍보에 좀 더 적절한 콘텐츠가 있다면 바로 사용자가 브랜드 소비자로 전환할 수 있도록 하는 제품 체험 및 소비 경험 기회, 또는 할인에 관한 정보의 게시일 것이다. 그림 3, 4, 5 모두 각각 브랜드 A, B, D 계정이 이 콘텐츠를 어떻게 다른 방식으로 게시하고 있는지를 보여주는 사례들이다. 여기서는 아직 다루지 않은 C 브랜드의 사례를 추가해 살펴보면 C 브랜드는 '도시적' '감각적' 여성상과 남성상을 이상형으로 내세우면서 20~30대 소비자층을 주된 고객층으로 겨냥하고, 이는 비슷한 연령의 소비자층을 겨냥하지만, 대조적으로 '맑은' 혹은 '깨끗한' 이미지를 내세우는 B 브랜드와 비교된다. B와 C 브랜드는 A, D와 달리 여성 화장품뿐 아니라 남성 화장품도 판매하고 있다.

B와 C 사례를 함께 비교하면 이 화장품 기업의 페이스북 계정 운영이 색채 브랜딩과 밀접한 연관이 있다는 것이 선명히 드러난다. B가 하늘색을 전면적으로 사용하는 데에 비해(그림 4와 그림 7) C는 검정을 로고와 상품 패키지, 홍보에 사용하고 그것을 페이스북에서도 동일하게 재생산하면서 온라인상으로도 브랜드 이미지를 표현하는 것이다.

그림 6(좌)을 보면 페이스북 프로필 이미지로 사용하는 C의 로고, 게시글의 글 칸에 쓰인 언어적 요소("BLACK," "블랙," "도시," "센슈얼"), 그리고 내포된 동영상 정지 화면의 다양한 이미지 구성 요소는 검은색을 중심으로 도상적 관계를 형성한다. 색이라는 특정한 비언어적 기호의 역할이 엿보이는 부분이다. 또 그림 6(우)은 "블랙 파운데이션"이라 명명된 여성 제품 홍보 게시글인데, 여기서는 더 명시적으로 "Nothing But Black," "블랙은 자신만으로 완전하다"라는 문구가 검은색과 '당당한', '감각적인', '도시적' 소비자 상을 연결하고 있다. 대상적 의미로 기업이 삼는 여성상, 남성상, 그리고 때로는 사람됨의 이상형이 다양한 형식의 페이스북 구성 요소를 통해 재현되고 있는데, 여기서 색은 그 다양한 형식의 여러 요소를 규제하고 편제(regiment)하는 비교적 중심적인 역할을 담당하는 것이다. C와 대조적으로 그림 7의 B 브랜드 경우에도, 하늘색 계열의 색채가 하나의 게시글에서 반복적으로 사용되며 유사한 패턴의 기호학적 편제를 돕고 있다(로고색–동영상 배경색—모델의 상의 색). 그림 4의 경우에서와 같이 말이다.

그렇다면 이제 소셜 미디어상 소비자와의 상호관계적 측면에서는 이와 같은 색의 사용을 어떻게 풀이할 수 있을까? 지금까지 분석한 내용은 여기서 경험적 사례로 사용되는 화장품 기업의 네 개 브랜드의 페이스북 페이지들이 각 브랜드가 지향하는 이상형을 재현하는

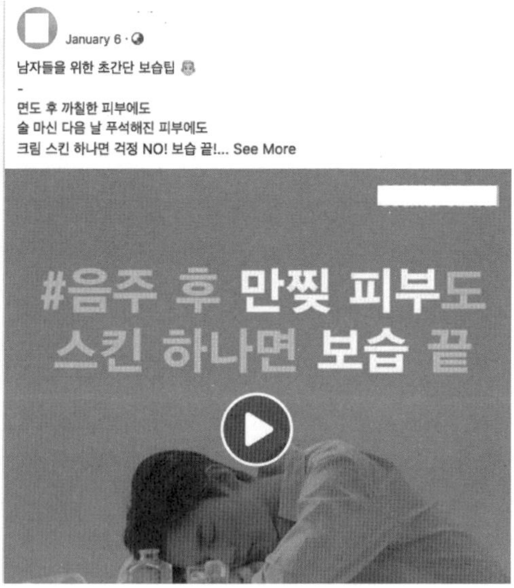

그림 7. B 브랜드의 게시물에서의 도상적 기호 관계
(출처: B 브랜드 페이스북 공개 페이지)

데 다양한 기호학적 요소를 사용하고, 그중 색은 기호 간 관계를 도상적으로 정리하고 재편하는 데 중요한 역할을 한다는 것이었다. 다른 언어·비언어적 기호들 또한 물론 브랜드가 대신하려는 대상적 의미를 재현하는 데 직간접적으로 기여하지만, 특히 색은 게시글과 타임라인 전반에 걸쳐 눈에 띄게 사용되고 이는 각 계정/브랜드의 구분을 보다 용이하게 하는 효과를 수반한다.

이러한 색채 브랜딩 과정을 페이스북 페이지의 근본적인 지향과 연관해 생각해 볼 필요가 있다. 개별 페이지의 색 사용이 소셜 미디어 외부에서 진행되는 기업의 브랜딩과 직접 관련이 있고, 페이스북 내에서도 색이 서로 다른 브랜드 계정을 각기 구별할 수 있도록 도와주기 때문이다. 페이스북은 초기 사용자에게 페이지와 "프로필" 두 가지 구성 방식을 제공하는데, 두 운영 방식은 게시글의 작성이나 등록 면에서 많은 부분 동일하다. 차이가 있다면 매체 운영자가 무엇을 목적으로 페이스북을 사용하느냐에 따라 다른데, 프로필은 주로 개인이 운영하고, 페이지는 프로필과는 달리 방문객의 연령대와 접속 위치 등을 포함한 "인구 통계학적 특성" 확인이 가능하다(그림8). 페이스북의 설명에 따르면 페이지는 그래서 "비즈니스를 대표하는 경우" 사용하면 이점이 있다. 그 이유는 "고객과 연결하고 목표를 달성하는 데 도움이 되는" 운영 기반이기 때문이라고 한다. 즉, 페이지 방식은 프로필 방식보다 게시되는 콘텐츠의 홍보가 더 쉽도록 만들어진 미디어 기반인 것이다.

프로필을 사용하여 비즈니스를 대표하는 경우 프로필을 페이지로 변환하면 많은 이점이 있습니다.

- 페이지는 비즈니스와 단체를 위해 디자인되었으며 고객과 연결하고 목표를 달성하는 데 도움이 되는 기능이 포함되어 있습니다.
- 페이지 인사이트에 액세스하여 사람들이 참여한 게시물, 연령 및 위치 등 방문자의 인구 통계학적 특성과 같은 지표를 확인할 수 있습니다.
- 페이지 역할을 사용하면 다른 사람에게 회원님의 페이지에 액세스하여 수정할 수 있는 권한을 부여할 수 있습니다.
- 광고를 만들고 게시물을 홍보할 수 있습니다.

그림 8. "페이지" 기능 및 효과에 관한 페이스북의 홍보
(출처: 페이스북)

다른 홍보 채널에 비해 동일한 회사의 페이스북 홍보가 다를 수 있다면 그것은 페이지를 구독하고 방문하는 사람들에 관한 보다 상세한 정보를 확인할 수 있기 때문일 것이다. 예로 지면으로 인쇄되는 광고물이나 벽에 거는 포스터, 또는 텔레비전 광고 등을 생각해보면 생산자는 불특정 다수를 향해 광고 메시지를 전송하게 된다. 소셜 미디어를 통한 홍보가 이와 크게 다르다고 규정할 수 있는 것은 아니지만 페이스북 페이지에서는 적어도 방문객이 브랜드 정보를 지속적으로 수신하는 팔로워인지 아닌지, 통계적으로 어느 지역에서 접속했는지,

어느 연령대인지, 그리고 타임라인에서 어떤 게시글이 사용자에게 많이 노출되고 또 관심을 끄는지 알 수 있다. 만약 게시글에 이미지, 동영상, 또는 외부 웹사이트로 연결되는 링크가 포함됐을 때에는 몇 명의 사용자가 그것을 확인(클릭) 했는지도 통계적으로 알 수 있다.

이 논의에서 사례로 살펴보는 한 화장품 기업의 네 개 자회사가 실제 관리 업무에서 이런 보다 세부적인 방문객에 대한 정보를 콘텐츠 생산에 반영하는지는 추가로 확인해야 할 성격의 문제이다. 하지만 본 논의에서 다룰 수 있는 문제는 네 개 페이지 모두 일관되게 소비자 참여를 호소하는 글을 꾸준히 게시하고 있다는 것이고, 이 과정이 연구자의 앞선 연구와 비교했을 때 네 개 브랜드 회사 전반의 색채 브랜딩의 문화적 세미오시스와 상당 부분 겹친다는 점이다(고경난 2016).

그림 9는 C 브랜드가 성년의 날을 앞두고 페이스북상에서 페이지 방문객이 자신의 페이스북 친구를 "태그하고 댓글을 남기면" 추첨을 통해 경품을 받을 수 있도록 하는 게시글이다.

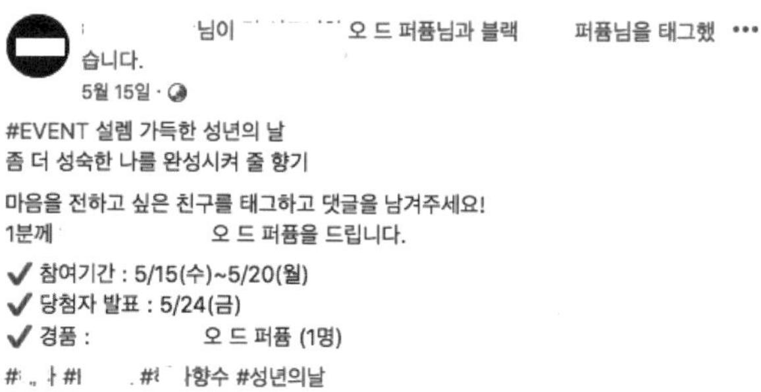

그림 9. C 브랜드 페이스북 게시글 캡처
(출처: C 브랜드 페이스북 공개 페이지)

이 게시글은 사실 C의 두 개의 향수 제품, "오 드 퍼퓸(가명)"과 "블랙 퍼퓸(가명)"에 대한 홍보적 성격의 게시글이다. 이 글은 페이스북의 “태그(tag)” 기능을 활용하고 있으며 제품 홍보는 글 칸과 이미지 칸에 포함된 태그를 통해, 그리고 페이스북 네트워킹은 사용자 댓글을 통해서 하고 있다. 여기에는 총 129명의 페이스북 사용자가 댓글을 남기며 참여했고, 댓글을 작성한 사용자들은 다시 129명의 친구를 태그하면서 그들을 향수 제품 홍보 콘텐츠와 브랜드 이미지에 노출하였다. 사용자들은 대개 가까운 동생, 친구, 또는 자녀, 조카, 이모와 같은 가족 구성원을 태그하고 정성스럽고 개인적인 축하 메시지를 댓글로 남겼는데 때로는 이모를 태그한 한 사용자가 “은은하게 퍼지는 향이 하루를 기분 좋게” 한다고 적은 것처럼, 회사를 대신하여 상품을 홍보하는 경우도 있다.

실제 페이스북 사용자의 참여가 직접적 소비로 이어지는지 여부는 알 수 없고 이러한 문제는 본 논의에서 다뤄보고자 하는 문제와는 거리가 있다. 그러나 상업적 성격의 페이스북 관리자 입장에서는 아마도 페이스북 사용자의 더 많은 참여는 브랜드 인지도, 향후 상품 판매 가능성, 더 나아가 브랜드 커뮤니티(예: 그림 3, A 브랜드의 “핑크슈머”) 형성의 가능성과도 연관된 문제일 것이고 본 논의가 특히 주목하는 부분은 페이스북과 같은 소셜 미디어에서도 (해당 기업의 다른 홍보 매체에서와 같이) 색이 주요한 기호학적 기능을 담당할 수 있도록 시각적으로 활용된다고 있다는 점이다. 사전 연구에서 A 브랜드의 색채 브랜딩과 색의 성격화를 집중적으로 살펴보았을 때(고경난 2016), 이 화장품 기업은 색 기호와 색명과 같은 연관 기호를 주요 소비자층이 도상적으로 연상되는 형식으로 물질적 측면에서 구성하고 있었다. 이와 유사하지만 세부적으로는 다르게 A 브랜드의 페이스북 페이지는 분홍색과 예로 이모티콘과 같은 ‘귀여운’ 형식의 기호들을 서로 도상적으로 사용하며 시각적으로 페이지가 ‘누구’와의 의사소통을 지향하는지 짐작할 수 있도록 하고 있고, B, C, D의 페이지도 마찬가지

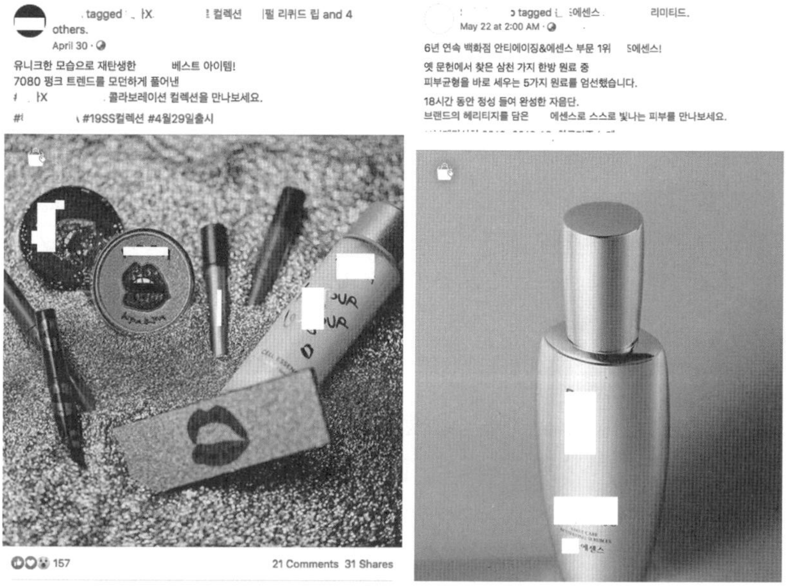

그림 10. 다중기호 관계의 규제와 브랜드 의미의 상호관계적 활성화
(출처: C, D 브랜드 페이스북 공개 페이지)

로 페이지의 주된 방문객이 '어떤' 또는 '어떠하기를 원하는' 소비자층인지를 색을 매개로 한 기호 관계의 도상적 재편을 통해 짐작할 수 있도록 하고 있다.

그렇다면 이 사례의 소셜 미디어 홍보에서 색은 다중기호의 의미를 내부적으로 규제하고, 상호관계 차원에서는 특정한 해석체를 보다 원활히 소환하는 기능을 담당하고 있다고 볼 수 있다. 그림10는 화장품 제품을 홍보하는 유형의 C와 D 게시글이다. 좌측의 C는 분명하게 검은 계통이라 보이는 색을 이미지 전반에, 그리고 우측의 D는 호박색 또는 금색 정도로 표현할 수 있는 색을 전반에 게시하고 있다. 이 게시글을 보는 사용자가 색이 가리키는 정형화된 브랜드의 이상형을 짐작할 수는 없을 것이지만, 색은 다른 언어 및 비언어적 기호들과의 관계를 구성하는 데 역할을 담당하고(예: 좌측의 검정--"유니크," "모던"

--상품 패키지의 입술 그림) 이는 이 제품들이 '어떤' 소비자를 위한 것인지 보다 대부분의 사용자가 쉽게 이해할 수 있도록 돕고 있는 것이다.

4. 나가며

특정 기호사용이 사회문화적 차원에서 어떤 수행적 효과를 가질 때, 본 논의에서 조금 다뤄보려 했듯이 색이라는 특정 기호가 기호적 차원에서는 다른 언어와 비언어적 기호와 교차적으로 관계를 맺고 사회문화적 또는 세미오시스 측면에서는 어떤 대상적 이미지를 재현하며 해석과 의사소통 선상에서 무리 없이 통용될 수 있을 때, 그 기호의 사회적 활동성을 염두에 두고 최근 일부 언어 인류학적 논의는 애니메이션(animation)을 사용하기도 한다(Silvio 2010; Nozawa 2013). 매닝과 걸숀(Manning & Gershon 2013)과 같은 학자들은 특히 전통적으로 사용되어 온 연행(performance) 개념과 대비해 애니메이션 개념이 미디어 가상세계 환경이나 불특정 다수를 상대로 하는 복장 놀이(cosplay) 또는 페이스북에서의 온라인/오프라인 세계의 매개 등과 같은 일대일이 아닌 다대일 상호작용 맥락에서의 언어·기호사용 문제 분석에 더 적합할 수 있다고 제안한다. 이들의 논의는 고프만의 연행 이론과 참여자 프레임웍(participant structure) 이론의 개념들을 참고하고 있고, 특히 고프만의 "애니메이터(animator)"를 확장하였다. 고프만의 참여구조 이론에서 화자는 세 가지 "역할(role)"을 점유할 수 있다. 애니메이터는 말, 글, 또는 소리를 발화("utter")하는 역할로, 이 역할은 말을 최초로 그 형식으로 구성하는 저자(author)의 역할, 그리고 말에 실린 뜻이나 사회적 믿음에 대한 책임이 갖는 책임자

(principal)의 역할과 대비된다. 의미-중립적으로 존재하는 색과 같은 물질기호가 사회적 상호관계 선상에서 어떤 의미나 효과를 가질 수 있는 것을 두고 기호의 연행성, 수행성이라 분석하는 것은 애니메이션 개념이 제시하는 즉시성, 발생성과 같은 측면에 덜 적합할 수 있다는 것이다.

본 논의가 이러한 이론적 개념을 심층적으로 응용해 보기에는 디지털 민족지적 자료 수집, 특히 특정 기호 사용에 대한 온라인 반응이나 효과에 관한 자료 수집이 아직 미흡하다. 단, 여기서 다룬 사례의 경우는 색의 사용은 기호-생산자와 그것을 해석하는 기호-소비자 간 관계를 더 원활히 활성화(activate)하려는 시도라고 하겠고, 색을 통한 의미의 활성화와 재생산은 색이 다양한 다른 형식의 기호들의 의미가 특정한 방향으로 해석될 수 있게끔 생기를 불어넣는 매개 기능을 부여받았기 때문이라 하겠다.

참고문헌

고경난. 2016. "색의 성격화: 한국 화장품 기업의 '핑크' 브랜딩에서 색채어 유희와 기능." 『비교문화연구』 22 (2): 13-43.

리얼미터. 2018. "국산화장품브랜드샵 선호도." http://www.realmeter.net/국산화장품브랜드샵-선호도-1위-헤라-2위-설화수/

Agha, Asif. 1997. "Tropic aggression in the Clinton-Dole presidential debate." *Pragmatics* 7: 461-498.

Boellstorff, Tom, Bonnie Nardi, Celia Pearce, and Tina L. Taylor. 2012. *Ethnography and Virtual Worlds: A Handbook of Method*. Princeton: Princeton University Press.

Bonilla, Yarimar, and Jonathan Rosa. 2015. "#Ferguson: Digital protest, hashtag ethnography, and the racial politics of social media in the United States." *American Ethnologist* 42 (1): 4-17.

Dalsgaard, Steffen. 2008. "Facework on Facebook: The presentation of self in virtual life and its role in the US elections." *Anthropology Today* 24 (6): 8-12.

Gershon, Ilana. 2017. "Language and the newness of media." *Annual Review of Anthropology* 46 (1): 15-31.

Goffman, Erving. 1974. *Frame Analysis: An Essay on the Organization of Experience*. New York: Harper & Row.

Horst, Heather A., and Daniel Miller. 2013. *Digital Anthropology*. London: Berg.

Lempert, Michael. 2009. "On 'Flip-flopping': Branded stance-taking in U.S. Electoral Politics." *Journal of Sociolinguistics*

13: 223–248.

Lempert, Michael, and Michael Silverstein. 2012. *Creatures of Politics: Media, Message, and the American Presidency*. Bloomington: Indiana University Press.

Manning, Paul, and Ilana Gershon. 2013. "Animating interaction." *HAU: Journal of Ethnographic Theory* 3 (3): 107-37.

Nozawa, Shunsuke. 2013. "Characterization." *Semiotic Review* 3: 1-31.

Shin, Jae-Hwa, Heather Carithers, Seungae Lee, Meghan Graham, and Nicole Hendricks. 2013. "The current trends in social media usage at corporations: Analysis of Facebook fan pages of fortune 500 companies." In *Social Media and Strategic Communications*, eds. Hana S. Noor Al-Deen and John Allen Hendricks, 62-79. London: Palgrave Macmillan.

Silvio, Teri. 2010. "Animation: The new performance?" *Journal of Linguistic Anthropology* 20 (2): 422-438.

Stolee, Galen, and Steve Caton. 2018. "Twitter, Trump, and the base: A shift to a new form of presidential talk?" *Signs and Society* 6 (1): 147-165.

Tannen, Deborah, and Anna Marie Trester. 2013. *Discourse 2.0: Language and New Media*. Washington, DC: Georgetown University Press.

VII

#foodporn, 혹은 현대 식자(食者)의 초상

서종석

7

#foodporn, 혹은 현대 식자(食者)의 초상

서종석

1. 들어가는 말

주어진 문화 속에서 음식은 다양한 형태로 사회의 구성원들 간의 관계 형성과 유지 그리고 강화에 큰 역할을 수행한다. 이러한 의미에서 음식은 하나의 '매체'이다(서종석 2019). 기술이 발전한 현대의 사회에서 음식은 새로운 환경에 따른 문화적 변모를 겪고 있다. TV를 포함한 온갖 유형의 미디어에서 만나는 음식은 이미 매체로서의 그 특성을 새롭게 확대 정의해야 할 만큼, 전과는 다른 방식으로 식자(食者, eater)들에게 다가오고 있다. 21세기의 식문화는 디지털 문화와 접목되어 다양한 모습으로 진화 중이다. 음식의 관점에서 이 변화는 현 사회를 규정할 수 있는 하나의 현상으로 자리 잡았다. 이러한 사회적 현상을 살펴보는 일은 무엇보다 그것이 여타 현상들과 연계되어 있는 복합적인 사안의 문제이기 때문에 인접 학문과 다학제적인 공동 작업이 필요하다. 이러한 의미에서 우리의 논의 역시 이 공동 작업에 작은 기여를 하는데 그 일차적인 목표가 있다.

그림 1[1)]

이 글에서 더욱 관심을 두는 것은, 이미 어느 시점에 시작되어 새로운 변화 과정의 한복판을 진행해 가는 이 현상과 더불어, 저마다 식자로서 일상을 살아가는 우리 자신에 대한 모습을 이야기하는 것이다. 이는 자연스럽게 음식을 통해 일상 속에서 형성돼 가는 현대 식자의 정체성이 어떤 성격인가 하는 문제로 귀착된다. 이 글은 이에 대한 짧은 숙고이다. 아래에서 우리는 특히 음식 이미지들과 식자의 사이에서 이루어지는 관계와 그 의미를 간략하게 살펴보려고 한다. 둘의 관계를 살펴보는 일은 복잡한 사회현상과 맞물린 것이기에 다양한 접근이 가능할 것이다. 인스타그램 혹은 트위터에서 관찰되는 음식 사진은 단순히 그 음식 자체의 존재만을 보여주는 것은 아니다. 그것은 언제나 그 음식을 먹는 자의 현존과 결부되어 있고 그것을 통해 자신을

1) 이미지 출처: https://cdn.pixabay.com/photo/2016/11/23/14/44/delicious-1853300_1280.jpg

드러낸다. 따라서 하나의 음식 이미지는 곧 그 음식을 섭식하는 식자의 정체성의 문제와 긴밀히 연결될 수밖에 없을 것이다. 구체적으로 부연하자면, 자신이 먹는 음식을 모든 사람이 볼 수 있는 곳에 '현시' 해 놓는다는 것은 곧 자신의 식정체성(食正體性), 나아가 정체성을 드러내는 일이다. 삶을 영위해 나가는 일상 속에서 내가 먹는 것을 간단없이 복수의 타인에게 드러내는 일은 그것을 통해 자신이 어떻게 규정되어 가는지 보여주는 것이기도 하다. 타자는 내가 먹는 것과 내가 먹지 않는 것을 통해 나의 식정체성을 파악할 수 있으며, 그 정체성을 통해 나의 보이지 않는 정체성과 욕망을 간접적으로 바라볼 수 있다. 나는 내가 생각하는 것, 내가 아는 것, 내가 하는 것, 내가 사는 곳, 내가 입는 것, 그리고 내가 먹는 것 등, 나의 삶과 관련된 수많은 요소로 규정되는 존재이다. 나의 정체성을 규정하는 이 모든 요소는 서로 긴밀하고 연결되어 있지만 그렇다고 그 관계성이 쉽게 드러나지 않는다. 이 글에서는 특히 디지털 식정체성과 먹기 공동체 등 몇 가지 핵심 개념들을 중심으로, 푸드 포르노로서 음식 이미지와 그 다양한 해석의 근간을 엿보고자 한다. 이를 통해 새로운 기술 환경 속에서 영위되는 현대 식자의 삶과 음식, 그리고 먹기 행위에 대한 이해를 시도하려고 한다. 본론에 앞서 푸드 포르노에 대한 짧은 논의부터 시작하기로 한다. 푸드 포르노는 음식과 식자, 그리고 사회 사이의 관계를 표상하는 현재적 방식이다. 그것은 음식의 역사를 관통하는 보편성과 현재를 반영하는 시대성을 함께 보여주기 때문이다.

2. 예비적 논의: 탐식의 사회, 혹은 '푸드 포르노'

음식의 관점에서 보면, 인류의 현재는 풍요로운 탐식의 시대이다. 먹을거리가 넘쳐흘러 남아도는, 유희적인 음식 잉여의 사회이다. 물론 이를 전 지구적 수준으로 일반화할 수는 없을 것이다. 지구촌 한쪽에선 그 어느 때보다도 풍요로운 삶을 누리고 있지만, 다른 쪽에선 여전히 식량부족과 기아로 고통을 받고 있기 때문이다. 지구의 한 주민인 인류는 다른 동물들과 마찬가지로 배부르게 살았던 기억이 한 번도 없다. 그러나 현재를 살아가는 인류는 적어도 서구를 중심으로 먹을거리의 증산에 혁명적인 변화를 가져왔고, 과거의 선조들은 한 번도 경험하지 못했을 전례 없는 풍요를 맛보고 있다(Poulain 2002, 75). 이 풍요의 결과로 이제 다양한 먹을거리가 소비자의 선택에 놓이게 되었으며, 그것은 그 자체로 식자 삶의 변화를 함의한다. 이러한 시대적 상황 속에서 인간의 기술과 접목된 독특한 음식 문화의 탄생은 우리에게 새로운 해석을 요구한다. 어떤 의미에서 식량과 관련된 양적인 문제의 해결은 예기치 않은 곳에서 질적인 변화를 가져온 것처럼 보인다. 인간과 동물을 하나로 묶어주는 지점에는 먹기라는 생리적 행위가 놓여 있다. 음식의 역사란 – 짐멜이 이미 지적한 바와 같이 - 바로 그 낮은 수준에서 출발하여 우월한 문화적 수준에 이른, 차별화된 인간 동물의 고양된 문화를 일컫는다. 현대라는 탐식의 사회는 음식의 역사 속에서 새로운 규정을 기다리고 있는 사회이며 그 속에서 살아가는 우리 역시 정의가 필요한 대상이 되었다.

그렇다면 '매우 관능적인 방식으로 음식 표현하기'란 사전적 정의는 현실에서 어떤 모습으로 구현될까? 먼저 학술적 담론에서 규정된 푸드 포르노의 개념을 잠깐 살펴보자. 푸드 포르노에 대한 학술적 정의는 학자마다 조금씩 다를 수 있다. 이중 루소가 내린 정의를 보면, '다양한 미디어를 통해 만나는 음식 그리고(혹은) 식행위의 정영상이나 동영상'이라고 할 수 있다. 여기서 다양한 미디어란 요리 서적, 잡지, 텔레비전, 블로그, 웹사이트, 그리고 트위터, 페이스북, 인스타그램, 핀터레스트 등을 포함하는 소셜 미디어 플랫폼을 말한다(Rousseau 2014, 748). 성적 행위의 표상이 매우 다양한 방식으로 구현될 수 있는 것처럼, 음식 역시 마찬가지이다. 둘의 공통적인 요소는 무엇보다도 그것을 바라보는 사람들의 욕망을 유사한 문법을 통해 자극한다는 것이다. 따라서 푸드 포르노는 잠재적으로 매우 다양한 음식 관련 콘텐츠와 관련될 수 있다. 단순히 음식을 먹는 행위, 만드는 행위 그리고 성적인 요소와 음식을 연계시키는 것까지 상당히 광범위하게 열거된다. 여기에는 음식을 먹는 행위를 넘어 그것을 만드는 과정을 자극적으로 전달하고 식욕을 끌어내는 다양한 연출들도 포함된다. 또 '맛집'을 방문한 글도 그것을 풀어내는 방식에 따라 여기에 포함된다. 영상만이 아닌 문자 텍스트도 관능적인 자극을 줄 수 있는 수단이기 때문이다.

포르노그래피의 일반적인 특징은 무엇보다 과정과 맥락의 과도한 단순화일 것이다. 포르노그래피는 사람들 간의 관계 속에서 작동되는 다양하고 복잡한 감정과 사회적 인자들을 생략하는 대신 욕망의 생산에 집중한다. 그렇게 해서 과잉된 성의 이미지를 극단적으로 소비시킨다. 이러한 유형의 소비 방식에서 시각과 청각은, 포르노그래피의 다양한 수단들 가운데 특히 영상매체에서 두드러지는 감각군이다. 성 행위를 통해 얻는 성적 만족감을 시각적으로 주기 위해서 특정한 행위의 반복과 과장을 연출한다. 관능적이고 자극적인 표정과 소리의 필연적 동반은 물론이다. 포르노처럼, 푸드 포르노 역시 음식과 그것을 만들고 먹는 행위가 함의하는 다양한 감각의 협동을 특정한 감각들로만 포장한다. 결국 이 감각들만이 비정상적으로 두드러지게 마련이며, 식자는 부재한 감각들을 상상 속에서 구현하여 왜곡된 '맛'을 경험하게 된다. 식자의 이러한 '디지털 오르가슴'은 정상적인 식행위를 통해 얻을 수 있는 쾌락적 경험과는 본질에서 다르다.

지구촌 푸드 포르노 담론에서 한국 사회는 적어도 주변에 놓이지는 않는다. 한국 사회는 '먹는 방송(eating broadcasts)', 즉 '먹방(Mukbang)'이란 신조어를 만들어 낼 만큼 독특한 사회적 현상이 발생한 곳이다.[2] 이제 이 용어는 유사한 유형의 사회 현상들을 지칭하는 고유명사로 사용되고 있다. 마치 금지된 욕망을 유사 욕망을 통해 해소시키듯, 사람들은 다양한 매체들을 통하여 다른 사람들이 먹는 모습을 본다. 이러한 관음의 행렬에 수많은 사람이 참여한다. 하나의 사회현상으로서 '먹방'이 서구의 담론에 등장하는 모습은 한국식 먹방의 일부분일 것이다. 서구의 학술적 논의에서 '먹방'은 일반적으로 양과 칼로리 면에서 과도한 식행위를 의미한다(Orange 2017, 185). '먹방하는 사람' 즉 '먹방러(Mukbanger)'는 보통 실시간 스트리밍으로 다수의 시청자들 앞에서 자신이 먹는 과정을 있는 그대로 보여준다. 이들은 마치 자신과 시각적으로 연결된 수많은 이들의 욕망을 대신 해갈해줄 요량인양 엄청난 음식을 먹어치운다. 게다가 이들의 음식 소비 방식은 자극적이고 노골적이며, 자주 가학적이기까지 하다. 이러한 먹방의 초기 형태는 현재 많은 진화를 거듭하여 다양한 포맷으로 운영되고 있다. 한국 사회에서 먹방이라는 용어의 탄생은 대략 2010년대 1인 미디어 방송이 활성화되면서 생긴 것으로 추정해 볼 수 있다. 먹방을 '먹는 방송'으로 정의하게 되면 물론 음식이 중심이 된,

2) '먹방'은 현재 사용되는 다양한 어휘들을 대상으로 한 「우리말샘」에는 들어있지만, 아직 「국립국어원 표준국어대사전」에 등재되지는 않았다. 아마도 이 용어는 곧 한국어 사전이나 주요 영어권 사전에 등재가 유력한 신어 중의 하나라고 생각해 볼 수 있다.

먹거나 요리를 하는 다양한 형식의 이전 방송들도 먹방의 범주에 들어갈 것이다. 그렇다고 이러한 방송들이 먹방의 시초 혹은 그 출현을 예고했던 징후로 해석될 수는 없을 것이다. 먹방의 탄생은 사회의 변화와 연동된 현대 식자의 삶의 변화와 깊은 관련이 있을 것으로 생각된다. 그러므로 먹방은 단순히 먹는 방송을 의미하지는 않는다. 현재 한국 사회의 '먹방'은 핵심적인 방송 콘텐츠라고 간주할 수 있을 만큼 그 영향력은 매우 지대하다. 2010년대 출현 이후 먹방은 그 자체로 특정한 현상만을 지칭하는데 머무르지 않고, 다양한 방식으로 변모하거나 유사 콘텐츠에 영향을 미치고 있다. 드라마나 '식(食)예능' 등 음식을 중심 소재로 삼은 다양한 형식의 방송들은 기존의 먹방에서 파생된 다채로운 콘텐츠들을 소개하며 시청자들의 눈을 사로잡고 있다.

3. 음식 사진: 이미지 혹은 욕망의 '미장센'

포르노그래피의 확대는 매체의 기술적 발전과 관련이 깊다. 인쇄 매체 중심에서 벗어나 전자 매체의 시대로 들어가면서 포르노의 대규모 사회적 확산과 욕망의 산업화가 가능해졌다. 그런데 인간의 다양한 욕망 가운데 매체 기술의 발전과 더불어 새로운 전기를 맞이한 건 성적 욕망만은 아니다. 식욕 혹은 탐식이란 욕망도 마찬가지이다. 특히 최근 기술의 발전과 맞물린 현대 식자의 욕망은 다양한 방식으로 탐식의 사회를 만들어 가고 있다. 위에서 언급한 먹방을 포함하여, 그 대표적인 것 중의 하나가 음식 사진이다.

3.1. '#foodporn'

음식에 조금이라도 관심이 있는 소셜 네트워크 서비스(Social Networking Service: 이하 SNS) 사용자라면 #먹스타그램이나 혹은 #foodporn, #foodgasm 등과 같은 '푸드 포르노' 해시태그(hashtag)를 본 적이 있을 것이다. 해시태그는 트위터나 페이스북, 인스타그램, 블로그 등 SNS에서 게시물을 효과적으로 분류하고 이를 통해 사용자의 검색을 용이하게 해준다. '푸드 포르노' 범주로 들어가는 태그들은 이 외에도 #food, #foodie, #instafood, #foodphotography, #foodstagram, #delicious, #foodlover, #foodblogger, #foodpics, #eat, #foods, #foodies 등등 무수히 많다. 특히 인스타그램을 수놓은 이 태그들을 누르면 헤아릴 수 없을 만큼의 음식 사진과 영상이 눈앞에 펼쳐진다. 포드 포르노 콘텐츠의 생산에 개인만 참여하는 것은 아니다. 식품 산업 혹은 외식 업계 역시 사람들의 욕망을 소비시키는 포르노 업자처럼, 식자들의 식욕과 소비 욕망을 관능적으로 자극하는 콘텐츠의 개발로 마케팅을 펼치고 있다.

그런데 음식 사진은 왜 찍을까? 이 질문에 대한 답변은 쉽게 내놓을 수는 없지만, 두 가지 정도의 순진한 생각은 할 수 있을 것이다. 인간의 삶 속에서 먹을거리가 지닌 일상의 중요성과 의미가 그 하나이고, 이제 식자의 밥상머리 가까이 늘 카메라가 함께한다는 현실이 또 다른 하나이다. 전자는 인간의 생리적이자 사회문화적인 조건과 관련되고 후자는 기술적으로 변화된 세상을 맞이한 현대 식자의 삶을 말해준다. 먹는 행위는 다중적인 기능을 갖는다. 음식은 오랜 세월 사람들의 '사이'에 놓여 있었다. 먹는 행위는 생물학적인 차원에서 사회적인 차원으로 그 의미를 확장해 나간다는 것이다. 많은 음식 연구가들은 인간의 먹는 행위가 단순히 배고픈 욕구를 충족시키는 '동물적' 행위에서 벗어나 사회문화적 차원에서 상징적인 의미작용을 만들어낸다고 주장한다. 이러한 사회적 차원의 주요한 기능 중의 하나는 무엇보다 '사이 존재'로서 대립하는 두 존재를 연결해 준다는 점이다(서종석·엄소연 2017, 251). 그러므로 그 본질에서 개인적이며 공동체적인 성격을 함의할 수밖에 없다. 먹는 일은 살아 있는 동안엔 일상적으로 반복해서 해야 하는 행위이므로, 음식과 관련된 콘텐츠는 사람들의 관심을 유인할 잠재성을 갖는다. 음식과 관련된 콘텐츠들 그 표현 양식이 어떠하건 원초적으로 모두를 하나로 묶을 수 있는 보편적 조건과 욕망을 함의한다. 그것은 생존과 쾌락이라는 양면과 결부되어 모두를 하나로 묶는 힘이 있다. 먹는 일은 개인적이지만 그 욕망은 공통적이다. 그리고 그것으로 즐거움을 주는 유희가 되고 소통을 만들어낸다.

현대의 식자는 변화된 세상 속에서 자신을 표현하는 도구와 방식을 달리한다. 그러니까 엄격히 말하자면 사람이 변한 것이 아니라 세상이 변한 것이다. 푸드 포르노를 현 사회의 독특한 하나의 현상으로 만들어 준 데에는 기술의 발전이 있다. 현대의 식자에게 필요한 것은 무엇보다 세상과 연결해 줄 수 있는 스마트폰이다. 밥을 먹으며 텔레비전을 시청하는 것처럼, 혼자 식사를 하는 사람들 – 때로는 같이 밥을 먹으면서도 – 중 많은 이들이 스마트폰을 보며 식사를 하는 광경은 낯설지가 않다. 식탁의 구성요소에서 우리의 삶을 지배하고 있는 기술의 발전을 빼놓을 수가 없게 된 것이다. 오늘날 식자에게 스마트폰은 수저만큼이나, 포크와 나이프만큼이나 중요한 부분이 되었다. 입으로는 무엇인가를 먹으며 눈으로는 무엇인가를 본다. 혼밥의 사회 속에서도 실상 우리는 혼자가 아니다. 단지 세상과 소통하는 방식만 달라졌을 뿐이다. 여전히 무엇인가에, 누군가에 '접속'하고 있다. 스마트폰(smartphone)의 가장 큰 기술적 특징은 사진기가 달린 소형 컴퓨터라는 것이다. 인터넷 접속은 기본으로 전화, 이메일, 문자메시지, 멀티미디어 파일 재생 등을 포함한 많은 복합적 기능을 제공한다. 손 안의 스마트폰 등장은 인류의 삶에 많은 변화를 예고하는 것이었다. 특히 사진기라는 표현의 도구가 일반화되면서 사람들의 삶에도 깊은 영향을 주었다. 고화질 사진을 찍을 수 있는 스마트폰의 출시 이후 전통적인 카메라 생산업체들의 부진이 이어진다는 소식은 놀랄 일도 아니다. 아마도 우리는 과거 어느 때보다도 삶의 일상을 사진으로 기록하고 있는 세대이다. 일상의 많은 상황 속에서 우리는 스마트폰과 함께 먹는다. 식자의 삶도 이제 이미지로 기록되기 시작됐다. 저마다 이제는 자신의 분신처럼 사진기 하나씩은 들고 다니고 있어, 언제든 조금만 성의를 갖는다면 식탁 위에 놓인 음식을 찍을 수 있다. 먹기는 일상적으로 가장 규칙적이고 반복적으로 이루어지는 사건이다 보니 사진 이미지 후보가 될 확률은 그만큼 높은 행위이다. 그것은 밋밋한 행위일 수도 있을 식사에 의미를 부여해 줄 수도 있을 것이다. 게다가 음식 사진을 어떻게 하면 '맛있게' 찍을 수 있는지도 여기저기 수많은 팁이 소개된다. 많은 사람이 이제 음식을 소비하기 전에 감상부터 하게 되었다.

3.2. 'Bon à regarder': '보기 좋은 떡이 맛도 좋다'

감각의 역사 속에서 시각은 늘 여유로운 승자였다. 식탁은 미각과 후각 등 여러 감각의 향연이 조화롭게 이루어지는 쾌락의 장소이다. 하지만 시각은 어느새 여타 감각을 누르고 가장 돋보이는 자리를 차지하고 슬그머니 들어온다. 시각의 쾌락은 특히 미각의 쾌락보다 한 걸음 더 앞서 있는 것처럼 보인다. 그렇다면 진정 현대의 식자는 새로운 시대를 맞이했는가? 시각이 미각을 추동하고 끌어내는 음식의 사회. 그러나 보기 좋은 음식이 맛이 있어 보이는 것은 전에도 마찬가지였다. 인간의 욕망이 달라진 것은 아니다. 단지 세상이 변하고 달라진 기술과 함께 시각은 섭식 행위에 앞서 먼저 쾌락을 불러낸다. 맛은 이제 눈과 밀접하게 연결된다. 보기 좋은 떡이 먹기도 좋다. 우리의 속담이기도 하지만, 서구에서도 비슷한 것이 있다. '우리는 먼저 눈으로 먹는다.' 이 속담은 로마 시대의 미식가 마르쿠스 가비우스 아피키우스(Marcus Gavius Apicius)가 처음 만들어 사용한 것으로 알려져 있다(Delwiche 2012). 눈으로 보기에 먹음직스러운 음식에 대한 믿음은 거저 얻는 것은 아니다. 여기에는 식자로 태어나 살아오며 얻은 일상의 식문화적 경험이 큰 역할을 한다. 레비-스트로스에게 있어 음식은 "먹기에 좋은(bonnes à manger)" 것으로는 불충분하며 또한 "생각하기 좋은(bonnes à penser)" 것이어야 한다(Lévi-Strauss 2008, 533). 음식을 구성하는 핵심층위는 상당히 문화적이다. '먹기에 좋은' 음식, 즉 먹어서 맛있는 음식은 식자라면 일차적으로 고려해야 할 요소일지 모르지만, 그것은 자신이 속한 음식문화에 어긋나서는 안 된다. 인류를 구성하는 각각의 먹기 공동체는 저마다 고유한 음식문화를 지니고 있고 저마다 '생각하기 좋은' 음식을 먹으며 정체성을 유지하고 강화한다. 현대의 식자에게 음식은 또한 무엇보다 '보기에 좋은' 것이어야 한다. 음식은 '먹기에 좋고', '생각하기 좋은' 것이어야 하지만 이 '좋은' 음식에 앞서 '보기에 좋은' 것이어야 한다. 현대의 식자에게 그것은 먹기에 앞서, 맛있고 멋있게 꾸며놓아야 할 물질이다. 그것은 때에 따라서 식자의 일상을 기록하는 추억이나 기억의 증표로, 혹은 식자가 섭취한 것이 어떤 것이었나를 증명해야 할 임무를 띠기도 한다.

3.3. 장식(裝飾) 혹은 미식(美飾)하기

'욕망의 미장센(mise en scène)'. 보는 이에게 자극적이고 관능적인 이미지를 소비시키는 포르노 사진처럼, 많은 음식 사진은 무엇보다도 잠재된 미각을 상상하게 하여 보면서 만족하도록 연출된다. 초고화질 영상을 기술적으로 구현할 수 있게 된 오늘날, 바르트의 표현을 빌자면, 식자는 이 덕분에 "우아한 꿈(le rêve même du chic)"(Barthes 1957, 120)을 꿀 수 있게 되었다. 바르트가 이미 50년대 말 언급한 '요리의 장식화(ornementation)'는 푸드 포르노의 시대에도 여전히 흥미롭게 반추해볼 수 있는 내용이다. 바르트는 자신이 말하는 '신화'의 의미를 '엘르(Elle)'지(誌)와 '렉스프레스(l'Express)'지의 비교를 통해 드러내고자 한다. 렉스프레스가 경제력이 있는 소비계층을 독자로 갖는다면, 엘르는 상대적으로 낮은 구매력의 서민 계층을 대상으로 한다. 엘르가 이미지로 보여주는 요리들은 "꿈의 요리(cuisine de rêve)"로 규정될 수 있다.

> 엘르의 사진들은 가까이 있기는 하지만 접근할 수 없는 대상처럼 요리를 높은 각도에서만 포착하고 있다. 그것은 말 그대로 전시용 요리이고, 이 잡지가 수입이 적은 층에서 많이 읽힌다는 것을 기억한다면, 특히 전적으로 마술적인 요리이다. [...] 렉스프레스의 요리는 마술적이지 않고 현실적이다. [...] 엘르의 독자가 우화만을 요구할 권리를 갖는다면, 렉스프레스 독자에게는 만들 수 있을 것이라는 사실이 보장된 현실적인 요리들이 제안될 수 있다(Barthes 1957, 121).[3)]

엘르는 '순수히 시각적인 요리' 사진을 보여주는데, 이 경우 "그 소

3) 바르트의 인용문은 번역본을 참조하되 필요한 경우 부분적으로 수정하기로 함. 또 인용 페이지는 원본을 따랐음.

비는 단지 보기만 하는 것으로도 완벽하게 수행될 수 있다."(Barthes 1957, 121) '눈으로 이루어지는 소비', 그것은 현실에서 구현하려고 하면 실패할 수밖에 없는 숙명을 지닌 그림 속 만찬이다. 그것은 본래 최고의 감각인 시각을 위해 태어난 것이기 때문이다. 재료도 희귀하거니와 전문 요리사가 아니면 만들기도 어려운 요리의 이미지화이다. 이것은 마치 음식의 출처와 생산 과정이 불분명한 '탈맥락화된(decontextualized)'(Rozin 1990) 현대 식자의 식탁과 닮아있다. 둘 다 '자연'에서 단절되거나 멀어져 있다는 점에서 그렇다. 독자를 꿈꾸게 하려는 잡지의 욕망에서 "항상 음식물의 처음 성질, 즉 고기의 야만성 혹은 갑각류의 거친 성격을 약화하거나 혹은 변장시키기까지 하는, 표면을 덮고 보이지 않게 하는 요리가 나오는 것이다."(Barthes 1957, 120) 엘르의 독자 역시 현실과 유리된 탈맥락화된 요리의 사진을 보며 주어진 자신의 삶에서 벗어나 동화나 우화를 꿈꿀 수가 있다. 반면에 렉스프레스의 요리 이미지들은 꿈을 꾸기 위해 간직해야 할 대상은 아니라 현실의 식탁에 올릴 수 있는 잠재성을 갖는다. 음식이라는 '현실'에 대한 이미지 왜곡은 "진실주의(vérisme)를 향한 억누를 수 없는 경향"(Barthes 1957, 121) 속에서, 무엇보다 시각이라는 하나의 우월한 감각으로 다른 감각들을 대신에 해야 하는 데서 시작된 것이다. 바르트의 장식주의는 '예쁜' 모습으로 음식을 담기 위한 미화(美化) 행위가 푸드 포르노 현상이 나오기 전에도 있었다는 것을 잘 보여준다. 바르트의 예에서처럼, 완성된 음식이나 재료를 화려한 천연색 이미지로 수록한 요리책 등이 대표적일 것이다. 또 TV가 보급되고 수많은 상업광고가 영상을 통해 시청자들에게 쏟아져 나오던 80년대 이후부터 우리는 지금 푸드 포르노 현상이라고 부르는 것과 유사한 것을 이미 목격했다. 관능적이거나 자극적인 몸짓과 음악과 함께 소비자의 소비 욕구를 충동하는 초콜릿 등의 당시 식품 광고를 생각해보면 포르노그래피에서 사용되는 기법들과 만나게 된다.

현대 식자의 시각을 점령한 이미지의 홍수도 많은 범위에서, 바르트의 용어를 빌자면 "신화적 구조"로 지탱되는 것들이다. SNS상의 음식 이미지 중 많은 것들이 그 자체로 식자에게 직접 만들어 먹을 수 있도록 실용적인 지침을 주는 것이라기보다는, 접근할 수 없는 현실을 상상적으로 소비시키는데 그 주된 목적이 있는 것처럼 보인다. 푸드 포르노 이미지라는 허구적인 '장식화'는 이를 현실의 물질로 믿게 해주는 높은 핍진성(逼眞性)과 결부된다. 이 왜곡된 시각 매체는 때로 식자에게 마치 현실에서 찾을 수 있다는 믿음이 들게 하는, 더욱 실재감이 드는 생생한 음식 이미지로 다가오기도 한다. 그러니까 이는 가상의 세계 속에서 현실의 이미지로 느껴지게끔 연출하는 것이라고 할 수 있다.

다시 콕번의 얘기로 돌아가 보자. 콕번은 "섹스 테크닉 서적과 요리 서적 사이의 호기심을 불러일으키는 유사점이 존재한다."라는 사실에 주목한다. 고화질의 연출된 이미지들은 무엇보다 최대한의 관능적 자극을 목적으로 한다. 사실 두 욕망의 비견은 단순하고 건강한 요리를 내세우는 프랑스 전통 고급요리, 즉 오트 퀴진(haute cuisine)에 대항해 출현한 '누벨 퀴진(la Nouvelle Cuisine)'으로 거슬러 올라가야 한다. 폴 보퀴즈 자신이 누벨 퀴진의 주요한 주동자 중의 하나였고, 콕번은 그의 요리 매뉴얼 속의 요리 이미지가 보여주는 순수함과 진정성, 혹은 신선함이라는 것이 정작 독자에게는 다가설 수 없는 것이라는 것을 알아챘을 뿐이다(Smart 1994, 170-171). 과거의 요리책에서 비중을 차지하던 요리법이나 음식 재료의 중요성에 한층 더하여, 이제는 완성된 요리의 시각적 미학과 연극적 요소가 더 두드러지게 묘사되고 중요한 것이 되었다.

4. 식자의 디지털 식정체성

사진을 찍어 인터넷에 게시하는 일은 자기표현과 관련한 적극적인 사회적 행위이다. 따라서 그 특성은 게시자에 따라 다르다. 물론 사진을 찍고 게시하지는 않을 수도 있으므로, 사진을 찍는 행위와 그것을 온라인상에 올리는 행위는 연결되지만 구분되는 일이다. 사진을 게시하는 행위에는 그 행위 주체의 다양한 삶의 흔적이 묻어난다. 페이스북은 이론의 여지없이 세계에서 가장 사용자 수가 많은 SNS인데, 여기에 사진을 게시하는 사람들을 대상으로 한 최근의 한 연구가 있다(Scott et al., 2018). SNS의 사용자가 자신의 개인 사진을 공유하는 것을 포함하여 어떻게 다양한 방식으로 자신을 표현하고 사회적 상호작용을 하는지 흥미로운 결과를 보여준다. 이 연구에 따르면, 나이, 시간, 나르시시즘, 사회적 불안, 수줍음 그리고 외로움 등의 인자는 페이스북에 자기표현에 대한 사진 게시 행동을 예측하는데 중요한 변수이지만, 영향을 미치는 방식은 다양하다는 것이다. 젊은 연령대의 사람들의 경우 페이스북에 더 오랜 시간을 머무르며 중요한 인물과 사건 관련 사진들을 더 많이 게시했다. 자기애가 강한 개인들의 경우는 개인 소유물과 경험들을 더 많이 올렸다. 이는 아마도 자신을 인정받기 위한 행동일 개연성이 높은데, 자기 홍보성이 떨어지는 범주의 사진들은 무시하는 경향을 보였다. 사회적 불안이 많은 사람의 경우는 페이스북에서 더 많은 시간을 보내면서 사진을 게시했다. 현실 세계보다는 온라인 환경이 사회적 소통이나 상호작용하기 편안하다고 생각하기 때문이다. 사회성이 떨어져 혼자 있기를 좋아하는 사람들은 친구의 사진이 많이 없었는데 이는 십중팔구 실제 자신의 삶에서 사회적 관계의 부족을 반영하는 것이다. 반면 내성적인 성격을 지닌 개인들의 경우는 사교 모임과 자기 자신에 대한 이미지의 게시는 별로 없었다. 따라서 사교적이지 못한 사람이나 내성적인 부류의 개인들은 특정한 범주의 사진 게시 빈도가 떨어지는 공통점을 갖는다.

사회적 행위로서 사진 게시는 게시자의 정체성을 특정한 방식으로 구축한다는 의미에서 중요성이 있다. 코프만에 따르면, 정체성이란 "사회적 사실들의 끊임없는 유니크한 기록"으로 정의된다. 코프만은 이를 '솜사탕'에 비유한다. "솜사탕, 그러니까 삶의 사소하지만 새로운 것들이 끊임없이 들러붙는 끈끈한 물질"(Kaufmann 2004, 64). 정체성이란 온갖 사회적 사실들이 쉴 새 없이 떨어지지 않게 끈적거리며 휘감아 올라 형성되는 솜사탕 같은 것이다. 일상의 삶 속에서 음식을 통해 구축되는 식자의 식정체성도 정체성의 큰 부분이다. 식정체성은 인간인 우리가 삶의 생존을 위해, 그리고 사회적 생존을 위해 취하는 특정한 행위, 즉 '먹는' 행위로 규정한 우리의 모습이다. 다양한 행위로 특징지어지는 우리의 삶이지만, 이 단순하고 반복적인 행위는 매우 동물적이면서도 동시에 문화를 창출하는 동력으로 작용해왔다. 그런데 현대 식자의 정체성은 또한 디지털 방식으로 이루어지는 요소의 영향도 받는다. 디지털 식정체성이라고 부를 수 있을 이 특징적 인자 역시 많은 현대 식자의 다양한 삶을 보여주는 주요한 요소 중 하나이다. 디지털 식정체성은 디지털 정체성과 식정체성이 어우러져 구축되는 정체성이라고 할 수 있다. "디지털 정체성이란 플랫폼의 전략과 사용자의 전술이 만나는 하나의 공동산물이다"(Cardon 2008, 97). 즉 디지털 정체성은 사용하는 수단의 기술적인 측면과 사용자가 속한 고유한 사회적 맥락, 즉 공동체에 달려있다는 것이다. 푸드 포르노의 영역에서 이러한 디지털 정체성과 식정체성은 필연적으로 연결될 수밖에 없다. 디지털 식정체성은 정의상 다양한 유형의 행위로 만들어질 수 있는 정체성인데, 우리의 관심사인 음식 이미지의 온라인 게시 등의 행위도 여기에 속한다. 현대의 식자에게 사진을 게시하는 행위,

자신이 먹는 음식 이미지를 공유하는 것은 가장 원초적인 경험을 공유하고자 하는 욕망뿐만 아니라, 이를 통해서 자기를 표현하고 규정하는 일이다. 이미지로 표상된 물질을 취하는 것은 식자인 나이며 나는 그 물질과 그것에 동반된 가치를 디지털 방식으로 함께 영속화한다.[4)]

온라인 삶은 소통은 많아지지만, 현실 세계 속 만남은 점점 더 적어진다는 특징을 갖는다(Lardellier & Bryon-Portet 2010). "외형은 매우 이타적인 모습을 하고 있지만, 소셜 네트워크는 자기도취적 촉매로 제시된다. 게다가 이 자기중심의 촉매작용으로 인해 물리적인 만남, 현실적인 만남은 그리 중요하지 않게 된다."(Lardellier & Bryon-Portet 2010, 33) '디지털 자아(moi numérique)'는 개인주의와 나르시시즘이 함께 만연된 온라인 '에고의 방(chambre d'ego)'에 갇힌 현대인의 자화상이라는 것이다. 이러한 시각은 현대인의 삶에 대해 유의미한 지적을 하고 있지만, 현실 세계와 가상세계의 지나친 구분을 토대로 한다. 우리는 기술의 발전이 관계의 소통과 동시에 만남의 단절을 만들어낸다는 결론에는 온전히 동의하지는 않는다. 그것은 단지 기술 자체 때문이 아니라 인간 사회의 변화가 기술 매체 속에 반영된 부분도 상당히 있기 때문이다. 방식은 다르지만, 우리는 여전히 그 기술로 소통을 하고 만남도 갖는다. 두 세계는 사실 서로 유리되어 있다기보다는 상보적인 부분도 많다. 현실 세계와 가상세계는 구분되는 세

---

4) 사진을 찍는 일이 언제나 환영받고 허락되는 건 아니다. 한 식당 혹은 고급 레스토랑에 들어갈 때 식자는 충만한 식욕과 사진기(스마트폰)만 갖고 들어가지만, 음식을 만드는 주인은 따로 있기 때문이다. 먹는 자와 조리하는 자의 권리 쟁탈전이 생기게 된 것이다. 이는 마치 오래된 문화재들이 있는 유서 깊은 건물이나 박물관 안에서 사진을 찍는 것을 금지하는 것과 유사한 일인지도 모른다. '보고 즐기기만 하라.' 음식을 만든 이는 자신의 창작물이 노출되는 것을 싫어할 수도 있고, 음식이 제 때에 소비되어 최상의 상태로 소비자에서 즐거움을 주기를 원할 수도 있다.

계이지만, 어떤 의미에서 연속선에서 바라보아야 할 만큼 연계되어 있다. 사람들은 현실 세계의 부족한 점을 가상세계에서 보충하면서 균형을 찾아가려는 삶을 찾을 수도 있고, 현실 세계의 삶을 그대로 가상세계에 반영하기도 한다. 따라서 어떤 의미에서 두 세계는 존재 방식만 다를 뿐 서로 유리되어 있지 않다. 위의 페이스북 연구에서 보듯이 사진 게시행위는 현실 세계의 연장선에만 놓인 연속적 행위로만 이해해서는 안 된다. 그것은 또한 가상공간이 부족한 현실이 만들어내는 자신의 정체성을 잠재적으로 보상받거나 강화할 수 있는 창구가 될 수도 있다는 것을 보여준다. 따라서 음식 이미지를 게시하는 일은 어떤 의미에서 다른 이들과 구별되는 하나의 또 다른 정체성을 만들려는 노력으로 해석해 볼 수도 있다. 이러한 디지털 식정체성은 근본적으로 자기 자신에 대한 변화의 욕구로 시작해서 타자와 세상에 대한 것으로 차츰 목표를 바꾸어 갈 수 있다. 왜냐하면, 끊임없는 가상공간의 활동은 결국 자신의 정체성을 계속해서 생산해내는 일이기 때문이다. 그렇지 않으면 이 공간에서는 현실과 같이 쉽게 잊히게 된다.

내가 먹는 것이 남이 먹는 것과 비교해 건강이나 가치 면에서 더 좋은 것이었으면 하는 바람은 식자라면 누구에게나 자연스럽고 당연하다. 사실 푸드 포르노 이미지들은 사회적 계층을 반영하는 하나의 지표로 해석될 가능성을 갖는다. 음식 이미지는 그것을 먹는 식자의 사회적 수준과 계층 구분을 함의할 수도 있다는 것이다. 건강을 생각하는, 좋고 값비싼 식자재와 조리방식에 따라 조리된 음식 이미지와 그렇지 않은 것들과는 분명히 구분된다. 먹고 사는 것이 문제가 아니라 어떻게, 무엇을 먹느냐의 고민은 사회적 계층 간의 차이에서 나온다고 해도 과언은 아닐 것이다. 독일, 벨기에, 네덜란드 등 유럽국가의 3개 도시 사람들을 대상으로 한 사회학 관련 연구에 따르면, 중산계층이 하위계층보다 더 건강한 식생활을 한다. 먹을거리를 선택하는 기준을 보면 두 계층 간의 식습관 차이를 설명해준다는 것이다. 하위계층과는 다르게 상위 계층들의 경우 건강한 식이요법에 맞는 식사를 한다(Hupkens et al. 2000). 결국, 먹는 문제는 무엇보다 경제적인 문제와 긴밀하게 연결되어 있다는 것을 알려 준다.[5] 이러한 의미에서 건강과 영양학적 관심이 곁들여진 음식 이미지는 하위 계층보다는, 경제적인 면에서 상대적으로 여유가 있는 중상위 계층에 속한 식자들의 것일 가능성이 높다.

그런데 이러한 사회적 현상을 토대로, 더 관심이 가는 것은 자신이 먹는 음식을 특별한 것으로 가꾸어 보이려는 식자의 태도이다. 사진을 온라인으로 올리는 주체와 그 내용은 하나일 수 없는데, 직접 만든 먹을거리부터 레스토랑의 요리나 연출된 광고용 영상까지 다양하다. 그러나 본질적인 것은 있는 그대로의 현실 이미지를 담기보단 시각적으로 더욱 보기 좋고 맛있게 보이기 위한 노력이 그 근간에 있다는 점일 것이다. 바르트의 신화적 장식과 푸드 포르노를 연결해 주는 것 중의 하나는 가질 수 없는 것을 보여주려는 욕망과 가질 수 없는 것으로 포장하려는 욕망의 혼재이다. 내가 먹는 것은 다르다는 것, 혹은 다르다는 것을 보여주기 위해 현실을 왜곡시킬 필요가 있다. 여기에는 사람들이 가질 수 없는 것을 원한다는 진실이 숨겨져 있는 듯 보인다. 인스타그램의 많은 이미지가 일정 부분 연출되었다는 걸 생각해보면 사진이 담고 있는 진짜 음식의 모습이 왜곡되었다는 것을 의미한다. 오늘 먹은 음식, 그리고 내일 먹을 음식, 매일의 반복된 음식의 섭취로 나의 식정체성이 형성되는 것처럼, 오늘 올린 음식 이미지

---

5) 그런데 연구에서 설명되지 않은 부분으로 남겨 놓은 흥미로운 사안도 있다. 상위 계층의 경우 언제나 건강한 식품이라고 할 수 없는 현대적인 먹을거리를 선택함으로써 자신들을 계층적으로 구분 지으려고 노력한다. 반면 하위 계층은 건강에 꼭 해롭다고 할 수 없는 소위 전통적인 식품들을 먹는다는 것이다.

는 바로 나의 정체성, 내가 누구인지 보여주고 타자의 판단을 기대하는 물질적 증빙이다. 나의 내면의 눈과 타자의 시각이 교차하여 만들어지는 정체성. 그것이 진정한 자아인지의 문제를 떠나서, 식자는 자신이 먹는 음식으로 판단해달라는 욕망을 드러내 보인다. 이러한 욕망의 미장센을 이해하기 위해서는 그 근본에 주술적 사고가 자리를 잡고 있다는 사실을 살펴볼 필요가 있다.

5. 주술적 사고

"당신이 무엇을 먹는지 말해 달라. 그러면 당신이 어떤 사람인지 알려주겠다(Dis-moi ce que tu manges, je te dirai ce que tu es)." (Brillat-Savarin 2015[1848], Aphorisme IV). 브리야 사바랭의 잘 알려진 이 네 번째 경구는 다양한 맥락에서 해석될 수 있는데, 그중 하나는 체내화의 원리(le principe d'incorporation)와 연결되어 있다. 식자가 자신의 외부에서 음식의 형태로 섭취하는 것은 궁극적으로 체내화 과정을 거쳐 한 몸을 이루게 된다. 이 과정을 체내화의 원리라고 부른다. 체내화의 원리는 정의상 "밖과 안, 즉 세계와 우리의 몸 사이의 경계를 음식이 넘어가도록 하는 운동"(Fischler 2001[1990], 66)이다. 하나의 음식이 온전히 생리적으로 혹은 영양학적 관점에서 식자와 하나가 된다는 것은 생존을 위해 매우 중요한 일이다.

그러나 이러한 생리적 기능 외에도 상징적 기능은 음식의 체내화 원리의 주요한 측면을 또한 구성한다. '내가 먹는 것이 곧 나이다.'라는 경구는 분명히 섭식의 합리적인 측면과 관련되지만, 믿음의 세계와도 또한 연결된다. 식자가 섭취하는 건강한 먹을거리와 식자의 건강 사이에는 직접적인 인과관계가 있는 것은 사실이지만, 인간의 음식과 먹는 행위는 본디 문화적인 일이기도 하다. 체내화의 원리와 더불어 식자는 현실계뿐만 아니라 상상계로 들어간다. 이 상상계 속에서 식자와 식자가 먹는 것 사이의 관계는 주술적 사고로 이해될 수 있다. 전투나 사냥에서 얻은 죽은 적이나 동물의 살을 먹는 과정에서, 포식 대상이 지닌 힘이나 능력 등을 취하려는 원시 부족의 이야기가 그 한 예일 것이다. 주술적 사고에 대한 논의는 오래전 에드워드 버네트 타일러 (Edward Burnett Tylor)를 선두로, 제임스 조지 프레이저(James George Frazer)에서 마르셀 모스(Marcel Mauss) 등을 거치면서 많은 학술적인 관심을 받게 된다(서종석 2019). 음식의 관점에서 주술적 사고란 포식 대상이 지닌 어떤 특질이 그것을 먹는 이에게 전이된다는 믿음에 근거한다. 하나의 음식을 섭취한다는 것은 그 음식이 지니는 상징적인 요소도 소비하게 되는 것이다. 주술적 사고에 관한 연구는 원시 인류의 문화연구에서 시작되었으나 문명이 발전한 현대에도 인간의 주요한 사고방식의 하나로 이해된다. 현대의 많은 건강식품 광고들을 관찰해보면 이러한 사고의 활용이 두드러짐을 알 수 있다. 이러한 의미에서 플랭은 현대 식자의 이성적 사유와 주술적 사고는 매우 밀접하게 결부되어 있으며, 인간의 다른 합리적 사고 형식들과도 공존하고 있음을 논급한다(Poulain 2004, 10).

기술의 발전으로 현대의 식자는 강력한 도구를 손에 쥐게 된다. 이제는 대상을 보다 원하는 방식으로 연출하는 것이 가능한 시대가 되었다. 일부 디지털카메라는 예를 들어 음식에 대한 다채로운 설정을 제공하여 더욱 선명하고 세밀한 사진을 얻을 수 있게 해준다. 보이는 게 '현실'은 아니다. 우리가 푸드 포르노라는 해시태그들을 통해 만나는 이미지들은 많은 경우 '욕망'뿐만 아니라 그것을 포장하려는 '예술'적인 측면도 함께 한다. 역효과를 노리는 것이 아니라면, 미려하지 않은 이미지는 많은 경우 후보군에서 탈락할 가능성이 농후하다. 따라서 소셜 미디어에서 만나는 대부분의 이미지는 어느 정도의 미학적인 조건을 충족하고 있다. 먹음직스럽거나 맛깔스러운, '아름다운' 이미지만이 후보군으로 선택되는 과정에서 미학적 다양성이 거세되기도 하지만, 본질적으로는 욕망을 미적으로 표상하고자 하는 예술적 태도가 동반된다. 따라서 우리가 만나는 '푸드 포르노'의 상당 부분은 어떤 의미에서 '푸드 아트(Food Art)'의 다른 이름이라고 할 수 있다. 지금 이 순간 자신의 음식 앞에서 연출된 이미지를 창조하는 식자는 이미 예술가이다. 그런데 자신의 음식을 사진에 담고 '맛있게' 보이도록 노력하는 행위 전체는 곧 자신을 꾸미고 연출하는 것과 같다. 음식 이미지는 많은 경우 현실의 왜곡된 표현이다. 연출된 사진은 모두들 욕망하고 부러워하는 경험을 '내가' 체험했다는 것을 증명하고 전파하기 위한 의도를 엿보이기도 한다. 이 경우 식자가 올리는 사진은 매우 선별된 노력의 산물이다. 유명 맛집을 다니며 줄을 서서 먹는 기쁨은 단순히 식도락의 차원을 벗어난다. 자신이 먹는 음식의 이미지화는 그 음식이 자신의 자아를 드러내는 한 방편이라고 생각하는 것과 다르지 않다. 누구와 함께 먹는지는 중요하지 않은 것은 아니지만 오프 스크린이다. 음식 사진을 보다 '미각적으로' 교정하려는 모습은 자신의 정체성, 혹은 자아의 일부를 교정하려는 것과 다르지 않다. 이런 먹음직스럽고 아름다운 음식을 먹은 건 바로 나라는 것, 그리고 먹기 행위라는 일련의 사회적 사건을 미학적 사건으로 변화시키는 일은 결국 나의 정체성을 구축하는 데 기여한다. 여기서 '내가 먹는 것이 곧 나를 이룬다'는 식자의 믿음과 대면한다.

주술적 사고가 음식 이미지의 푸드 포르노와 결부되는 곳이 바로 이 지점이다. 음식 사진을 즐겨 게시하는 집단의 식정체성은 많은 부분에서 사진이라는 이미지로 형성된다. 식자가 사진이라는 이미지로 가둬놓은 음식은 식자 자신의 정체성과 절대 유리될 수 없다. 내가 찍은, 내가 먹는 음식의 사진이 곧 나이다. 이러한 행위의 근간에는 주술적 특성이 있다. 사진을 찍는 행위는 곧 그것을 다른 식자들에게 게시하는 행위로 완성된다. 음식의 이미지를 노출하는 행위는 자신을 표현하며 표지하는 행위이다. 연출된 음식 이미지를 만들려는 노력은 곧 그 음식의 이상적인 형태를 빌어, 식자로서 '나'가 이상적인 존재로 거듭나고자 하는 욕망으로 귀결된다. 가령 고급 레스토랑의 화려한 식단이 그것을 먹을 수 있는 식자의 사회적 지위와 부를 드러내는 방법이듯이, 온라인에 오른 나의 화려한 음식과 그 화폐적 가치는 나의 사회적 위치를 현양하여 증명해준다. '나는 이런 음식을 먹을 수 있는 사람이다.' 우리가 무엇을 먹는지 보여주는 행위는 곧 나, 나의 일부, 내가 누구인지 보여주는 것과 다르지 않다. 내가 먹는 것이 곧 나를 규정하기 때문이다. 음식이 나를 규정하는 방식은 물질적으로, 상징적으로, 그리고 사회적으로 그렇다. 우리가 먹는 물질이 곧 우리의 몸을 구성하는 것처럼, 많은 맥락에서 나의 사회적 수준도 드러낼 수 있다.[6)]

---

6) 주술적 사고는 단지 개인의 차원에서만 관찰되는 것은 아니며, 그 개인이 모여 구성되는 집단의 수준에서도 필연적으로 작용하게 된다. 인류에게 함께 먹기라는 공동의 식사행위는 인류의 원시 문화부터 뿌리 깊게 자리 잡았다. 에밀 뒤르크하임(Émile Durkheim)은 토테미즘 등의 연구로 알려진 로버트슨 스미스(Robertson Smith)의 논거를 발전시켜 함께 먹기에 대한 토대연구를 제공해 준다. 이는 공동의 식탁에서 음식을 함께 먹는 집단의 성원은 같은 피와 살을 나누지는 않았지만 "인위적인 혈연관계"가 만들어진다는 믿음과 관련된다. "음식물은 유기체의 실체를 끊임없이 다시 만들어 준다. 그러므로 함께 음식을 먹는 행위는 공통적인 기원을 가진 것과 같은 효과를 만들어 낼 수 있다."(Durkheim 1990 [1912], 481-482; 서종석 2019 참조) 합리적인 사고와는 거리가 먼 이 주술적 사고는 현대 식자의 삶 속에도 적용할 수 있을 것이다. 앞서 살펴본 것처럼, 체내화의 원리의 근본은 우리가 섭취하는 먹을거리 일부나 혹은 전부가 식자인 우리 자신을 질적으로 변화시킨다는 것에 있다. 이러한 변화는 단순히 개인적인 차원에서만 이루어지는 것이 아니라 집단의 수준에서도 일어난다. 개인의

6. 새로운 공동체의 탄생: 디지털 먹기 공동체

개인의 먹는 행위는 단순히 그 식자 개인의 단독적인 행위로 머무르는 것은 아니다. 그 행위는 본질에서 생리적인 성격을 갖지만, 또한 주어진 문화와 사회의 질서 속에서 이루어지는 행위인 것이다. 이는 식자가 하나의 공동체, 즉 먹기 공동체에 속한 성원이라는 것을 의미한다. 식자는 일상 속에서 반복적으로 먹기 행위를 하면서 동시에 하나의 특정한 공동체의 음식 문화 속으로 들어간다. 먹는 일은 식자 자신이 주어진 먹기 공동체에 소속되었다는 사실을 확인하고 유지하며 강화하는 일이기도 하다. 그렇게 식자는 개인적인 행위로 정체성을 형성하면서 집단적인 정체성을 함께 구축하게 된다. 먹는 일은 식자가 속한 공동체의 음식 문화와 가치를 승인하고 지속적으로 내재화하면서 다른 성원들과 공유하는 행위인 것이다(서종석 2019).

이러한 공동체적 관점은 우리의 논의 안에서도 중요한 의미가 있다. 인류는 시대의 기술에 토대를 두고 삶을 영위해 왔다. 그리고 각 세대는 자신의 사회에서 만들어진 다양한 수단들을 활용하여 개인과 집단의 고유한 문화를 창출해낸다. 음식의 역사 역시 시대마다 주어진 사회적 환경 속에서 배태된 식탁 문화로 구성된다. 현대의 식자에게도 기술은 시대에 맞는 새로운 관계 유형을 창출하는 수단으로 다가온다. SNS라는 온라인 플랫폼은 오늘의 인간 사회에서 새로운 의사소통의 방식이자 관계화의 기제로 작동된다. 초연결 사회에서 현대의 식자는 음식 사진의 공유를 통해 불특정 다수의 식자와 새로운 공간에서 응집하고 연대할 수 있게 되었다. 음식을 통해 자신을 표현하며 공유하는 이 공간은 아마도 과거 그 어느 소통의 공간들보다도 더 강력

차원에서 이루어지는 정체성의 형성처럼, 함께 음식을 나누는 행위로도 역시 같은 효과가 일어난다고 할 수 있다.

한 관계의 망으로 구실을 할 것이다. 사진을 게시하고 공유하는 이 행위는 근본적으로 사회적이며 따라서 집단, 혹은 공동체를 함의하거나 그 공동체로 들어가려는 욕망의 발로이다.

먹기 전 음식을 이미지의 형태로 포착하고, 후에 다른 사람들과 공유하는 일까지, 식자에겐 먹는 과정 일부이다. 게시된 사진은 보통 그 음식을 실제로 체내화한 식행위의 결과이다. 상호 나눔이 근간이 된 이 행위는 이미 공동체적이다. 음식 이미지의 게시는 두 가지 구분된 행위를 함의한다. 하나는 음식이라는 현실을 이미지로 전환하는 일, 그리고 그것을 타자의 눈에 드러나도록 온라인이라는 특정한 공간에 현시하는 일이 그것이다. 왜곡된 현실, 혹은 이미지로 변환된 가상세계 속 음식은 현실 세계의 음식을 새롭게 조망해볼 수 있는 계기를 마련하고, 나아가 식자에 대한 본질적인 이해를 구할 수 있다. 물론 스마트폰을 사용하는 한 사회의 구성원들이 모두 푸드 포르노에 관심을 두거나 노출된 것은 아니다. 밀레니얼 세대처럼, 특정한 세대에 비해 더 적극적인 세대나 계층이 존재하고, SNS를 활용하고 참여함으로써 상대적으로 자신들의 차별성과 동질성을 확보한다. 음식은 여기서 특별한 사회적 가치를 갖는 대상이 되었고, 이를 통해 사람들은 타자들에게 자신을 드러낸다. 기성세대와는 달리 더 적극적으로 사회적 관계망을 활용하는 젊은 세대에게 SNS는 새로운 잠재적 공간으로 다가왔고 이 공간에서 일어나는 일들은 사회의 다양한 측면에 영향을 발휘하고 있다.

물질의 이미지화는 어떤 의미에서, 식자의 본원적인 조건, 즉 먹어야만 산다는 실존적 제약을 놀이의 가면으로 가리고 순화시켜 준다. 먹는 일은 반복적인 일상의 단조로울 수도 있는 행위이지만 여기에 새로운 의례의 형식을 덧붙여 자극을 줌으로써 먹기의 생리적 엄중함을 풀어 준다. 이는 먹는 즐거움과는 다른 쾌락이면서 그 즐거움을 더

키워주는 역할을 한다. 그런데 음식 사진 게시라는 행위는 개인 고유의 공간 안에서 이루어지는 것은 아니다. 이 가상의 세계에서는 현실의 세계에서처럼 사회적 규범이나 규칙이 존재한다. 그것을 통해서 사진 올리기는 하나의 미적 놀이가 되고 이 유희에 참여하는 이들을 집단화하며 하나의 공동체가 되게 한다. 이는 음식의 관점에서 보자면 새로운 먹기 공동체의 탄생을 목격하는 것이다. 인간의 문화는 다양한 기준으로 유별될 수 있는데, 음식 문화도 그중 주요한 요소이다. 주어진 먹기 공동체는 바로 그 문화의 성원이 구축한 고유한 공동체를 의미한다. 지구의 주민으로 살아가는 인류 저마다는 특정한 먹기 공동체에 속해 있다. 이 공동체의 특징은 전근대에서 현대에 이르는 동안 사회의 변화에 따라 성격을 달리해 왔다(Falk 1994; 서종석·엄소연 2017; 서종석 2019).

먹기를 하나의 "사회적 사건"(Sobal 2000, 119)으로 이해된다면 온라인상에서 이를 게재하는 행위 역시 다른 유형의 사회적 사건이자 이 사건에 대한 기록이라고 할 수 있다. 즉 개인들에 의한 음식 사진의 공공적 게시는 먹기라는 하나의 사건이 현실에서 일어났다는 것을 의미한다. 일상에서 반복적으로 행해야 하는 먹기 행위의 특성상, 이 기록은 계기적인 성격을 띨 수밖에 없을 것이다. 그것은 개인의 먹기와 관련된 '역사'이자 엄밀한 '사실'로서 식자의 삶을 구성한다. 많은 이들은 자신들이 일상으로 행하는 '사회적 사건'을 드러내고 공유한다. 그렇게 해서 이 사회적 사건은 단순히 한 개인의 것이 아니라 어느새 개인들이 소속된 집단, 나아가 개인들이 삶을 영위하는 사회의 것이 된다. 이는 인간이 생존을 위한 먹기 행위를 보다 차원 높은 문화적 행위로 탈바꿈시키는 문화 행위이다.

앞서 언급한 것처럼 소셜 미디어에서 우리는 우리의 일부 혹은 전체를 서로 교환할 수 있다. 입는 옷과 사는 공간, 혹은 좋아하는 음악과 타는 자동차가 자기의 표현일 수 있는 것처럼 게시된 음식 사진 한 장은 곧 물질화된 자기의 표현, 자아의 반영이다. 그리고 이미지화된 자기의 표현은 곧 개인의 문화적 성격을 보여주게 되는 것이다. 수많은 개인이 공공연하게 전시한 이미지들은 개인의 수만큼이나 다양한 문화를 반영하기도 한다. 소셜 미디어에 게시되는 사진들은 대부분의 경우 개인적인 것들이라고 할 수 있을 것이다. 음식의 관점에서 볼 때, 저마다 지닌 식정체성은 서로 다른 음식을 먹는다는 사실로 확인된다. 그런데 이러한 개인들을 집단으로 묶을 수 있는 요인은 먹는 음식과 그 이미지가 다르다는 사실이 아니라 모두 동일한 행동을 한다는 데 있다. 식자는 모두 자신의 먹는 음식의 사진을 게시하고 그것을 통해서 하나의 먹기 공동체로 통합된다. 소셜 미디어에서 가령 이들은 푸드 포르노의 범주에 들어가는 다양한 해시태그로 함께 집단을 형성한다. 이 공동체가 기존의 먹기 공동체와 다른 점이 있다면, 디지털 세계 속에 존재한다는 데 있다. 이 공동체의 특징은 서로 다른 '입'을 지니고 있지만, 이미지의 내용과 양식에 있어 일관성을 유지하여 동일한 문화 집단을 형성하고 있다는 점이다. 같은 문화 속에서 저마다 자기의 방식으로 공동체의 유지와 강화, 그리고 확대에 기여한다. 일상의 반복적인 먹기 행위를 통해서 형성하는 식자의 정체성 구축과 표현은 이제 과거와는 다른 양상을 보이는 것이다.

그런데 현대 식자가 집단의 행위를 통해 온라인 사회망에 구성하는 먹기 공동체는 일반적인 문화 공동체로서 먹기 공동체와는 다른 성격을 지닌다. 달리 말하자면, 공동의 식사가 구축하는 먹기 공동체는 현대의 식자가 맞이한 새로운 공동체와는 분명히 다르다. 함께 먹기는 당연히 물리적인 현실에서 이루어지는 공동의 집단 행위로 생리적인 행위를 넘어선 문화적 행위이다. 개인 식자의 행위는 공동의 식사를 통해 더 높은 차원으로 고양됨으로써 그가 속한 공동체를 유지하고 강화하게 된다. 함께 먹는 성원들은 이를 통해 하나의 문화적 단위로 규정되고 '살'과 '피'를 넘어서 거대한 공동의 식탁 위에 문화적 공동체를 세운다. 그런데 새로운 먹기 공동체는 물리적으로 음식을 함께 나누지 않는다. 이곳에서는 개체뿐만 아니라 다양한 먹기 공동체들의 접촉과 중첩이 이루어지면서 거대한 식탁이 마련된다. 기술의 발전이 사람들을 연계하고 새로운 사회적 관계를 확대 강화했다는 사실은 식탁의 장이 가상공간으로 폭넓게 확대되었다는 것을 의미한다. 현대의 식자는 새로운 먹기 공동체를 만들고 그 성원이 되었다. 음식의 역사 속에서 하나의 먹기 공동체는 고유한 문화적 특성으로 관리되고 기능하는 집단이었다. 주어진 먹기 공동체는 그 문화적 고유성으로 다른 먹기 공동체들과 구분되고, 또 그것으로 융합되면서 새로운 공동체를 만들거나 고유한 공동체의 외연을 더욱 확장해 나가기도 했다. 미시적으로는 한 사회의 개인들끼리, 거시적으로는 성격을 달리하는 문화적 집단이나 인종들 사이에서, 문화의 다양성은 증폭되고 확대되는 과정을 거쳐 재구성된다. SNS는 음식의 관점에서 이러한 혼성의 현상을 더욱 강화해주는 역할을 수행한다. 우리는 서로 다른 문화를 지니면서, 고유한 질서와 규범을 공유하고 같은 문화적 행위를 통해 하나의 사회적 공동체를 형성하는 것이다. 여기서 다양성과 단일성은 더는 서로 충돌하는 개념이 아닌 것이다.

새로운 먹기 공동체는 또한 이미지의 공동체이다. 식자의 사회적 자아의 일부를 음식 이미지를 통해서 게시하는 것이다. 이러한 의미에서 이는 나의 사회적 확장 행위이다. 현대의 식자는 기술의 발전을 이용해, 자신의 내밀한 일부를 공적인 공간 속에 노출시켜 연출하는 행위를 하고 타자와의 접촉면을 넓혀간다는 것이다. 스콧의 연구에서 보았던 것처럼, 현실의 소통이 부재한 개인들에게 온라인은 또 다른 현실이자, 사회적 활동을 다른 방식으로 시도하고 보상받는 연극의

무대 같은 곳이다. 가상공간에서 일어나는 일은 현실 세계에 영향을 주고, 그 역도 마찬가지이다. 사진이라는 이미지는 이제 현실 세계의 경험을 가상공간 속으로 표상하는 행위에 있어서 과거에는 갖지 못했던 권력을 보유하게 되었다. 이미지가 만든 새로운 먹기 공동체의 탄생이라고 할 수 있을 것이다. 현대의 식자는 '보기에 좋은' 음식이 주요한 역할을 하는 새로운 문화의 틀 안에서 하나의 먹기 공동체를 형성한다. 포르노그래피에 있어서처럼, 자극은 이미지에서 온다. 사진을 보는 잠재적 식자의 입에서 침이 고이고 그의 잠재적 탐식을 깨우는 데 성공한다면 온라인상의 보상 형태는 더욱 많이 공유되고 '좋아요'를 받을 수 있게 된다. 이는 사진의 게시가 곧 비슷한 취향을 갖고 동일한 놀이나 유희의 규범을 따르는 집단의 존재와 참여를 전제한다는 것이다. 이렇게 사진을 게시하는 일은 타자의 승인과 인정을 희구하는 욕망이 들어있다. 가장 예쁘게, 멋있게, 맛있게 포장된 음식 이미지가 공유의 대상이 된다. 수많은 사진을 만들고 전시하는 사람들과 그것을 보는 사람들이 만들어내는 곳은 사회적으로 구축된 공간이며 같은 행위와 욕망이 만들어 낸 공동체와 집단의식 속에 함께 머물게 된다.

7. 나오는 말

동서양을 막론하고 주어진 문화 속에서 음식은 윤리나 도덕의 규준 위에 놓여왔다는 사실은 놀랄 일은 아니다. 인간의 역사 속에서 음식이 값싼 유희의 대상이 된 적은 거의 없다. 음식은 언제나 인간의 삶이 무겁고 진지하다는 것을 굶주린 위장을 통해 보여주었다. 음식에 과도한 욕심을 내거나 함부로 하는 것은 인간의 모든 문화에서 수용되지 않는다. 특히 많은 종교에서, 음식이란 빈번하게 과도한 욕망을 경계해야할 대상이며 죄의 원천이기도 하다. 예를 들어 탐식은 죄악이 되기도 하고, 식욕(食慾)은 수면욕(睡眠慾), 음욕(淫慾)과 더불어 불교의 삼욕을 이룬다. 기독교 역시 칠죄종(七罪宗, Septem peccata capitales), 즉 사람이 죄를 짓게 하는 일곱 가지 원천 중 하나로 음식이나 재물을 탐하는 탐도(貪饕)를 둔다.[7] 적어도 종교의 관점에서 보자면, 식탐에 몰두하는 듯한 현대의 푸드 포르노 행태는 죄악과 그리 멀지 않은 곳에 있을 것이다. 서구의 전통에서 플라톤이나 아리스토텔레스가 경계하던 식자의 동물성은 현대에 이르러서는 오히려 환대받는 듯이 보인다. 어떤 의미에서, 식자로서 인간의 잠재되어 있던 탐식이라는 욕망이 적절한 시점에 온갖 매체를 통해 해방되어 분출된다고 할 수도 있다. 한 가지 확실한 건, 음식은 점점 더 우리의 삶 속에서 중요한 자리를 차지하며, 전과는 다른 시각에서 의미를 획득하고 하나의 독특한 기호로 존재할 수 있게 되었다는 점이다. 매일 이루어지는 우리의 섭식활동은 우선은 생물학적 생존을 위한 것이지만, 또한 사회적 생존을 위한 것이기도 하다. 이 사회적 생존의 영역은 음식의 상징성이 작용하는 문화의 한복판을 의미한다. 먹는 행위의 개인적이고 이기적인 특성이 어떻게 높은 문화적 차원으로 고양되어 사회적인 의미를 획득하는지 인류의 음식 역사가 잘 알려준다. 현대의 식자는 새로운 음식의 역사를 쓰고 있다. 새로운 먹기 공동체가 달라진 세상의 기술 속에서 배태된 것이다. 식자들 간의 현대적 소통방식과 관계화는 새로운 먹기 공동체를 만들었다.

현대의 식자는 자신이 먹는 것을 디지털 이미지로 담아내고 공유하며 삭제할 수도 있다. 훌륭한 사진사 구실을 하는 것이다. 식탁 앞

7) 가톨릭 사전 참조.

에 앉아 밥을 먹기 전, 그 음식이 만들어지고 내 앞에 오기까지 고마운 마음을 새기듯, 혹은 한 끼의 맛있는 식사를 하게 되었음에 신에게 감사의 기도를 바치듯, 우리 중 많은 이들이 언제부터인가 마치 하나의 의례를 행하듯 식사에 앞서 자신이 먹을 음식의 사진을 찍는다. 인류의 역사는 배고픔의 역사이다. 밥을 한 끼 제 때에 먹는다는 일이 매우 소중하고 무거운 일상인 적도 있었다. 식사 전 사진을 찍는 일은 아마도 기술의 발달로 가능하게 된, 우리의 선조부터 몸의 깊은 곳에 새겨진 잊지 못하는 기억들을 무의식적으로 상기해내고 기록하는 일일지도 모른다. 식자는 이제 자신이 일상 속에서 취하는 음식을 이미지 형태로 무한증식하고 그것을 통해서 불멸의 존재로 영원히 살 수 있다.

푸드 포르노에 몰두하는 현대의 식자를 정상, 비정상의 문제로 판단할 수는 없다. 왜냐하면, 그것의 본질은 우리가 사회적 존재라는 것을 말해주고 있기 때문이다. 기술의 발전이 어떠하건 우리는 여전히 주어진 방식에 따라 사회적 소통을 꾀한다. 삼시 세끼와 반찬, 먹는 것과 마실 것 등등, 먹을 것에 관한 이야기들은 인간의 일상에서 주된 대화의 주제가 되지 않은 적이 없다. 우리의 삶에서 음식을 먹는 행위는 매일 수행해야 하는, 때로는 부담스럽고 때로는 지겹지만, 경건하게 치러야 할 의식과 관련되어 있다. 음식에 관한 이야기는 그 근본에서 자신에 관한 이야기이면서 동시에 '우리'라는 밥상 공동체의 이야기이다. 그것은 나의 취향, 나의 삶, 내 가족, 나의 사회적 위치, 그리고 나의 자아 혹은 정체성을 드러내 주는 지표가 된다. 이러한 의미에서 음식 사진은 셀피(Selfie)의 한 유형이다. 식탁은 나의 변별적 고유성과 일반성을 드러나는 사회적인 장이며, 여기에 가상세계라는 새로운 공간으로 그 영역을 확장해 나가고 있다. 이 거대한 식탁에서는 저마다 자신의 음식을 이미지 형태로 쏟아 놓는다. 음식의 역사 속에서 식자는 늘 자신이 먹는 것을 통해서 규정해 왔다. 현대의 식자는 자신이 보여주는 음식의 이미지로 특징지어진다.

마지막으로 주목해야 할 점은, 위에서 짚은 것처럼 SNS가 전통적으로 사회적 관계를 취약하게 만든다는 주장이 꼭 옳은 것은 아니다. 전통 사회에서 유지하고 있는 밀도 있는 관계의 유형들은 여전히 유지되고 있기 때문이다. 음식 사진을 게시하는 일이 곧 문제의 식자가 혼잣밥을 먹는다는 것을 의미하지 않는다는 것처럼 말이다. 디지털 사회성은 소통의 방식일 뿐이다. 인류의 역사 속에서 음식은 늘 사람들을 모으고 함께 하게 했다. 그 방식만 달라졌을 뿐 본질은 변하지 않았다. 식탁에 앉아 눈을 마주치고 얘기하면서 음식을 나누는 풍경은 여전히 우리 삶의 중요한 부분을 이룬다. 그러나 그 자리에 없는 지인들에게, 가족들에게, 혹은 사랑하는 연인에게 보내는 사진은 부재한 자들을 다른 방식으로 식탁에 초대한다. 먹는 행위가 함의하는 이기적이고 저급한 수준은 '조금 다른 방식으로' 함께 나눔으로써 극복된다. 함께 먹기 방식이 특정한 자질들로 이루어진 행위라면, 음식 이미지를 공유하는 행위는 가장 느슨한 형태의 함께 먹기라고 할 수 있다. 같이 먹지는 않지만 다른 방식으로 함께 나누기 때문이다. 디지털 관계의 망이 만들어 낸 인간의 사회에서 음식은 전에는 볼 수 없었던 새로운 표상 방식과 관계 속에 놓인다. 이는 음식이 지니는 생존을 위한 생리학적 기능을 넘어, 상징적 기능에 대한 기존의 해석보다 확장된 시각과 독해를 요구하는 것이다. 동물들과 함께 공유하는 낮은 수준의 행위가 고도의 문화적인 수준으로 고양되는 것은 식탁을 함께 나눌 때이다. 디지털 세계에서 일어나는 '나의 노출'은 어떤 의미에서 함께 나누는 행위라고 할 수 있다. 따라서 여기서도 미각이 다른 감각들과 달리 사회적 성격을 띤다는 사실을 확인할 수 있을 것이다.

미각은 적어도 다른 감각들과는 달리 협동의 감각이다.[8] 그리고 우리는 전에도 그래왔던 것처럼 여전히 만나서 함께 먹는다.

마무리를 위한 사족 하나. 매체의 발전에 힘입어 광범위한 확산이 가능해진 시점에 포르노에 대한 사회적 검열과 통제가 더욱 필요하다는 주장이 힘을 얻고 있다. 흥미롭게도 푸드 포르노 역시 이와 유사한 과정을 거치는 것이 아닌가 하는 의구심을 자아낼 정도로 국가 권력의 개입 논란도 일어나고 있다. 한국은 오래전부터 포르노가 금지된 국가이다. 구글코리아(Google Korea)의 검색 창에 '포르노'라는 검색어를 넣어 보자. 사용자는 경고의 문구를 만난다. '청소년에게 유해한 결과는 제외되었습니다. 만 19세 이상의 사용자는 성인인증을 통해 모든 결과를 볼 수 있습니다.' '사용자 성인인증'을 요구하는 것이다. '푸드 포르노'라는 검색어 역시 '포르노'라는 어휘를 담고 있어 '사용자 성인인증'이라는 경고문을 만나지만, 사용자는 이 검색어를 통해서 어떠한 검열도 없이 콘텐츠를 검색할 수 있다.

현실에서는 조금 다른 양상이 전개된다. 본문에서 언급한 것처럼, 한국은 '먹방'이라는 현상을 만들어낸 만큼이나 푸드 포르노에 있어서는 단연 앞선 국가이다. 그런데 한국 사회에서 최근에 일어난 푸드 포르노 규제 논란은 흥미로운 사례이다. 2018년 7월 26일 보도자료를 보면, 보건복지부는 '국민건강증진정책심의위원회'라는 모임을 개최하고 교육부를 비롯한 관계부처 9곳과 합동으로 비만 대책을 확정

8) 다이앤 애커먼(Diane Ackerman)에 따르면, 인간의 미각은 독립적인 다른 감각과는 다르게 함께 나누면 더 맛이 있다. " "미각은 상당히 사회적이다. 혼자 식사하는 것을 꺼리는 인간에게 음식은 대단히 사회적인 구성요소이다. 반투 족은 음식을 주고받으면 두 사람 사이에 계약이 맺어지고 이들은 그때부터 '오트밀죽의 씨족(clanship of porridge)'이 된다고 생각한다. 우리는 대개 가족과 함께 식사하기 때문에, 함께 '빵을 나누는 일'은 곧 상징적인 차원에서 가족과 외부인을 연결시켜주는 것이 된다."(Akerman 1990, 127)

했다는 것이다. 이는 다시 말하자면, 국가가 나서서 당뇨병과 고콜레스테롤혈증, 고혈압 등 비만 관련 유병률을 낮추어 사회적 비용과 경제적 손실을 낮추겠다는 것이다. 따라서 비만을 조장하고 유발하는 다양한 매체들의 폭식 조장 광고를 제한하고 모니터링 체계를 2019년까지 구축한다는 계획이다. '국가 비만 관리 종합대책(2018~2022)'이라 명명된 이 대책은 소위 '폭식 조장 미디어(TV, 인터넷 방송 등)나 광고와 관련되는 것이어서 먹방은 이러한 국가의 규제에 가장 큰 타격을 입을 수밖에 없을 것이다. 정치권에서는 '국가주의적'이라는 비판까지 나왔다. 푸드 포르노가 포르노그래피처럼 정치적 성격을 가질 수도 있다는 의미이다. 비만이 더 이상 개인의 차원이 아니라 사회적인 문제로 대두되는 시점에 국민 비만과 결부된 탐식은 규제해서는 안 되는 영역인지 숙고하게 한다. 욕망은 인간의 역사 속에서 늘 해방과 자유를 부르짖었고, 이에 부응하여 권력의 간섭과 규제가 함께 했다는 건 역사적 사실이다. 소위 '먹방 지침'을 국민의 건강과 관련하여 어느 정도까지 국가의 개입을 수용해야 하는지 현대의 식자에게도 새로운 생각거리가 되었다.

참고 문헌

서종석·엄소연. 2017. "매체로서의 음식: '먹는 인간'에 대한 시론." 『세미오시스의 매체성과 물질성』, 세미오시스연구센터, 249-278. 서울: 한국외국어대학교출판부 지식출판원(HUINE).

서종석. 2019. "현대의 식자(食者): 정체성에 대한 시론." 『프랑스학연구』 87: 47-78.

짐멜, 게오르그. 2005. "식사의 사회학." 『짐멜의 모더니티 읽기』, 김덕영·윤미애 옮김, 141-151. 서울: 새물결.

Ackerman, Diane. 1995. *A Natural History of the Senses*. New York: Vintage Books Edition. (『감각의 박물학』, 다이앤 애커먼 지음/백영미 옮김. 서울: 작가정신, 2004.)

Barthes, Roland. 1957. *Mythologies*, Paris: Editions du Seuil. (『현대의 신화』, 이화여자대학교 기호학 연구소 옮김. 서울: 동문선, 1997).

Brillat-Savarin, Jean Anthelme. 2015[1848]. *Physiologie du goût*. CreateSpace Independent Publishing Platform. (『브리야 사바랭의 미식예찬』. 방 앙텔므 브리야 사바랭 지음/홍서연 옮김. 서울: 르네상스, 2004).

Cardon, Dominique. 2008. "Le design de la visibilité : un essai de cartographie du web 2.0," *Réseaux* 152: 93-137.

Hupkens, Christianne L.H., Ronald A. Knibbe, and Maria J. Drop. 2000. "Social Class Differences in Food Consumption: The Explanatory Value of Permissiveness and Health and Cost Considerations." *European Journal of Public Health* 10 (2): 108–113.

Falk, Pasi. 1994. *The Consuming Body*. London: Sage.

Fischler, Claude. 2001[1990]. *L'Homnivore : le goût, la cuisine et le corps*. Paris: Éditions Odile Jacob.

Kaufmann, Jean-Claude. 2004. *L'invention de soi. Une théorie de l'identité.* Paris: Armand Colin.

Kilgour, Maggie. 1990. *From Communion to Cannibalism. An Anatomy of Metaphors of Incorporation*. New Jersey: Princeton University Press.

Lardellier, Pascal and Céline Bryon-Portet. 2010. "'Ego 2.0': Quelques considérations théoriques sur l'identité et lesrelations à l'ère des réseaux." *Les Cahiers du numérique* 6: 13-34.

Lévi-Strauss, Claude. 2008. "Le Totémisme aujourd'hui", In *Œuvres*, Claude Lévi-Strauss, " Bibliothèque de la Pléiade ", Édition établie par Vincent Debaene, Frédéric Keck, Marie Mauzé et Martin Rueff, 447-551. Paris: Gallimard.

McBride, A. E. 2010. "Food porn." *Gastronomica: The Journal of Food and Culture* 10 (1): 38-46.

Orange, Michelle. 2017. "Screening the World: Entertainment Unboxed." *Virginia Quarterly Review: A National Journal of Literature and Discussion* 93 (3): 182-185.

Poulain, Jean-Pierre. 2002. *Manger aujourd'hui. Attitudes, normes et pratiques*. Paris: Editions Privat.

Poulain, Jean-Pierre. 2004. "Manger pour vivre : des regards sociologiques sur le risque à l'étude des modèles alimentaires." *ACTES - Qu'est-ce qu'on mange ? Recherches actuelles sur l'alimentation*. Aula F.-X. Bagnoud, Haute Ecole valaisanne/

Sion. Samedi 15 mai 2004. 4-20.

Scott, Graham G., Elizabeth A. Boyle, Kamila Czerniawska and Ashleigh Courtney. 2018. "Posting Photos on Facebook: The Impact of Narcissism, Social Anxiety, Loneliness, and Shyness." *Personality and Individual Differences* 133: 67–72

Rousseau, Signe. 2014. "Food Porn in Media." In *Encyclopedia of Food and Agricultural Ethics*, eds. Paul B. Thompson and David M. Kaplan, 748-754. New York/Heidelberg/Dordrecht/London: Springer.

Smart, Barry. 1994. "Digesting the Modern Diet: Gastro-Porn, Fast Food and Panic Eating." In *The Flâneur*, edited by Keith Tester, 158–180. London, UK: Routledge.

Sobal, Jeffery. 2000. "Sociability and Meals: Facilitation, Commensality and Interaction." In D*imensions of the Meal: The Science, Culture, Business, and Art of Eating*. edted by H. L. Meiselman, 119-133. Gaithesburg: Aspen Publishers, Inc.

Spence, Charles, Katsunori Okajima, Adrian David Cheok, Olivia Petit, and Charles Michel. 2015. "Eating with our Eyes: From Visual Hunger to Digital Satiation." *Brain and Cognition* 110: 53-63.

Wong, Sau-ling Cynthia. 1993. *Reading Asian American Literature: From Necessity to Extravagance*. Princeton: Princeton University Press.

필자 소개 (가나다순)

고경난

펜실베니아 대학교(University of Pennsylvania) 인류학과를 졸업하고, 기업의 사회적 책임(CSR) 담론과 브랜딩에 대한 논문으로 박사학위를 받았다. 현재 한국외국어대학교 세미오시스 연구센터에서 인문한국(HK) 교수로 재직하고 있다. 주요 논문으로는 「Translating 'Sustainability' in Hawai'i: The Utility of Semiotic Transformation in the Transmission of Culture」(The Asia Pacific Journal of Anthropology, 2015), 「색의 성격화: 한국 화장품 기업의 "핑크" 브랜딩에서 색채어 유희와 기능」(비교문화연구, 2016), 「기호이데올로기: 문화적 번역 사례를 통해 본 인류학과 기호학의 교차점」(기호학 연구, 2018) 등이 있고, 역서로는 『기호인류학 특강: 문화의 화용론적 기호학』이 있다.

고슬기

한국외국어대학교 스페인어과를 졸업하고, 스페인 마드리드 아우토노마대학교에서 '후안 호세 미야스 서사 작품 속의 정체성 유희'에 대한 논문으로 박사학위를 받았다. 현재 한국외국어대학교 세미오시스 연구센터에서 인문한국(HK) 연구교수로 재직하고 있다. 최근 주요 논문으로는 「콧수염과 정체성」, 「『노인과 바다』와 『연애소설 읽는 노인』에 나타난 노년의 장점과 가치」, 「발과 신발, 그리고 침대 밑 영역 - 후안 호세 미야스의 『침대 밑을 보지 마』 연구」 등이 있다.

서종석

한국외국어대학교 불어과를 졸업하고, 파리 4대학교에서 인지언어학에 대한 논문으로 박사학위를 받았다. 현재 한국외국어대학교 세미오시스 연구센터에서 인문한국(HK) 교수로 재직하고 있다. 주요 논문으로는 「선전포스터와 이미지 언어」, 「현대의 식자(食者): 정체성에 대한 시론」 등이 있다.

안미경

한국외국어대학교 영어과를 졸업하고, 같은 대학교 대학원에서 "English causal complex prepositions: A grammaticalization perspective"라는 논문으로 영어학 박사학위를 받았다. 현재 한국외국어대학교 세미오시스 연구센터에서 인문한국(HK) 교수로 재직하고 있다. 주요 논문으로는 「Evidentiality in interaction: A pragmatic analysis of Korean hearsay evidential markers」(2015), 「Emotion in interaction: A diachronic and pragmatic analysis of the sentence-final particle in Korean」(2016), 「Comparative Study of Linguistic Expressions between Korean and English in Online Communication」(2018) 등이 있고, 주요 역서로는 『미디어연구: 이론과 접근법』이 있다.

윤재연

건국대학교 문과대학 국어국문학과를 졸업하고, 건국대학교에서 "텔레비전 광고 구조의 텍스트 언어학적 연구"라는 논문으로 박사학위를 받았다. 현재 호서대학교 더:함교양대학 창의교양학부 조교수로 재직하고 있다. 주요 논문으로는 「패러디 광고의 텍스트성 연구」, 「정책 광고의 텍스트성 연구」, 「국가 브랜드 이미지 제고를 위한 국정 홍보 광고 전략」, 「TV 영화 광고의 텍스트 특성 연구」, 「전기·전자 제품군 TV 광고의 텍스트 정보성」 등이 있고, 저서로는 『설득의 방법과 실제』, 『소통을 위한 설득의 기술』 등이 있다.

이도영

독일 본 대학교(Universität Bonn) 번역과 학사 및 석사과정을 졸업하고, 한국외국어대학교에서 인터넷 언어학에 대한 논문으로 박사학위를 받았다. 현재 한국외국어대학교 독일어과에서 강사로 재직하고 있다. 주요 논문으로는 「독일 인터넷 채팅에서의 직시어 분석」(2018), 「페이스북(Facebook) '답글'의 텍스트언어학적 분석」(2018), 「독일 인터넷 댓글에 나타난 '혐오'표현 분석」(2019), 「'인종차별'인가? 광고 생산자의 의도와 독일과 한국 수용자의 광고 해석에 대한 양상 분석」(2019) 등이 있다.

조창연

고려대학교 신문방송학과를 졸업하고, 독일 자유베를린대학교(FU)에서 "기호 의미생성에 대한 인지기호학적인 연구를 기반으로 한 광고커뮤니케이션의 제품의미 생성에 대한 분석"에 대한 논문으로 박사학위를 받았다. 서원대 광고홍보학과 교수를 역임했고, 현재 서원 인문사회미학연구소 대표로 있다. 주요 논문으로는 「재현 패러다임의 전환과 기호학적 고찰」(기호학 연구, 2018.06, 55집), 「퍼스의 기호학적 커뮤니케이션에 대한 연구: 이론적 현황, 문제점과 대안적 모델」(기호학 연구, 2015.03, 42집), 「소셜 미디어의 매체 기호학적 함의- 퍼스 기호학을 중심으로」(기호학 연구, 2014.06, 39집) 등이 있고, 저서로 『휴먼커뮤니케이션의 핵심 이론』(커뮤니케이션북스, 2017), 『광고기호학의 핵심 이론』(커뮤니케이션북스, 2016), 『(공저)기호학과 미학』(커뮤니케이션북스, 2016), 『뉴로 커뮤니케이션』(커뮤니케이션북스, 2015), 『기호학과 뇌인지과학의 커뮤니케이션』(커뮤니케이션북스, 2014) 등과 『아이브레인: 디지털 테크놀로지 시대에 진화하는 현대인의 뇌』(지와 사랑, 2010), 『영화 인지 기호학: 영화이해의 인지기호학적 전환을 위하여』(커뮤니케이션북스, 2007) 등의 역서가 있다.

소셜 미디어 속의 기호적 실천과 담론

초판 인쇄	2019년 8월 26일
초판 발행	2019년 8월 30일

지은이	세미오시스 연구센터
발행인	김인철
총괄 · 기획	가정준 Director, University Knowledge Press
편집장	신선호 Executive Knowledge Contents Creator
기획 · 물류	이현진 Planning Expert
사전 · 도서편집	정준희 Contents Creator
전자책 · 도서편집	장혜린 Contents Creator
도서편집	이병철 Contents Creator
	이근영 Contents Creator
재무관리	강현주 Managing Creator
발행처	한국외국어대학교 지식출판콘텐츠원
	02450 서울특별시 동대문구 이문로 107
	전화 02)2173-2493~7
	팩스 02)2173-3363
	홈페이지 http://press.hufs.ac.kr
	전자우편 press@hufs.ac.kr
	출판등록 제6-6호(1969. 4. 30)
디자인 · 편집	(주)이환디앤비 02)2254-4301
인쇄 · 제본	네오프린텍 02)718-3111

ISBN 979-11-5901-606-6 94080 정가 20,000원
ISBN 978-89-7464-831-2 (세트)

*잘못된 책은 교환하여 드립니다.

HU:iNE 은 한국외국어대학교 지식출판콘텐츠원의 어학도서, 사회과학도서, 지역학 도서 Sub Brand이다. 한국외대의 영문명인 HUFS, 현명한 국제전문가 양성(International +Intelligent)의 의미를 담고 있으며, 휴인(携引)의 뜻인 '이끌다, 끌고 나가다'라는 의미처럼 출판계를 이끄는 리더로서, 혁신의 이미지를 담고 있다.